Dieses kostbare Leben

Amma — wie sie Leben berührt

Band 1

Dieses kostbare Leben

Amma — wie sie Leben berührt

Band 1

Mata Amritanandamayi Center, San Ramon
Kalifornien, Vereinigte Staaten

Dieses kostbare Leben – Band 1

Amma — wie sie Leben berührt

Bearbeitet von: Ramana Erickson
Mit-Herausgeber: Julius Heyne

Herausgegeben von:
Mata Amritanandamayi Center
P.O. Box 613, San Ramon, CA 94583
Vereinigte Staaten

International: www.amma.org

In Deutschland: www.amma.de

In der Schweiz: www.amma-schweiz.ch

Im vorliegenden Buch möchten wir so nahe wie möglich an den ursprünglichen spirituellen Lehren bleiben. Dafür wird, sofern möglich, eine sprachlich etablierte geschlechtsneutrale Formulierung genutzt. Wo dies nicht der Fall ist, wird zur besseren Verständlichkeit das generische Maskulinum verwendet. Auch in diesem Fall sind jedoch Personen mit allen, Geschlechtsidentitäten immer ausdrücklich mitgemeint und angesprochen.

Inhaltsverzeichnis

Vorwort

Sanātana Dharma[1] gliedert das Leben in vier Stufen, die als Āśhramas bekannt sind. Die erste Phase, das Leben als Schüler, heißt Brahmachārya-Āśhrama (oft einfach Brahmachārya genannt). In der darauffolgenden Phase, dem Gṛihastha-Āśhrama – dem Leben als Haushälter – erwirbt man Reichtum, erfüllt seine Wünsche und führt ein tugendhaftes Leben. Wenn die Kinder erwachsen sind, legen Mann und Frau ihre weltlichen Pflichten ab und richten ihren Fokus darauf das Dharma zu verbreiten, sowie auf spirituelle Praxis. Diese Lebensphase wird Vānaprastha-Āśhrama genannt, die Rückzugsphase. Die letzte Stufe ist das Sannyāsa-Āśhrama – der Lebensabschnitt völliger Entsagung und Loslösung von allen weltlichen Bindungen. Ein Sannyāsī richtet sein ganzes Streben auf Mōkṣha, die Befreiung und lebt zurückgezogen in Stille und Einfachheit.

Es gibt drei Wege, um die Sannyāsa-Stufe zu erreichen: Wer seine Pflichten als Gṛihastha erfüllt hat, kann direkt in Sannyāsa eintreten. Oder man geht nach dem Vānaprastha-Stadium in Sannyāsa über. Der dritte Weg ist schon in jungen Jahren völlige Losgelöstheit zu erfahren – in diesem Fall kann man Sannyāsa nehmen, ohne je das Leben eines Gṛihastha zu führen. Die Brahmachārīs in Amritapuri haben kein Verlangen nach einem weltlichen Leben. Deshalb weiht Amma sie direkt in Sannyāsa ein – sie überspringen die Gṛihastha- und Vānaprastha-Phasen.

Nach vielen Jahren war Amritapuri am Freitag, dem 13. März 2020, Zeuge einer großen Yajña – einer Mahāyajña, einer heiligen Zeremonie von besonderer Bedeutung. Über fünfzig Brahmachārīs wurden an diesem Tag in Sannyāsa eingeweiht.

---

[1] Die „Ewige Religion“ oder der „Ewige Weg des Lebens“, der ursprüngliche und traditionelle Name des Hinduismus.

Am selben Tag erhielten mehr als 200 Āśhram-Bewohner die Brahmachārya-Dīkṣhā, also die formelle Einweihung in das Leben als spirituell Übende. Amma gab strikte Anweisungen, dass alle Brahmachārīs der verschiedenen Zweig-Āśhrams und Institutionen nach Amritapuri kommen sollten, um an der Dīkṣhā-Zeremonie teilzunehmen. Nur Amma selbst kannte damals den wahren Grund für diese Dringlichkeit. Doch schon bald zeigte sich, was sie vorausgesehen hatte – und ihre Anweisung wurde verständlich.

Wenige Tage nach der Sannyāsa-Zeremonie kam es zum landesweiten Lockdown wegen der Covid-19-Pandemie. Die Menschen wurden in ihren Häusern eingeschlossen, Reisen waren unmöglich. Die Tore des Āśhram, die sonst rund um die Uhr geöffnet waren, wurden auf Anordnung der Regierung plötzlich geschlossen. Viele von Ammas Kindern waren am Boden zerstört. Wie sollte Amma ihre Rufe nicht hören?

Da Amma nicht mehr reisen durfte, begannen die Āśhram-Bewohner, ihre spirituelle Praxis wieder in Ammas physischer Gegenwart auszuüben – so wie in den frühen Tagen des Āśhrams. Meditationen, Satsangs (spirituelle Vorträge) und Bhajans (hingebungsvolle Lieder) wurden über Webcasts übertragen. Mithilfe moderner Technik kam Amma in die Häuser ihrer Kinder weltweit. Die innere Kraft und Erleichterung, die viele durch diese Webcasts erfahren, lässt sich kaum in Worte fassen.

In dieser Zeit wies Amma die Āśhram-Bewohner an, jeden Abend nach der Meditation einen halbstündigen Satsang zu halten. Diese Satsang-Reihe begann am 30. März 2020 – und dauert bis heute an. Später, als die Reisebeschränkungen aufgehoben wurden, begannen auch Ammas Gṛihastha-Kinder, daran teilzunehmen.

Dies ist der erste Band einer Sammlung von Satsangs, gehalten von Ammas nicht-monastischen (Gṛihastha)

Kindern– Menschen, die ihre persönlichen Erfahrungen mit Amma teilten, während sie neben ihr saßen. Beim Lesen dieser Berichte spüren wir, wie sehr sich das Leben dieser Menschen durch die Begegnung mit Amma veränderte– ihre Sichtweise, ihr Miteinander, ihr Umgang mit den Herausforderungen des Lebens. All das kann auch unseren eigenen Mind[2] berühren, erfrischen und beleben. Die Wege, die sie gegangen sind, waren manchmal steinig – doch sie waren nie allein. Auch wir können uns in ihnen wiedererkennen. Wenn wir die Erfahrungen anderer hören und darüber nachdenken, kann uns das helfen, die Last unserer Vergangenheit abzuwerfen und mit neuer Kraft und Ausrichtung weiterzugehen.

Eine kleine Lampe in der Hand auf einem dunklen Weg – sie erleuchtet nicht nur uns selbst, sondern auch alle, die diesen Weg mit uns gehen. Wenn wir über die Erfahrungen von Devotees aus aller Welt lesen, erkennen wir, dass die Kraft, die Amma ihnen gibt, auch uns erreichen kann. Dass das Licht, das Amma in ihr Leben brachte und bringt, auch unsere Dunkelheit vertreiben kann. Wenn jeder ein Wortbild seiner eigenen Erfahrung malt, erkennen wir viele Facetten von Amma – und staunen über ihre verschiedenen Formen, Stimmungen und göttlichen Bhāvas.

Es besteht kein Zweifel: Dieses Buch wird uns auf unserem Weg zur Selbstverwirklichung begleiten. Mögen wir Amma um ihre Gnade bitten.

Swāmī Jñānāmṛitānanda Puri

---

[2] Mind: Fluss, all unserer Gedanken, Gefühle, Konzepte, innewohnenden Neigungen und Überzeugungen und Angewohnheiten, der mit dem Pendel einer Uhr verglichen werden kann. Wie das Pendel einer Uhr schwingt der Mind ununterbrochen von Glück zu Leid und wieder zurück.

Gnade und Hingabe

Eine Botschaft von Amma

Kinder, wir streben jeden Tag nach vielen Dingen. Aber nur wenige davon erreichen wir auch. Auch wenn wir vorsichtig fahren, kann uns ein unaufmerksamer oder betrunkener Fahrer von der Gegenfahrbahn in einen Unfall verwickeln. Selbst wenn sich ein Schüler gut auf eine Prüfung vorbereitet hat, kann es passieren, dass er nicht die Note bekommt, die er verdient – zum Beispiel, wenn der Lehrer beim Bewerten nicht genau hinschaut. Warum geschehen solche Dinge? Egal, wie begabt oder fleißig wir sind, unsere Bemühungen sind nur dann von Erfolg gekrönt, wenn Gottes Gnade mit uns ist.

Eines Tages war Bhīma allein im Wald unterwegs. Plötzlich entdeckte er in der Ferne eine trächtige Hirschkuh. Als jedoch die Hirschkuh Bhīma erblickte, schreckte sie auf. Sie blickte in alle vier Richtungen und blieb wie versteinert stehen. Als Bhīma sich umschaute, verstand er, das Verhalten der Hirschkuh. Ein Löwe wartete vor ihr, um sich auf sie zu stürzen. Er wartete, weil ein Jäger hinter ihr stand, der seinen Pfeil auf sie gerichtet hatte. Zu ihrer Rechten war ein reißender Fluss und zu ihrer Linken loderte ein Waldfeuer hell auf. Das Reh war auf allen vier Seiten von Gefahren umgeben.

Als Bhīma die Notlage des Rehs sah, schmolz sein Herz dahin, aber er war hilflos. Wenn er versuchte, den Jäger zu verjagen, würde das verängstigte Reh direkt in die Klauen des Löwen laufen. Wenn er versuchte, den Waldbrand zu löschen, würde das Reh in Panik in den Fluss springen und von den reißenden Strömen mitgerissen werden. Da er keine Möglichkeit sah, sie zu retten, rief Bhīma schließlich zu Gott: „Oh Herr, ich bin völlig hilflos. Nur du kannst das Reh retten. Bitte rette es!“

Im nächsten Moment zogen dunkle Regenwolken auf und es gab einen lauten Donnerschlag. Heftige Regengüsse gingen nieder. Der Jäger wurde vom Blitz getroffen und fiel bewusstlos um. Der Regen löschte den Waldbrand. Der Löwe rannte verängstigt davon. Sobald die Bedrohungen um sie herum verschwanden, flüchtete das Reh in Sicherheit. Als Bhīma dies alles sah, stand er wie gebannt vor Staunen.

Wenn wir die Grenzen unserer Fähigkeiten verstehen und Gottes unendliche Herrlichkeit schätzen, werden wir erkennen, dass nur die göttliche Gnade unsere Bemühungen fruchtbar machen kann. Bhīma wurde durch sein Mitgefühl für das Reh und seine Hingabe an das Göttliche der Gnade Gottes würdig. Wenn Bemühungen, Mitgefühl und Hingabe zusammenkommen, wird Gott definitiv seine Gnade ausschütten.

Satsang 1

Amma – Bewohnerin des Herzens

Sarvaga – USA

Wir alle wissen, dass es fast unmöglich ist, Ammas Liebe oder die Tiefe unserer Verbindung zu ihr in Worte zu fassen. Dennoch ist ihr Mitgefühl so groß, dass allein schon der Versuch, sie zu beschreiben, uns erhebt. Hören wir Geschichten über ihre Gnade, werden wir innerlich gereinigt.

So unterschiedlich wir auch zu sein scheinen –Amma lebt in unser aller Herzen. Sie ist der Mittelpunkt unseres Seins. Amma leuchtet als jenes strahlende Selbst, das alle Wesen verbindet. Wenn wir einander wirklich zuhören, mit offenem Herzen und Mind, ohne zu urteilen, erwacht dieser innere Mittelpunkt, unser Eins-Seins. Wahres Verstehen, wahres Mitgefühl und wahre Liebe begegnen sich genau in diesem Punkt.

Wirkliches Zuhören ist nur möglich, wenn der Mind still ist. In diesen Momenten der Stille können wir einen Vorgeschmack auf unser Eins-Sein erfahren. Wenn wir beobachten, wie Amma Darśhan (ihre göttliche Umarmung) gibt, dann sehen wir ihre bedingungslose Liebe fließen.

Manchmal identifizieren wir uns unbewusst mit der Person, die sie in den Armen hält. Wir nehmen an ihrem Lachen teil oder weinen mit denen, die leiden. Ammas gesamtes Leben ist ein lebendiger Ausdruck von Eins-Sein, und sie führt uns stetig in Richtung dieser inneren Weite.

Eins-Sein ist das Geheimnis von Ammas vollkommener Sprache der Liebe – der Sprache der Stille. So wie eine Mutter das Herz ihres Kindes ohne Worte versteht. Genau das ist, was wir alle erfahren, wenn wir in ihrer Umarmung sind.

Mit derselben Sprache der Liebe versteht Amma auch die Herzen aller Lebewesen. Eine Freundin von mir hatte eine Schildkröte als Haustier, die sie immer zum Darśhan mitbrachte. Eines Tages sagte Amma zu ihr, dass die kleine Schildkröte sich einsam fühle und einen Gefährten bräuchte, um ihr Herz mit ihm zu teilen. Also besorgte sie eine zweite Schildkröte und brachte beide zum nächsten Darśhan mit. Amma segnete die beiden mit Freude und bat meine Freundin, sie freizulassen. Sie setzte sie daraufhin auf ihrem Grundstück aus und sah sie dann nicht mehr.

Ein Jahr später, als Ammas Eintreffen erwartet wurde, ging meine Freundin in ihren Garten, um Gemüse für eine Darbringung zu ernten. Plötzlich sah sie die beiden kleinen Schildkröten erwartungsvoll zu ihr aufblicken! Sie waren genau am Tag von Ammas Programm zurückgekehrt– ein ganzes Jahr später! Sie wollten jene Mutter wiedersehen, die ihr Herz verstanden hatte. Also nahm sie die Schildkröten hoch und brachte sie zu Ammas Darśhan.

***

Einmal bat mich Amma, einer Gruppe gehörloser Kinder Bhajans in Gebärdensprache beizubringen. Nach dem Training sangen die Kinder zum ersten Mal für Amma. Nicht mit ihrer Stimme, sondern mit der stillen Sprache ihrer Hände und Herzen.

Ich versteckte mich auf der Bühne, damit die Kinder mich sehen konnten, falls sie die Zeichen vergaßen. Plötzlich bat Amma mich aufzustehen. Sie unterbrach den Darśhan und schaute uns aufmerksam zu. Ich ließ meine Schüchternheit los und fühlte mich eins mit den Kindern. In diesem Moment rief Amma zum ersten Mal laut meinen Namen. Dieser Ruf traf mich tief im Herzen. Mein Name „Sarvaga" bedeutet „alldurchdringend". Ich habe immer gespürt, dass Amma mir diesen Namen gab, um mich in Richtung des Eins-Seins zu leiten. Zu dem, was wir wirklich sind – jenseits von Namen und Formen.

Vor Tausenden von Jahren gab Gott in der Bhagavad Gītā das Versprechen, seine Devotees von allem Leiden zu befreien. Für Ammas Kinder ist dieses Versprechen Realität.

Nichts in der Geschichte dieser Welt kann mit der Größe der göttlichen Mutter verglichen werden, die zur Erde kommt, um ihre Kinder zu retten und sie wieder mit ihr zu vereinen.

Wir können uns nicht vorstellen, wieviel Verzicht und Mitgefühl wirken müssen, dass Amma unter uns auf der Erde bleiben kann. Amma sagte einmal zu mir: „Amma ist wie ein Heliumballon. Sie könnte jeden Moment aufsteigen. Aber sie hält sich hier unten, nur um ihre Kinder zu erheben."

***

Die kleine Geschichte meines Lebens ist wie eines von unzähligen Sandkörnern, die durch die Berührung mit Ammas Füßen geheiligt wurden.

Ich wurde in eine arme jüdische Familie geboren. Wir lebten in einer kleinen Hütte an einem Fluss auf der anderen Seite der Welt. Doch Amma fand mich sogar dort. Einige Tage nach meiner Geburt bekam mein Vater unerwartet ein Geschenk: eine kleine Statue von Lord Kṛiṣhṇa . Er führte ein Ritual durch, legte mich dem Herrn zu Füßen und bot das Leben des Neugeborenen aufrichtig dar. Deshalb fühlte ich immer, dass mein Leben von Geburt an Amma gewidmet war.

Meine früheste kindliche Erinnerung ist der Tag, an dem unsere Hütte beim Fluss komplett niederbrannte. Ich war erst drei Jahre alt. Meine Mutter war mit fünf kleinen Kindern allein zu Hause. Sie musste ins Haus zurückrennen, um meine kleine Schwester zu retten. Wir verloren alles - auch unsere zwei Hunde - doch wir waren unbeschadet. Wie wir am nächsten Tag durch die Ruinen gingen, ist meine prägendste Erinnerung. Ich erinnere mich genau, wie mein Vater zwei große Bücher aus der

Asche zog. Nur die Buchdeckel waren verbrannt. Diese Bücher sind bis heute bei mir und sie sind das einzige, das nicht zerstört war. Es waren die Bhagavad Gītā und das Śrīmad Bhāgavatam.

Das war meine erste Lektion im Leben – und eine der wichtigsten auf dem spirituellen Weg: Nur Gott ist unzerstörbar und bleibt immer bei uns. Es ist dieser lebendige Gott, unsere Amma, die uns trägt, schützt und tröstet, wenn wir durch die Feuer des Lebens gehen. Sie ist die mitfühlende Mutter, die uns schließlich aus dieser vergänglichen Welt von Geburt und Tod befreit.

Das zweite Feuer oder der zweite Schicksalsschlag in meinem Leben kam, als ich siebzehn war. Es wurde eine unheilbare Krankheit bei meiner Mutter diagnostiziert und die Ärzte gaben ihr noch sechs Monate zu leben. In dieser Zeit begegnete ich Amma zum ersten Mal – es war 1997. Als ich sie sah, wusste ich sofort tief in mir: Sie ist die göttliche Mutter.

Ich erhielt ihr Mantra und es gab mir die innere Kraft, meine Mutter durch die letzten Monate zu begleiten. In der Tiefe meines Herzens fühlte ich, dass die äußere Form meiner Mutter einfach nur zurückkehrte zu meiner wahren Mutter. Amma war in mein Leben gekommen und stellte sicher, dass ich keinen einzigen Moment meines Lebens ohne Mutter sein würde.

Am Tag nach dem Tod meiner Mutter lag ich mit hohem Fieber im Bett. Amma sollte bald wiederkommen, und ich betete intensiv um die Kraft, zu ihr gehen zu können.

Plötzlich verschwand das Fieber ganz. Einige Tage später reiste ich zu Amma. Als sie mich in ihre Arme schloss, rief sie voller Sorge: „Fieber! Fieber!" Dann nahm sie eine große Menge Sandelholzpaste und strich sie liebevoll über mein Gesicht. Ich wusste bis dahin nicht, dass es so eine Liebe überhaupt gibt.

Weinend in ihrer Umarmung verschwanden all die Schmerzen über den Tod meiner Mutter. Ich fühlte tief in mir: Amma ist wirklich die allwissende göttliche Mutter und ich bin ihr Kind.

Seit diesem Moment wusste ich, dass ich niemals getrennt von meiner wahren Mutter bin. Durch ihre Gnade habe ich mein Leben unter ihrem Schutz verbracht.

***

Nur wenige Monate später reiste ich nach Indien. Zum ersten Mal verließ ich mein Zuhause. Auf die Begegnung mit Amma wartend, schrieb ich ein Gedicht:

Was bin ich
außer ein Blatt im Wind?
Wer bin ich?
Ich werde von den Strömungen zu Deinen Füßen getragen
Ich beobachte diesen Mind
und nichts scheint wirklich
außer den Tränen,
die an der Schwelle meines Herzens zittern
bereit, sich in Deinen Ozean zu lösen.
Was ist wirklich
außer diesem blinden Ruf,
mich an Deiner Türschwelle hinzugeben?
Mutter, erfülle mich
mit der Kraft der Hingabe
mit der Gnade der Ausdauer.
Mutter, ich komme,
um mich Dir ganz darzubringen.
Bitte nimm diese Darbringung an.
Umarme dieses Kind,
Öffne mein Herz
für das, was ich wirklich bin

Ich werde nie vergessen, wie ich nachts unter einem Himmel voller Sterne in einem kleinen Boot die Wasserwege überquerte.

Tränen flossen ununterbrochen – so sehr, dass ich kaum sehen konnte. Endlich in Ammas Schoß angekommen, fragte ich mich, ob sie sich erinnern und mich ihre Tochter nennen würde.

Nach dem Darśhan stand ich vor ihr und in meine Augen schauend rief sie laut: „Meine Tochter! Meine Tochter!" In diesem Moment fühlte ich, dass Amma verkündete: Ihre Tochter ist endlich zu Hause angekommen.

Kurz nach meiner Ankunft kam Amma eines Tages zum Pool. Sie schwamm mit uns allen, und lag dann in vollständiger Lotushaltung im Wasser. Sie betrat Samādhi – den Zustand des vollkommenen Eins-Seins mit dem Göttlichen. Ihre Hände formten Mudras. Ihr Körper lag ganz still, doch er bewegte sich leicht im Wasser, getragen von ihrer göttlichen Kraft.

Ich war am Beckenrand, es nahm mir den Atem. Ich konnte den Blick nicht von ihr abwenden. Dann begann Amma sich auf mich zuzubewegen. Ich wich immer weiter zurück, bis ich ganz in der Ecke war. Aber sie kam immer näher. Schließlich war ihr Kopf nur wenige Zentimeter von meinem Herzen entfernt. Und dann blieb sie einfach dort.

Ich sah auf ihr Gesicht. So etwas Wunderschönes hatte ich noch nie gesehen. Ihr Gesicht leuchtete wie der Vollmond. Auf ihren Lippen lag ein friedliches, seliges Lächeln. Reines Licht schien unter ihren halb geschlossenen Augenlidern mit den dichten Wimpern hervor. Ich finde keine Worte dafür, was in diesem Moment geschah. Während ich ihr strahlendes, stilles Gesicht betrachtete, sah ich auf einmal das Gesicht meiner leiblichen Mutter. Als wäre ihr Gesicht in die selige Erscheinung Ammas eingegangen.

Überrascht fing ich fing an zu weinen – Amma blieb lange mit ihrem Kopf an meinem Herzen liegen, während ich wie ein Kind weinte. Als ich schließlich still wurde, trieb sie langsam davon.

Es war, als wäre der Fluss des tiefen Leidens meiner Mutter für immer in den Ozean von Ammas Frieden geflossen. Gleichzeitig fand eine Verinnerlichung auch in meinem Herzen statt: Auch, wenn das Feuer der kosmischen Illusion (Maya) die äußere Form einer Mutter wegnehmen kann – was bleibt, ist unsere wahre Mutter, die mit ihrer unvergänglichen Liebe strahlt. Auch wenn das Leben mit verschiedenen Herausforderungen (Feuern) auf uns wartet, führt Amma uns an einen inneren Ort, der immer unberührt bleibt.

All die Erfahrungen ihrer Gnade betrachtend ist eines ihrer größten Wunder, dass sie allmählich den Glauben und die Hingabe in uns wachsen lässt. Prüfungen begegnen uns im Leben, in denen wir das Gefühl haben, uns nicht hingeben zu können– in denen uns die Wellen der Sorge hinunterziehen. Doch wenn wir Amma in absoluter Hilflosigkeit rufen, dann kommt sie uns zu retten.

Vor elf Jahren zeigte eine Reihe von Untersuchungen im AIMS-Krankenhaus, dass ich Anzeichen einer seltenen, tödlichen Leberkrankheit hatte. Die Testergebnisse blieben lange unklar- ich musste viele Monate warten. Amma riet mir, mich nicht zu sorgen, solange noch keine endgültigen Ergebnisse bereitstanden und doch war ich von der Angst vor dem Tod überwältigt.

Ich war erschüttert über meinen eigenen Mangel an Vertrauen, fühlte mich völlig unvorbereitet. Doch trotz aller Angst brachte ich nicht fertig, zu Amma beten, dass sie die Krankheit nimmt oder das Ergebnis ändert. Ich konnte nur um die Kraft beten, mich hingeben zu können. Ich betete darum, dass – wann immer mein Tod kommen sollte – ich voller Liebe und Hingabe bereit wäre, in Amma einzugehen.

Als Amma schließlich meine Verzweiflung sah, rief sie selbst den Chefarzt des AIMS-Krankenhauses an und bat ihn, die entscheidende Untersuchung zu veranlassen. Als ich aus der Narkose erwachte, fühlte ich mich, als läge ich in Ammas Armen. Es war, als würde eine Welle ihrer Gnade über mich hinwegspülen, als ich dann hörte, dass ich von der Krankheit verschont war.

Als ich Amma das Ergebnis sagte, legte sie ihre Hände auf ihr Herz und seufzte vor Erleichterung. Dann hob sie ihre Hände gen Himmel –zum Zeichen, dass es Gottes Gnade gewesen war. Doch in ihrer stillen Demut zeigte sie damit, dass es allein IHRE Gnade war. Ich bete dafür, dieses durch Ihre Gnade gegebene Leben ganz dafür nutzen zu können, mich auf die Hingabe an die Liebe vorzubereiten.

Wenn wir die Last unserer Ängste vor der Zukunft oder die Schwere der Vergangenheit tragen, kann es sein, dass wir innerlich zusammenbrechen. Doch wenn wir die 'Anhaftungen' an unsere Lasten aufgeben, gibt sie uns die Kraft, im gegenwärtigen Moment verankert zu sein. Wenn wir glauben, dass Hingabe etwas ist, das erst in der Zukunft geschieht – in einem Moment, in dem wir alle Anhaftung und Ego loslassen können, dann entsteht Angst. Wir glauben, dem nicht gewachsen zu sein und halten weiterhin an allem fest.

Aber Amma kennt unsere Schwächen. Sie ist sich bewusst, wie viel Hingabe wir in jedem Moment unseres Lebens wirklich aufbringen können. Amma sagt, dass Hingabe annehmen bedeutet. Dieses Annehmen ist keine abgelegene Idee – sondern eine Gelegenheit für jeden Moment unseres Lebens, jede Situation als Ammas Einladung anzunehmen.

Amma spricht in diesem Zusammenhang oft von Prasāda Buddhi – alles, was uns begegnet, als göttliches Geschenk anzunehmen. Doch damit diese Haltung für uns natürlich wird, brauchen wir auch Pūjā Manō Bhāvam – das bedeutet, all unser Handeln und uns selbst, mit Liebe und Achtsamkeit darzubringen.

Nach und nach erweckt Amma in uns diese Liebe, Achtsamkeit und den Glauben, bis wir uns ganz hingeben können, um für immer in ihrer unsterblichen Liebe aufzugehen. Ammas Mitgefühl ist so groß, dass sie diesen Glauben in unseren Herzen wachsen lässt – durch Erfahrungen, die uns ihre allwissende Gegenwart spüren lassen.

***

Die nächste schwere Prüfung kam wie ein weiteres Feuer auf, als bei meinem Vater dieselbe unheilbare Krankheit diagnostiziert wurde, an der meine Mutter gestorben war. Doch Amma war da und rettete uns aus den Flammen eines jeden Feuers. Sie hat das Leben meines Vaters auf eine Weise verlängert, die man nur in einem Buch beschreiben könnte.

Viele Jahre später verschlechterte sich sein Zustand so sehr, dass ich zurück in die USA ziehen musste, um mich um ihn zu kümmern. Ihn ständig leiden zu sehen, nicht zu wissen, wie lange er noch leben würde, und gleichzeitig von Amma getrennt zu sein, war die schwerste Herausforderung meines Lebens. Einmal schien es, als hätte er eine Lungenentzündung. Ich war ganz allein mit ihm und fühlte tief den Schmerz der Trennung von Amma. Eines Nachmittags brachte ich ihm etwas Suppe, obwohl er schon keine Nahrung mehr zu sich nahm. Als ich ans Bett trat, fiel die Schale plötzlich aus meinen Händen und zerbrach. In diesem Moment fühlte ich mich, als ob auch mein Herz zerbrach, als ob all meine Kraft mich verließ. Ich rannte in den Wald hinaus und begann, hemmungslos zu weinen.

Ich rief aus tiefstem Herzen: „Amma! Kannst du mich hören? Amma! Bist du bei mir? Amma, ich brauche dich mehr denn je!“ Es war ein Ruf aus purer Verzweiflung.

Nachdem ich mich ausgeweint hatte, fühlte ich mich friedlicher und hatte neuen Mut. Ich wusste, Amma hatte mich gehört.

Ich ging zurück, räumte die Scherben auf und versorgte meinen Vater so gut ich konnte. In dieser Nacht, als ich völlig erschöpft ins Bett fiel, klingelte plötzlich das Telefon. Verwirrt nahm ich ab, was ich hörte, ließ mein Herz aufspringen: Es war Ammas wunderschöne Stimme!

Sie fragte auf Englisch, ob es meinem Vater gut gehe.

Als ich wieder bei mir war, sagte ich ihr, dass ich bei ihm eine Lungenentzündung vermutete. Amma beruhigte mich. Sie hätte am Nachmittag zwischen zwei Programmen an mich gedacht, als sie in ihrem Zimmer war. Später erkannte ich, dass dies genau der Moment war, in dem ich im Wald nach ihr gerufen hatte.

Ich war überwältigt – Amma hatte mich nicht nur gehört, sondern mich in meiner tiefsten Not sogar selbst angerufen. Am nächsten Morgen ging es meinem Vater besser. Nach und nach stabilisierte sich sein Zustand.

Amma hat unsere ganze Familie weiterhin gestärkt. Sie half uns, mit mehr Vertrauen und Hingabe jede Situation anzunehmen, so wie sie kam.

Wenn wir zurückblicken, erkennen wir: Unser Leiden entsteht meist, wenn wir uns gegen das stellen, was gerade ist. Frieden und die Gnade wirken, wenn wir das Leben annehmen. Amma zeigt uns immer wieder, wie wir auf dieser unvorhersehbaren Reise des Lebens Freude und inneren Frieden finden können.

In der täglichen Meditation sagt Amma, dass das innere Kind in uns geweckt wird, wenn Hingabe und Liebe sich in uns entfalten. Ein Kind vertraut seiner Mutter blind. Wenn unser Glaube und unsere Liebe tiefer werden, wird Hingabe ganz natürlich. Sonst halten wir an unseren Anhaftungen, an Schmerzvermeidung, an unseren Vorlieben und Abneigungen fest. Mit echtem

Vertrauen verstehen wir, dass Amma einen großen Teil unseres Prārabdha Karmas - die Folgen unserer früheren Taten - auf sich nimmt. Dann können wir akzeptieren, das was trotzdem geschehen muss, uns reinigen und stärken soll. Wir vertrauen, dass Amma alles lenkt, damit wir von allem Leid befreit und mit ihr vereint werden.

Eine der tiefsten spirituellen Lektionen, die Amma mir geschenkt hat, kam durch die letzten Worte meines Vaters.

Er wollte uns eine letzte Botschaft hinterlassen. Alle Kinder versammelten sich um sein Bett. Er kämpfte lange bei Bewusstsein zu bleiben, um sprechen zu können. Es war, als wollte alles, was er im Leben gelernt hatte, in diesen einen Satz fließen.

Schließlich sprach er mit großer Klarheit und Liebe - als hätte Gott selbst ihn sprechen lassen: „SEI, WER DU BIST!"

Diese Worte berührten mich tief im Herzen. Ich fühlte, dass es Amma selbst war, die durch ihn sprach.

Als ich dann sehr bald wieder bei Amma war, schaute sie mich plötzlich an und fragte: „Was waren die letzten Worte deines Vaters?"

Ich sagte ihr: „Sei, wer du bist."

Amma fragte nicht weiter, doch sah mir tief in die Augen und lächelte wissend. Damit bestätigte sie, dass es wirklich ihre eigene Botschaft war.

Es lag eine große Dringlichkeit in seinen Worten. Warum?

Weil „du selbst zu sein" nur in diesem Moment möglich ist. Wer dem Tod nahe ist, spürt diese Dringlichkeit - die Notwendigkeit, jeden Moment im Bewusstsein Gottes zu leben.

Die Wahrheit darüber, wer wir wirklich sind, wird oft verdeckt von dem, was wir nicht sind - von Gedanken, Gefühlen, dem Ego. Aber in jedem Moment können wir das Licht der Achtsamkeit auf unser Herz richten. Dann wird Ammas Gnade uns den Weg zu unserem wahren Selbst leuchten.

Schaue ich ehrlich in mein Herz, erkenne ich all meine Schwächen und falschen Vorstellungen. Was bleibt, ist eine tiefe Sehnsucht, mein wahres Selbst zu erkennen. Weil ich mich selbst noch nicht wirklich kenne, kann ich nur nach Amma rufen – Amma, die aus reinem Mitgefühl als das strahlende Selbst vor uns steht.

So wie ein verlassenes Kind sich nach seiner Mutter sehnt, so groß ist auch unser Wunsch, von allem Leid frei zu werden und ganz in Amma aufzugehen.

Einmal sah Amma mir in die Augen und sagte: „Amma kann niemals sagen, dass Bhakti (Hingabe) weniger ist als Jñāna (Wissen), denn beides führt zur selben Wahrheit."

Durch diese Worte habe ich verstanden, dass der Schmerz und die Tränen, die wir aus Sehnsucht nach Amma weinen, uns reinigen. Sie offenbaren die Wahrheit darüber, wer wir wirklich sind.

Ich fand ein Gedicht, das ich als junges Mädchen auf meiner ersten Reise nach Indien geschrieben hatte. Ich möchte es als Gebet für uns alle darbringen:

Mutter – Quelle allen Mitgefühls
Ich verneige mich vor Dir.
Ich bete, lass Deine Liebe
Aus jeder Berührung meiner Hände strahlen,
Deine Klarheit – meinen Mind zur Ruhe bringen.
Lass mein Herz ein Quell sein,
dessen Quelle Du selbst bist.
Lass in mir das Licht des Bewusstseins aufgehen,
Damit ich sehe, wie ich mit Demut und Achtsamkeit gehen kann.
Gib mir die Kraft zur Hingabe
Im Wissen, dass Du es bist, die alle Lasten trägt.
Gib mir die Bereitschaft, das Leiden anderer zu teilen,
damit ich wahre Freude finde.

Schenke mir den Glauben,
mein eigenes Leiden anzunehmen als Dein Geschenk,
den Frieden des Gleichmutes zu erkennen.
Gib mir die Vision, in allen Situationen die Schlüssel zu sehen,
die Du anbietest, um den inneren Schatz zu erschließen.
Nimm aus meinem Mind die Winde der Unruhe,
damit ich in der Stille Dich widerspiegeln kann.
Gewähre mir die Unschuld und den Glauben eines Kindes,
so dass ich mein wahres Selbst erkennen kann,
für immer in Dich eingehend.

Satsang 2

Śhraddhā

Akshay – Germany

Ich habe von einem großen Wunder gehört, das ich gerne mit euch teilen möchte. Es war einmal ein junger Mann, der in Berlin studierte. Sein Leben war aufgeteilt zwischen dem Studium und dem vollen Genuss des Lebens. Wie viele von euch verfolgte er eine Lebensphilosophie. Doch seine Philosophie war weder Dvaita (dualistische Philosophie), Sāṅkhya (grundlegende Philosophie des Yōga) noch Advaita (nicht-dualistische Philosophie). Der Philosophie, der er folgte, war Carpe Diem.

Carpe Diem ist eine lateinische Redewendung. Carpe bedeutet ‚pflücken' und Diem bedeutet ‚Tag'. Sie bedeutet also so viel wie „nutze den Tag" oder „genieße den Augenblick". Für diesen Studenten bedeutete Carpe Diem: „Genieße, was du kannst, wenn du kannst, solange du kannst".

Eine seltsame Fügung des Schicksals führte diesen jungen Mann nach Indien. Während des kalten, grauen deutschen Winters schienen die sonnigen Strände, das exotische Flair und die exzessiven Partys in Goa sehr verlockend. So reiste er in einer Auszeit während des Studiums nach Indien.

Es war nach einer dieser Partys an den Stränden von Goa, als er zum ersten Mal von Amma hörte. Er saß in einer Gruppe neuer Freunde, die er in Goa getroffen hatte, und die Leute erzählten von den Erfahrungen, die sie auf ihren Reisen gemacht hatten. Sie sprachen über Gurus, die sie getroffen hatten, über Yōga-Kurse und über besichtigte Tempel.

Als jemand anfing von Ammas Āśhram zu erzählen, wurde er hellhörig. Er hatte bereits geplant, bis an die Südspitze Indiens zu reisen und dachte, dass dies der perfekte Zeitpunkt wäre, um Ammas Āśhram zu besuchen.

So reiste er mit dem Touristenboot welches von Alappuzha nach Kollam fährt. Es schlängelte sich durch die Backwaters, bis es auf halbem Weg nach Kollam anhielt, um ihn und andere Touristen am Bootsanleger vor Ammas Āśhram aussteigen zu lassen. Der Kapitän versicherte ihm, dass er die Reise nach Kollam, nach ein oder zwei Nächten im Āśhram, mit demselben Ticket fortsetzen könne.

Voller Freude und Neugier verließ der junge Mann das Boot, um etwas über Amma zu erfahren. Noch hatte er keine Ahnung, dass ihn die Begegnung mit Amma über Nacht in einen neuen Menschen verwandeln würde. Er hatte keine Ahnung, dass die Ankunft im durch Ammas Tapas (Entbehrungen) geweihten Sand all seine schlechten Gewohnheiten verbrennen würde. Auch wusste er nicht, dass die zweite Hälfte seines Bootstickets nach Kollam für den Rest seines Lebens unbenutzt bleiben würde.

Im Āśhram begann ich Malayalam zu lernen und konnte bald einige Sätze erkennen, die Amma häufig verwendete. Einer dieser Sätze war: *„Ī nimiśham mātrame nammaḷude kaiyyil ullu“* – „Nur dieser Moment liegt in unseren Händen“.

Das mag ähnlich klingen wie Carpe Diem, aber Amma meint damit nicht: Nur dieser Moment liegt in unseren Händen, also lass uns zum nächsten Takt gehen. Oder: Wir haben nur diesen Moment in der Hand, also lasst uns unser ganzes Geld für die neueste Mode ausgeben. Was Amma meint, ist: Wir sollten im gegenwärtigen Moment mit dem größtmöglichen Śhraddhā leben.

Śhraddhā! Dies ist ein weiteres Wort, das ich schon früh gelernt habe. In Malayalam bedeutet es Achtsamkeit, Aufmerksamkeit, Ausrichtung, Konzentration und auf einen Punkt ausgerichtet (Ekagrata in Sanskrit). Ich gebe euch ein paar Beispiele, bei denen ich Amma hörte, wie sie dieses Wort benutzte:

Während ich einmal bei Ammas Indien-Tour half, die Menschenmenge zu ordnen, zog ich so stark, dass eine Person fast vornüber auf den Boden gestürzt wäre. „Akshaya!", rief Amma, „Ninte shraddha evide?" - „Wo ist deine Achtsamkeit!"

Nachdem Amma bei einem Tourstopp klare Anweisungen gegeben hatte, genau zehn Pommes pro Teller zu servieren, rief sie ein anderes Mal aus: „Akshaya, das sind nur fünf Pommes! Ninte śhraddhā evide?" - „Wo ist deine Aufmerksamkeit?" Dann, einige Minuten später, „Eṭa! Ippol patinanju fries ayi! Nī śhraddhikkēndē? – „Hey! Jetzt sind es fünfzehn Pommes! Solltest du dich nicht konzentrieren?"

‚Śhraddhā' und ‚Ī nimiṣham mātrame...' Amma verwendet diese beiden Ausdrücke immer wieder. Die Worte des Gurus von heute sind die Schriften von morgen. Wir müssen sie also als solche behandeln und über sie nachsinnen, um ihre ganze Bedeutung zu erfassen. Amma selbst sagt, dass wir die heiligen Schriften studieren müssen, um ihre Worte wirklich zu verstehen. Deshalb möchte ich Ammas Worte anhand eines alten Textes erklären, der als die Yōga Sūtras des Weisen Patañjali bekannt ist.

Das Wort Yōga stammt von ‚yuj samādhau' – die Wurzel ‚yuj' aus dem Sanskrit steht für das Erreichen von ‚Samādhi' – einem Zustand „vollkommener Konzentration". Die erste Zeile des Kommentars des Weisen Vyāsa zu den Yōga Sūtras lautet: ‚Yōga Samādhiḥ'. Das bedeutet: ‚Yōga ist vollkommene Konzentration' ‚Yōga ist auf einen Punkt ausgerichtet', oder ‚Yōga ist Śhraddhā'. Somit sind die Yōga Sūtras die perfekte Schrift, um die Bedeutung des Wortes Śhraddhā durch Amma zu beleuchten.

***

Von Kindheit an hat man uns gesagt wir sollten uns konzentrieren. Aber man hat uns nie gelehrt uns zu konzentrieren. Um uns dies zu lehren, erklären uns die Yōga Sūtras zunächst die Natur des Minds.

Der Mind ist so strukturiert, dass wir uns zu jedem Zeitpunkt immer nur eines Gedankens bewusst sein können. Er ist wie ein Stuhl, auf dem immer nur eine Person sitzen kann und sobald diese Person aufsteht, kann jemand anderes ihren Platz einnehmen. Auf diese Weise können viele verschiedene Gedanken im Mind innerhalb von Sekunden auftauchen und wieder verschwinden. Wir denken an die großartige Amtseinführung von Kamala Harris, dann an den Covid-19-Impfstoff, von dort an die Impfstoff-Verschwörungstheorie, dass Kanye West glaubt, Bill Gates habe Dr. Fauci beauftragt, uns allen Flüssigchips einzupflanzen, damit die Echsenmenschen uns aufspüren und unsere Geoposition an die Außerirdischen im Weltraum senden können und dann aaaahhhh! Mehr oder weniger weiß jeder über diese Natur des Minds Bescheid.

In seinem Kommentar zu den Yōga Sūtras beschreibt der Weise Vyāsa diesen Aspekt des Minds als: ‚sarvārthatā chitta dharmaḥ' - ‚Ablenkung ist die Natur des Minds'. Wenn wir das lernen, könnten wir vielleicht denken: „Oh, gut! Dann ist das einfach die Natur des Minds. Es gibt keine Hoffnung." Aber zu unserer Erleichterung wird uns eine zweite Natur des Minds offenbart: ‚ēkāgratāpi chitta dharmaḥ' – ‚auf einen Punkt ausgerichtet ist auch die Natur des Minds'. Diese zweite Natur des Minds ist die Grundlage für jeden Erfolg.

Wie können wir Śhraddhā aufrechterhalten und verhindern, dass andere Gedanken aufkommen? Wenn man in Indien zum Bahnhof geht, um eine Fahrkarte zu kaufen, stehen die Menschen in der Schlange so gedrängt, dass sich niemand von außerhalb der Schlange mehr hineinzwängen kann. Wenn wir uns auf etwas konzentrieren wollen, dann sollten unsere Gedanken auch in einer solch engen Schlange stehen.

Ein gutes Beispiel dafür ist, wenn wir das Gebet „Meditation auf Amma“ wiederholen und dabei über jeden Teil des Gebets nachdenken. Einen Satz nach dem anderen.

dhyāyāmō - wir meditieren auf die Eine,
dhavalāvaguṇṭhanavatīm - ihr Haupt bedeckt mit einem weißen Sāri,
tējōmayīm - die strahlend ist,
naiṣhṭikīm - die immer in der Wahrheit verankert ist,
snigdhāpāṅga vilōkinīm - die mit liebenden Augen blickt.

Konzentration bedeutet also nicht, nur einen einzigen Gedanken zu wiederholen. Es bedeutet, dass wir in der Lage sein sollten, uns auf ein Objekt - in diesem Fall Amma - zu konzentrieren, indem wir einen kontinuierlichen Strom verschiedener Gedanken zu ihr schicken und so diese enge Schlange bilden.

Im Yōga wird dies Nirōdha (Zurückhaltung) genannt. Nirodha wird nicht dadurch erreicht, dass man versucht, unerwünschte Gedanken zu verdrängen oder aus dem Weg zu räumen, sondern durch Ēkāgrata - durch das Aufrechterhalten von Gedanken, die im Einklang mit dem von uns gewählten Gegenstand unseres Fokus stehen.

Jetzt wird es noch interessanter. Jeder Gedanke, den wir wiederholt hegen, wird stärker. Einmal wiederholt, wird er wiederauftauchen. Wenn er wieder und wieder auftaucht, bilden diese Gedanken unsere Saṁskāras - unsere gewohnheitsmäßigen geistigen Tendenzen.

Ob wir positive Gedanken kultivieren, die positive Saṁskāras erzeugen, oder ob wir negative Gedanken kultivieren, die negative Saṁskāras erzeugen, hängt von uns selbst ab. Alles, was wir brauchen, um mentale Selbstbeherrschung zu erreichen, ist Übung. Wie Lord Kṛiṣhṇa in Kapitel 6, Vers 35 der Bhagavad Gītā sagt:

> *asaṁśhayaṁ mahā-bāhō manō durnigrahaṁ chalam*
> *abhyāsēna tu kauntēya vairāgyēṇa cha gṛihyatē*
>
> ‚Zweifellos, oh mächtig bewaffneter Arjuna, ist der Mind schwer zu kontrollieren und unruhig, aber durch Übung und durch Leidenschaftslosigkeit kann er gezügelt werden'.

Die Praxis beginnt mit Dhāraṇā (Konzentration). Kapitel 3, Vers 1 der Yōga Sūtras definiert Dhāraṇā wie folgt:

> *dēśhabandhaśhchittasya dhāraṇā* - ,
>
> ‚Sich auf einen bestimmten Punkt zu konzentrieren ist Dhāraṇā'.

Wenn Amma uns während der angeleiteten Meditation sagt, wir sollen uns ein Dreieck auf der Stirn vorstellen und uns auf die leuchtende weiße Perle konzentrieren, dann ist das Dhāraṇā.

Der nächste Schritt ist Dhyānam. In den Yōga Sūtras, Kapitel 3, Vers 2 heißt es:

> *‚tatra pratyayaikatānatā dhyāna'* -
>
> ‚Ein ununterbrochener Fluss des Wissens zu diesem Objekt ist Dhyānam.'

Der Weise Vyāsa erklärt in seinem Kommentar zu dieser Sūtra weiter:

> Dhyānam ist ein ständiger Fluss ähnlicher Gedanken zum Objekt der Meditation.'

Amma sagt uns immer, dass unsere Yōgapraxis nicht aufhören sollte, nachdem wir von der Meditation aufstehen. Sie sollte sich den ganzen Tag über fortsetzen. Da Yōga „auf einen Punkt ausgerichtet" bedeutet, wird jede Handlung, die wir mit größtem Śhraddhā ausführen, zu Yōga. So werden unser Archana (Wiederholung der göttlichen Namen), unsere Bhajans (hingebungsvolles Singen) und unsere Handlungen alle zu Yōga.

Viele Jahre lang war ich an der Essensausgabe im Āśhram beteiligt. Damals befand sich die Küche dort, wo sich heute der Speisesaal der Brahmachāriṇīs befindet. Wir mussten das Essen aus großen Kochtöpfen in kleinere Serviergefäße umfüllen, sie in den Speisesaal bringen, alle bedienen und dann die Gefäße zum Waschen zurück in die Küche bringen.

Um die Verschwendung von Lebensmitteln zu vermeiden, sollten wir als erstes alle Essensreste herauskratzen. Eines Abends, als wir gerade die Essensausgabe beendet und alle Töpfe zurück in die Küche gebracht hatten, erschien Amma plötzlich in der Küche. Sie war auf einer Mission. Sie ging direkt zum Spülbereich und untersuchte alle Töpfe, die wir gerade gebracht hatten. Viele von ihnen enthielten kleine Portionen von übriggebliebenem Reis.

Amma begann, langsam und sorgfältig alle Töpfe mit der Hand auszuleeren und den ganzen Reis auf einem Teller zu sammeln. Als sie fertig war, hatte sie einen aufgehäuften Teller mit Reis.. Sie reichte mir den Teller und sagte: „Akshaya! Ninte śhraddhā evide?“ - „Wo ist deine Achtsamkeit? Es gibt Menschen auf dieser Welt, die nichts zu essen haben, und du verschwendest es hier!“

Seit dieser Erfahrung versuchte ich mein Bestes, mich mit maximalem Śhraddhā auf mein Sēvā zu konzentrieren. Viele Male scheiterte ich, aber manchmal gelang es mir.

Während Ammas USA-Tournee 2019 fragte ein kleiner Junge Amma bei einem der Chai-Stopps, ob wir Pizza essen könnten. Amma stimmte zu und wies mich an, Pizza für unsere Ankunft in Boston bereitzuhalten.

Es war eine große Herausforderung, Pizza für 400 Menschen zu machen und ich setzte ein Maximum an Śhraddhā ein. Während das abschließende Abendprogramm im Ballsaal des Hotels in New York stattfand, arbeiteten wir hart daran, etwa fünfzig riesige Pizzas vorzubereiten und zu backen. Wir mussten sie abkühlen lassen, verpacken und in unseren Küchen-LKW laden.

Sobald das Programm beendet war, sprangen wir in unseren LKW und rasten nach Boston. Als wir das Hotel dort erreichten, mussten wir alles ausladen, die Pizza aufwärmen, Pommes frites machen, alle Lebensmittel in Warmhaltegeräte laden und dann alles zum Bostoner Āśhram transportieren. All dies musste geschehen, noch bevor Amma zur Gruppenmeditation mit der Tourgruppe kam.

Neben der Pizza hatten wir auch Pommes und Eis vorbereitet und sogar bunten Belag für das Eis besorgt. Lecker! Erstaunlicherweise war alles rechtzeitig eingetroffen und alles war fertig. Ich war recht stolz auf mich.

Doch als Amma mit dem Servieren des Essens begann, rief sie mich zu sich. Sie war ziemlich verärgert und sagte: „Warum hast du all das Essen gemacht? Ich habe dich nur gebeten, Pizza zu machen. Weißt du denn nicht, dass es eine ausgewogene Ernährung geben sollte? Wie kannst du nur Junkfood servieren? Es sollte etwas Abwechslung geben - etwas Gemüse, etwas mit Vitaminen. Du solltest essen, um deinen Körper zu ernähren, nicht um dich zu verwöhnen. Nur wenn du auf den Geschmack der Zunge verzichtest, kannst du den glückseligen Geschmack des Selbst erfahren."

Ich stand da, mit gesenktem Kopf. Obwohl ich konzentriert war und mein Bestes gegeben hatte, schlugen meine Bemühungen fehl. Obwohl ich Śhraddhā praktiziert hatte, ging alles schief. Ich hatte Ammas Worten nicht richtig zugehört und sie nicht verstanden.

Im Sanskrit wird das Zuhören Śhravaṇam genannt. Es ist eine sehr wesentliche Qualität. Śhravaṇam bedeutet nicht nur zuhören, sondern auch verstehen und die Lehre in sich aufnehmen. Amma macht eine Geste, die vom Ohr zum Herzen zeigt, wenn sie Śhravaṇam sagt. Zusätzlich zu Śhraddhā müssen wir also Śhravaṇam üben. Dieses richtige Verständnis der Worte des Gurus kann schwierig sein. Manchmal müssen wir in der Lage sein, zwischen den Zeilen zu lesen, um die wahre Bedeutung zu erfassen.

***

Am 1. März 2020 ging ich zum Darśhan. Ich erzählte Amma, dass ich nach Europa gehen würde, um mein Visum zu erneuern und drei Wochen lang zu arbeiten. Amma sagte: „Oh! Es gibt auch Covid-19-Fälle in Deutschland." Ich antwortete, dass ich nicht in Deutschland sein würde, da die dreiwöchige Arbeit, zu der ich mich verpflichtet hatte, in der Schweiz war.

Amma fragte, wann mein Visum ablaufen würde. Ich sagte, in zwei Tagen. Amma gab mir ein paar Prasād[1]-Bonbons und ich ging. Ich konnte sehen, dass Amma besorgt war, aber da ich nur für sechsundzwanzig Tage weg sein wollte, dachte ich, alles würde in Ordnung sein. Ich konnte ja nicht ahnen, dass aus diesen sechsundzwanzig Tagen 260 Tage werden sollten.

Während ich in Europa festsaß, erhielt ich viel Unterstützung von meinen Eltern, Freunden und Devotees. Sie teilten großzügig ihr Zuhause mit mir und ich bin ihnen sehr dankbar dafür. Doch egal, wo ich mich aufhielt, nach ein paar Wochen überkamen mich Gefühle der Traurigkeit und Verzweiflung. Amritapuri ist mein Zuhause, seit ich 1996 dorthin gezogen bin, war ich nie für länger als einen Monat am Stück von Amma getrennt.

[1] Eine gesegnete Gabe oder ein Geschenk von einer heiligen Person oder einem Tempel, oft in Form von Essen

Am Ende eines jeden Monats überprüfte ich die Website des indischen Außenministeriums auf Anzeichen für eine Änderung der Einreisepolitik, doch jedes Mal wurde ich noch deprimierter. Am 31. März 2020 ging es von Lockdown 1.0 zu Lockdown 2.0. Am 30. April ging es von Lockdown 2.0 zu Lockdown 3.0 über und so weiter.

Die einzige Zeit, zu der ich wirkliches Glück und Zufriedenheit empfand, war, wenn ich Zeit in der Natur verbrachte. Ich hatte ein kleines Zelt und einen Kocher und begann, damit durch die Alpen zu wandern. Insgesamt wanderte ich etwa drei Monate lang durch die deutschen, österreichischen, italienischen, schweizerischen und französischen Berge.

Ich sah wunderschöne Landschaften und eine wundervolle Tierwelt. Vor vielen Jahren sagte mir Amma, ich solle die Blumen und den Mond betrachten, um meinen Mind zu beruhigen. So wurden die Blumen und der Mond zu meiner Meditation. Es ist ein müheloser Weg, Dhāraṇā und Dhyānam zu praktizieren.

Ich betrachtete den Mond und tröstete mich dann damit, dass es derselbe Mond ist, der auch in Amritapuri auf Amma scheint. Ich weiß, dass viele Menschen, die dies heute online hören, immer noch physisch von Amma getrennt sind. Mein Herz kennt euren Schmerz, und da mir das Betrachten und Nachdenken über den Mond auf diese Weise etwas Trost und Frieden während meiner zehnmonatigen Abwesenheit von Amma gebracht hat, empfehle ich, dieselbe Praxis versuchen. Wir können alle Ammas Rat befolgen: „Schaue dir die Blumen, schaue dir den Mond an."

Ich liebte es, über die hohen Bergpässe zu reisen, die noch mit Schnee bedeckt waren. Schnee verleiht allem ein reines und magisches Gefühl. Als würde man in eine andere Welt eintreten. Ich fühlte mich klein und bescheiden, als ich zwischen Bergen wanderte, die Tausende von Metern über mir aufragten, mit majestätischen Gletschern unter meinen Füßen. Manchmal bin ich tagelang gewandert, ohne einen anderen Menschen zu sehen, aber ich fühlte mich nie einsam. Ich fühlte mich, als würde ich auf dem Schoß von Dēvī (der Göttlichen Mutter) oder auf der Handfläche Gottes wandern.

Meine einzige Gesellschaft war mein Mantra. Manchmal rezitierte ich das Mahāmṛityuñjaya-Mantra[2] und stellte mir vor, wie Amma mit mir in Śhiva Bhāva (in der Stimmung von Śhiva) zusammen war, ihre Haare zu einem Knoten hochgebundenen und einem gelben Gebetsschal zusammengebunden in ihrem Nacken.

Als ich einmal durch die Schweiz wanderte, musste ich eine große Bergkette überqueren. Der schwierigste Abschnitt war die ‚Nollen-Eisklippe'. Die leichten Steigeisen, die ich an meinen Schuhen trug, fraßen sich nicht richtig in das Eis. Also musste ich anfangen, mit meinem Eispickel kleine Tritte zu machen, um meine Füße und Hände zu platzieren. Ich schlug einen Griff für meine Hand, danach einen Tritt für meinen Fuß, schlug danach den Eispickel so fest ich konnte in das Eis über meinem Kopf und zog mich daran hoch. Dann wiederholte ich den Vorgang.

Ich bemerkte nicht einmal, wie die Zeit verging. Erst als ich oben ankam, fiel mir auf, dass zwei Stunden vergangen waren. Obwohl die Aufgabe extrem schlicht und wiederholend war, konnte ich mich mehr als zwei Stunden lang darauf konzentrieren. Ich konnte das tun, weil ich wusste, dass ein Fehler mein letzter sein könnte. Ich hatte so viel Śhraddhā während dieses Aufstiegs, dass absolut kein Platz für Angst oder andere negative Gedanken da war, die sich dazwischendrängen konnten.

Später fragte ich mich, warum ich nicht immer solches Śhraddhā haben kann? Die Wahrheit ist, dass selbst, wenn wir hier sitzen, unser nächster Atemzug unser letzter sein könnte.

---

[2] Berühmtes Mantra von Lord Śhiva, dem Bezwinger des Todes

Wir könnten uns Covid einfangen, bei einem Autounfall auf unserer nächsten Reise oder an einem Herzinfarkt sterben, wenn wir die Treppe hinuntergehen. Wenn Amma solche Dinge sagt, denken wir vielleicht, dass es nur eine Geschichte ist, die Amma erfindet, um uns Angst zu machen. Nein. Wir alle wissen, dass so etwas passieren kann und es auch tut.

Amma gibt das Beispiel einer Uhr, die tick-tack, tick-tack geht. Mit jedem Ticken und jedem Tacken rückt der Tod einen Schritt näher. Wenn du die Uhr nicht hören kannst, lege deine Hand auf dein Herz. Mit jedem Schlag kommt der Tod einen Schritt näher und wir haben keine Ahnung, wie viele Schläge wir noch haben, bevor wir ihm begegnen. Die Zukunft liegt nicht in unserer Hand, die einzige Garantie, die wir haben, ist der jetzige Augenblick.

In Ammas Bhajan 'Kāḷī Mahēśhvariyē,' heißt es:

kāḷī-mahēśhvariyē jaganmātē kaitozhām ende ammē
ōrō nimiṣham eṇṇi-inchiñchāyi chattu tulayuvōril
hanta ñānum tulayum enna chinta nalkāttorammē tozhām

‚Jeden Augenblick sterben Menschen. Ich verneige mich vor Dir, Du die den Gedanken „ich werde auch vergehen" nicht aufkommen lässt. '

An dem Tag, an dem ich die Eiswand bestieg, wurde mir klar, was für einen großen Unterschied es macht, wenn wir mit vollem Śhraddhā leben. Ich zapfte ein Potenzial an, das normalerweise verborgen liegt, und als ich in dieser Nacht schlafen ging, wusste ich, dass ich mein Bestes gegeben hatte. Aber wie oft habe ich dieses Gefühl in meinem täglichen Leben schon gehabt? Dieses Potenzial ist immer in uns, aber aus welchen Gründen auch immer sind wir nicht in der Lage, es abzurufen.

Der Sand der Zeit rinnt uns durch die Finger und oft habe ich das Gefühl, dass ich nur durch das Leben krieche und nicht einmal versuche, die Berge zu erklimmen, die mir im Weg stehen. Warum bin ich nicht in der Lage, mein Bestes zu geben, während ich Archana rezitiere? Warum bin ich nicht in der Lage, mein Bestes während des Śhāstra (Schrift) Unterrichts zu geben? Warum bin ich nicht in der Lage, mein Bestes während meinem Seva zu geben?

Ich will damit nicht sagen, dass wir die Besten sein sollen, aber wir sollten unser Bestes geben. Wer in diesem Raum kann sagen, dass er in jeder Situation sein Bestes gibt? Nun... ich kenne nur eine Person.

Nicht nur heute, sondern jeden Tag in ihrem ganzen Leben gibt Amma ihr Bestes. Ihr Leben ist wie ein Dokumentarfilm über Śhraddhā. Amma zeigt uns durch ihr Beispiel, was es wirklich bedeutet, in der Gegenwart zu leben.

Jeden Abend in den Bergen saß ich in meinem Zelt, schaltete meine Stirnlampe ein und plante akribisch den nächsten Tag. Ich überprüfte die Karte: Wie wie lang ist die Strecke, die ich zurücklegen muss? Wie schwierig ist das Terrain? Besteht die Gefahr von Steinschlag oder Lawinen? Wie wird das Wetter sein? Etc.

Amma sagt, dass wir im spirituellen Leben dasselbe tun müssen. Wir müssen uns bewusst sein, was wir erreichen wollen. Was sind meine Ziele im Leben? Was sind meine Ziele für diesen Monat? Was ist mein Ziel für heute?

Es ist Śhravaṇam, das uns hilft, diese Ziele zu definieren und Śhraddhā, das uns hilft, sie zu erreichen. Während uns Śhravaṇam die Richtung vorgibt, ist Śhraddhā der Motor, der die Rakete unseres Lebens vorwärtstreibt. Śhraddhā und Śhravaṇam gehen Hand in Hand. Śhraddhā und Śhravaṇam ermöglichen es uns, wirklich „im gegenwärtigen Moment zu leben". Sie sind es, die es uns ermöglichen, die Bedeutung von Carpe Diem wirklich zu verstehen.

Die Bedeutung lautet: Dieser Augenblick ist unschätzbar wertvoll. Wir müssen ihn nutzen, um unsere wahre Natur zu erkennen.

Carpe diem! Nutze den Tag!
Ī nimiśham mātrame nammaḷude kaiyyil ullu!

Satsang 3

Gnade in meinem Leben

Dr. Shyamasundaran – Indien

Śhrī Kṛiṣhṇa und sein Krieger-Schüler Arjuna spazierten einmal am Ufer eines Flusses entlang. Kṛiṣhṇa fragte Arjuna: „Wer ist der beste Krieger dieser Welt?" Ohne zu zögern, antwortete Arjuna: „Ich bin es!" Kṛiṣhṇa war überrascht über diese Antwort und sagte: „Wie kannst Du so egoistisch über deine Fähigkeiten sprechen?"

Darauf erwiderte Arjuna: „Warum nicht, Bhagavān (Gott)? Was hindert mich daran, der größte Krieger zu sein, wenn ich doch ein Instrument in deinen Händen bin?" Hier erkannte Arjuna die Göttlichkeit Kṛiṣhṇas und war sich seines immensen Glücks bewusst. In meinem Fall jedoch war es anders. Ich blieb lange Zeit blind für das Glück und die Gelegenheiten, die mir im Leben zuteilwurden. Erst Amma öffnete mir schließlich die Augen dafür.

Im Āśhram werden täglich viele Blumen für die Verehrung verwendet. Einige besonders gesegnete Blumen werden beim Abend-Ārati[3] dargebracht, einer Zeremonie, bei der Amma physisch anwesend ist.

Diese Blumen schafften es, zu Ammas heiligen Füßen zu gelangen. Ebenso werden beim Prasād-Mittagessen am Dienstag

---

[3] Ārati ist ein traditionelles Ritual, bei dem eine brennende Lampe vor dem Guru oder einer Gottheit geschwenkt wird. Es findet normalerweise am Ende einer Pūjā oder Andacht statt. Bei einigen Programmen von Amma schwingen mehrere Anhänger abwechselnd die brennende Lampe vor Amma, während sie sie mit Blütenblättern überschüttet und das Ārati-Lied gesungen wird.

die Teller durch Ammas Hände gereicht. Wie glücklich müssen sich diese Teller schätzen, Ammas göttliche Berührung zu empfangen! Doch in beiden Fällen sind sich weder Blumen noch Teller ihres Segens bewusst.

Ich denke, ich selbst bin sowohl wie einer dieser Mittagsteller als auch wie eine der gesegneten Blumen, denn obwohl ich mich kaum angestrengt habe und mir bis vor Kurzem meines Glücks nicht bewusst war, hat Amma mir voller Großzügigkeit die Gelegenheit geschaffen, von der ewigen Glückseligkeit zu kosten – ihr Sohn zu sein.

Meine Familie kennt Amma, seit ich ein Kind bin und ich habe ihren Darśhan oft empfangen. An Bhajans (hingebungsvollen Liedern), Satsangs (spirituellen Zusammenkünften), Sēvā (selbstlosem Dienst) und vielem mehr nahm ich teil, doch erkannte ich nie den wahren Wert dieser Erfahrungen, sondern durchlebte sie meist mechanisch.

All das nahm ich als selbstverständlich hin und machte einfach das, was die anderen taten. Eine tiefere Verbindung zu Amma hatte ich meinerseits nicht und ich wusste nicht, wie man aus tiefstem Herzen zu Amma betet, und für Amma geweint habe nie. Vielleicht tat ich es in schwierigen Situationen, aber nie ohne einen speziellen Anlass. Trotz allem hat Amma mir ihre Liebe geschenkt.

***

Das Thema meines Satsangs ist Kṛipā – die Gnade in meinem Leben. Um Gurukṛipā (die Gnade des spirituellen Meisters) zu empfangen, braucht es drei Dinge:

- Der Suchende muss ein hingebungsvoller Schüler des Gurus sein.
- Er sollte sich im Dienst des Gurus betätigen.
- Er sollte sich ernsthaft einem spirituellen Weg widmen.

Der Guru schenkt seine Gnade entweder in Absicht oder allein durch die Kraft seiner bloßen Gegenwart.

Gnade ist wie der Duft einer Blume. Dieser kann nicht erklärt, sondern muss erfahren werden. Wie Amma sagt: „Die Süße von Honig lässt sich nicht schmecken, indem man das Wort „Honig“ von einem Blatt Papier ableckt. Man muss ihn selbst probieren, um die Süße zu erfahren.“ Daher genügt es nicht, nur über Gnade zu sprechen oder nachzudenken. Erst wenn wir sie direkt erfahren, verstehen wir, was sie wirklich ist. Ist unsere Nase verstopft, kann der Duft einer Blume uns nicht anziehen. Ebenso gilt: Ist unser Ego zu stark, spüren wir die Gnade nicht, die uns entgegenströmt.

Tatsächlich sind wir immer mit Gnade gesegnet. Wir müssen nur lernen, unseren Blick dafür zu öffnen und beginnen, die Gnade in allem zu sehen, sowohl in schönen als auch schwierigen Erfahrungen.

Amma erinnert uns oft daran, dass der duftende Lotus seine Kraft aus dem Schlamm am Boden schöpft. Ich selbst erkannte die Gnade in meinem Leben nicht und folgte einfach meinen Vāsanās (den verborgenen Tendenzen des Mind). Doch hinter allem war und ist Amma stets das Licht, das meinen Weg beleuchtet. Darum bedeutet mir ihre bloße Gegenwart eine gewaltige Quelle der Liebe und Gnade.

Ich erinnere mich an ein Ereignis, bei dem ich Ammas Gnade verdeckt erleben durfte. Nach meinem Schulabschluss an der Amrita Vidyalayam in Kodungallur wollte ich mein Studium an einem von Ammas eigenen Bildungszentren fortsetzen. Ich hegte auch schon länger den Wunsch, im Āśhram zu leben. Insgeheim hoffte ich, dass ich an Ammas Āyurvēda[4]-Hochschule in Amritapuri aufgenommen werde, denn so könnte ich im Āśhram leben.

---

[4] Alte indische Heilkunst

Doch es kam anders und ich musste nach Karnataka gehen, um meinen Bachelor der Ayurvedischen Medizin, Chirurgie (BAMS) und den Doktor der Medizin (MD) zu absolvieren. Während dieser Zeit erhielt ich immer Ammas Führung, wenn ich zu ihrem Darśhan kam. Nach dem Abschluss meines MD dachte ich, dass ich nun vielleicht in Ammas Āyurvēda-Hochschule arbeiten könnte. Amma ermutigte mich sogar, mich dort zu bewerben.

Ich stellte mir vor, endlich im Āśhram zu leben und dann auch an Ammas Touren teilnehmen zu können, schöne Momente mit Amma bei den speziellen „Room-Darśhans" zu teilen, bei denen Āśhram-Bewohner ein wenig Zeit alleine mit Amma haben, mit ihr im Pool zu schwimmen, die Masālā Dōsā[5]-Abendessen mitzuerleben etc.

Doch wie vom Schicksal bestimmt, gab es gerade keine Stelle für jemanden in meinem Fachgebiet und es war ungewiss, wann sich daran etwas ändern würde. Also ging ich notgedrungen nach Gujarat, um dort in einem Āyurvēda-College zu arbeiten. Nach nur fünfzehn Tagen kam ein Anruf, in dem mir mitgeteilt wurde, dass in Ammas College nun doch eine Stelle frei war!

Jedoch ließ die Hochschule in Gujarat mich den Vertrag nicht so kurzfristig kündigen, ich verpasste somit eine goldene Gelegenheit. Traurig erkannte ich, dass mir nichts Anderes übrigblieb, als in Gujarat zu bleiben.

Etwa anderthalb Jahre später rief mich der Direktor des Instituts zu sich und drohte mir mit Kündigung, da sich jemand beschwert hatte, ich würde meine Arbeit nicht richtig machen. Ich war schockiert, da ich doch gut mit allen Kollegen zurechtkam und immer mein Bestes gab. Ich wurde wütend und sagte spontan: „Ich kündige!" Rückblickend bin ich erstaunt über meine Reaktion, da ich mich nie so aufbrausend verhalte. Ich

---

[5] Ein typischer südindischer herzhafter Pfannkuchen mit Füllung.

weiß nicht, was da in mich gefahren war, aber ich verließ sein Büro und wusste nicht weiter.

Nachdem ich mich gesammelt hatte, rief ich Swāmī Śhankarāmṛtānandajī, den Direktor von Ammas Āyurvēda-College an und teilte ihm meine Entscheidung zu kündigen mit. Zu meiner Überraschung bot er mir direkt eine Stelle an! Ich war überglücklich, endlich konnte ich nach Amritapuri kommen.

Wenn ich heute auf all das zurückschaue, scheint es keinen logischen Grund zu geben, warum sich die Ereignisse so entwickelten. Aber ich weiß, dass Amma das alles orchestriert hat, um mich nach Hause zu bringen.

Mir wird nun auch bewusst, dass ich damals in meinen eigenen Vorstellungen verhaftet war. Erst als ich losließ und jedes Ergebnis annehmen konnte, konnte Ammas Gnade mich erreichen. Als ich verschlossene Türen öffnete, strömte die Gnade, die immer da gewesen war, hinein.

Wie Arjuna auf dem Schlachtfeld hatte auch ich keinen anderen Ausweg mehr, als mich Amma zu überlassen. Durch diese Hingabe wurde ich zu einem Instrument in den Händen meiner geliebten Amma. Wie Śhrī Kṛiṣhṇa in der Bhagavad Gītā, Kapitel 11, Vers 33, sagt:

> *Nimitta-mātraṁ bhava savya-sāchin*
>
> „Sei lediglich ein Instrument, oh geschickter Bogenschütze."

Doch ich sehe einen Unterschied zwischen mir und Arjuna. Kṛiṣhṇa nennt ihn Savyasāchin, den „Meister des Bogens". Ich dagegen bin kein „Lebensmeister". Amma musste meine scharfen Ecken abschleifen, indem sie mich mit plötzlichen Herausforderungen konfrontierte, aus denen ich lernen konnte, sonst hätte ich diese Gelegenheiten übersehen.

Auch wenn ich noch kein vollkommener „Experte" bin, hat Amma mir den Weg gezeigt, einer zu werden. Wenn wir bereit sind, ein gefügiges Instrument in ihren Händen zu sein, ohne an unseren eigenen Vorstellungen zu haften, kann Amma uns zur Reife eines Savyasāchin führen. Ich bete, dass Amma mir viele solche Gelegenheiten gewähren möge, damit ich lernen kann, ein echtes Werkzeug zu werden. Der Weg zum Glück ist bereits vor uns ausgebreitet, doch wir selbst entscheiden, wann wir ihn gehen, was wir daraus lernen und wie ernsthaft es uns damit ist, unser Ziel zu erreichen.

Die Charaka Saṁhitā[6] sagt im Sūtrasthānam, Kapitel 9, Verse 24 und 26:

> *Shāstraṁ jyōtiḥ prakāśhārthaṁ darśhanaṁ buddhirātmanaḥ*
> *tābhyāṁ bhiṣhak suyuktābhyāṁ chikitsannāparādhyati*
>
> „Die Śhāstras (die Schriften) sind wie eine Laterne, und Buddhi (Unterscheidungskraft) ist wie das Auge. Wenn ein Vaidya (ein Arzt) mit beidem ausgestattet ist, wird er in seiner Behandlung niemals versagen."
>
> *Maitrī kāruṇyamārtēṣhu śhakyē prītirupēkṣhaṇam*
> *prakṛitisthēṣhu bhūtēṣhu vaidyavṛittiśhchaturvidhēti*
>
> „Der Vaidya sollte vier Eigenschaften besitzen: Maitrī (Freundlichkeit), Kāruṇya (Mitgefühl), Liebe gegenüber den Leidenden und Einsicht in das, was möglich ist. Nur so wird er in seinem Beruf erfolgreich sein."

Daraus erkennen wir: Für einen Vaidya ist die Weisheit aus den Schriften unabdingbar, um auf die richtige Art zu arbeiten. Dies wird durch Shāstra-Kṛipā (die Gnade der Schriften) gewährleistet.

---

[6] Ein alter Sanskrit-Text, der die Prinzipien und Praktiken der ayurvedischen Medizin umfassend behandelt.

Āyurvēda ist nicht nur die älteste medizinische Wissenschaft der Welt, sondern auch eine über viele Generationen von einer Linie von Ṛiṣhis[7] weitergegebene Shāstra. Āyurvēda widmet sich der Wiederherstellung und Erhaltung von Gesundheit und unterstützt damit das höchste Lebensziel, die Selbstverwirklichung. Die ayurvedische Praxis ist tief in ethischen Werten verwurzelt und diese lehrt, dass nur durch eine ganzheitliche Herangehensweise echte Heilung geschehen kann.

Ich erinnere mich an ein Erlebnis, das dies veranschaulicht: Im Jahr 2012 hatte ich Nachtdienst in einem großen Krankenhaus mit 350 Betten. Es war eine sehr arbeitsreiche Nacht, alle Betten waren belegt und ich musste viele Patienten betreuen. Unter ihnen war eine Frau mittleren Alters, die mich immer wieder zu sich rief. Sie litt unter chronischer Schlaflosigkeit. Die anderen Ärzte im Nachtdienst fanden sie anstrengend, weil sie die ganze Nacht immer wieder um Hilfe bat – immer auf der Suche nach etwas Besserem, das ihr endlich beim Schlafen helfen würde.

Sie hatte schon viele Medikamente und Behandlungen bekommen, aber nichts hatte wirklich geholfen. Ich hatte Mitgefühl mit ihr und wollte unbedingt einen Weg finden, damit sie endlich wieder schlafen konnte. Gleichzeitig tat ich mir selbst leid, denn nun lag es an mir, etwas zu bewirken – obwohl schon so viele Medikamente ausprobiert worden waren.

Ich wusste nicht, was ich noch versuchen sollte. Wenn ich keinen Erfolg hätte, würde sie mich weiter um Hilfe bitten und mich davon abhalten, für die anderen Patienten da zu sein. Schließlich kam mir eine Idee: Ich wählte ein sehr mildes Medikament, viel schwächer als das, was sie bisher bekommen hatte, denn alle anderen Möglichkeiten hatten die Ärzte schon ausgeschöpft. So ging ich zu ihr, das Medikament in der Hand

[7] Weise oder Seher, denen Mantras in tiefer Meditation offenbart werden.

haltend, schloss meine Augen und betete zu Amma. Dann überreichte ich ihr die Medizin und bat sie, diese einzunehmen. Auch sie betete vor der Einnahme.

Ich sagte ihr mit Überzeugung, dass sie sich wieder hinlegen sollte und in 15 bis 20 Minuten einschlafen würde. Sie folgte meiner Anweisung und ich verließ ihr Zimmer, inständig hoffend. Dann kümmerte ich mich um die anderen Patienten. Am frühen Morgen hatte ich noch nichts von ihr gehört. Überrascht und neugierig, ob meine „Wunderpille" gewirkt hatte, spähte ich vorsichtig durch die Tür ihres Zimmers und da lag sie, tief schlafend wie ein Kind.

Überglücklich dankte ich Amma für dieses einmalige Ergebnis. Ich wusste, dass sie es war, die mir das selbstbewusste Auftreten gegeben hatte, der Frau mit solcher Überzeugung sagen zu können, dass sie nun schnell einschlafen würde. Als ihr behandelnder Arzt am nächsten Tag seine Visite machte, erzählte sie ihm, dass sie in der vergangenen Nacht zum ersten Mal seit vielen Monaten friedlich geschlafen habe.

Dieser war sehr neugierig zu erfahren, welche Wundermedizin ich ihr gegeben hatte. Als er hörte, was es war, waren er und alle anderen auf der Station sehr überrascht, denn es war ein sehr mildes und einfaches Medikament. Von da an behielt ihr Arzt dieses Mittel als Teil ihres Rezepts bei und sie schlief weiterhin gut.

Ich erzähle diese Geschichte nicht, um damit anzugeben, wie klug ich war, sondern um zu zeigen, dass diese ganze Situation nichts Anderes als Ammas Līlā (göttliches Spiel) war.

Amma sagt, dass es nicht genügt, nur einem Arzt zu vertrauen oder das verschriebene Medikament einzunehmen, um eine Krankheit zu überwinden. Zusätzlich dazu muss man auch Pathyam befolgen, eine angemessene Ernährung und Lebensweise, die zur Heilung der Krankheit geeignet sind. Was ich aus dieser Erfahrung gelernt habe, ist jedoch, dass neben all dem die göttliche Gnade das Wichtigste ist.

Amma sagt: „Mitgefühl wohnt in jedem Menschen, doch ist es schwierig, es wirklich zu erfahren und in all unseren Handlungen auszudrücken. Wollen wir Frieden in der äußeren Welt schaffen, müssen wir nach innen gehen und tief in uns selbst suchen. Zuerst muss unsere innere Welt in Frieden sein."

Als ich den intensiven Wunsch hatte, dieser Patientin zu helfen und mich innerlich auf Amma einstimmte, machte sie mich zu ihrem Instrument. Sie erreichte die Patientin voller Mitgefühl durch mich und schenkte mir gleichzeitig einen Vorgeschmack auf inneren Frieden und Zufriedenheit.

Ich möchte auch eine Erfahrung teilen, in der ich Ammas Gnade in Form von Sarasvatī[8] Dēvīs Segen spüren durfte:

Als ich in der Amrita Vidyalayam in der Oberstufe war, gab es eine Zeit, in der ich große Schwierigkeiten mit dem Lernen hatte. Trotz aller Mühe schnitt ich bei Prüfungen nicht gut ab und das machte mich sehr unglücklich. Tagebuchschreiben war Teil des Schulprogramms.

Wir machten täglich Einträge in unser Tagebuch und gaben das Geschriebene Swāminī Gurupriyāmṛita Prāṇajī zur Durchsicht. Sie las jeden Eintrag persönlich und machte Anmerkungen oder Vorschläge. Über alles durften wir schreiben. Einmal schrieb ich über die Schwierigkeiten, mich zu konzentrieren und darüber, dass ich in Prüfungen schlecht abschnitt.

Swāminī antwortete mir, dass ich es weiter versuchen sollte und überraschenderweise empfahl sie mir, bei der Versorgung der Schulkühe mitzuhelfen! Ich war überglücklich, denn ich liebe Kühe. An der Amrita Vidyalayam lebten wir nach einem sehr strengen Zeitplan.

---

[8] Göttin des Lernens und der Künste.

Die Versorgung der Kühe musste zwischen dem Unterricht, den Mahlzeiten und unseren spirituellen Praktiken erledigt werden. Auch wenn wir dafür Zusatzpunkte bekamen, war es harte Arbeit. Wir mussten den Kuhstall reinigen, die Kühe waschen, sie zum Weiden hinausführen, sie füttern usw. Ich liebte dieses Kuh-Sēvā. Rückblickend erkenne ich heute, dass mir dieses Kuh-Sēvā geholfen hat, viele meiner Probleme zu lösen. Es war nicht der einzige Grund, aber seit ich damit begann, konnte ich tatsächlich besser lernen und erfolgreicher in Prüfungen abschneiden. Der Segen Sarasvatīs war mir auf diese Weise eine wertvolle Lektion!

Wenn wir unsere Handlungen mit Satbhāva (mit der richtigen Haltung) und aufrichtiger Hingabe tun und die Ergebnisse mit Prasāda-Buddhi annehmen, was bedeutet, sie als Gottes Willen zu akzeptieren, dann wird daraus Karma-Yōga (Yōga oder Weg des selbstlosen Handelns). Das hilft uns, innerlich zu wachsen. Studien zeigen inzwischen auch, dass die Pflege von Kühen Stress reduziert und positives Denken fördert. Es ist sogar zu einer Therapieform geworden!

Ich verneige mich vor all den Brahmachāriṇī-Lehrerinnen an der Amrita Vidyalayam, die sich um uns wie um eigene Kinder kümmerten und uns moralische Werte vermittelten. Ich bin ihnen wirklich zu tiefstem Dank verpflichtet.

Eine andere Art Gnade nennt man Atmā-Kṛipā (die eigene Gnade). Als ich in Gujarat war, hatte ich eine ungewöhnliche Erfahrung, die mit Folgendem zu tun hatte. Innerhalb eines Monats wurde ich Zeuge von drei Verkehrsunfällen. Jedes Mal waren nur wenige Menschen in der Nähe und ich eilte sofort zu den Opfern, um zu helfen. Bei jedem Unfall musste ich die Hilfe in Gang setzen und den Rettungsdienst rufen.

Nachdem ich angefangen hatte, mich um die Verletzten zu kümmern, kamen auch andere Helfende hinzu. Bei zwei der Vorfälle konnten durch Ammas Gnade alle Opfer gerettet werden. Ich hatte das starke Gefühl, dass ich als Instrument in diesen schwierigen Momenten eingesetzt wurde, und ich lernte dabei viel. Erstens wurde mir klar, wie zerbrechlich und unvorhersehbar das Leben ist.

Zweitens verstand ich, dass jeder im Leben Gelegenheiten bekommt, ein Instrument zu sein, doch es liegt an uns, zuerst zu handeln, denn dadurch ziehen wir die göttliche Gnade zu uns. Vielleicht ist das, was Amma mit Atmā- Kṛipā oder Svayam-Kṛipā meint, die eigene Gnade oder die von innen kommende Gnade.

***

Ammas Gnade trat auch in Form meiner Eltern in mein Leben. Ich habe Glück, so liebevolle Eltern zu haben, ihnen verdanke ich sehr viel. Mein Vater ist ein feinfühliger Mensch mit einem sehr entgegenkommenden Wesen. Meine Mutter hat tiefen Glauben und Liebe zu Amma. Sie war die Erste in unserer Familie, die nach Amritapuri kam. Sie hält sich sehr strikt an den Zeitplan des Aśhrams und hat mich dazu inspiriert, pünktlich und systematisch im Leben zu sein.

***

Ich glaube, ich war in der dritten oder vierten Klasse, als wir Amma zum ersten Mal trafen. Wir lebten damals in Bangalore, und obwohl Ammas Programm dort sehr überfüllt war, fanden wir einen Platz zum Sitzen, ich beobachtete Amma beim Bhajansingen. Später standen wir in einer langen Schlange und bekamen Darśhan. Danach sahen wir Amma, sooft sie nach Bangalore kam.

Damals gab es keinen Brahmasthānam[9]-Tempel und keine Amrita Vidyalayam-Schule in Bangalore. Wir nahmen an Bhajan-Treffen in den Häusern anderer Devotees teil und besuchten Amritapuri einmal im Jahr.

Bei einem dieser Besuche trafen wir einen älteren Devotee, Śhrī Padmanabhan Achan (liebevoll Pappettan genannt), der mir empfahl, die Amrita Vidyalayam-Schule in Kodungallur zu besuchen. Sein Vorschlag war ein bedeutender Wendepunkt in meinem Leben und vertiefte meine Verbindung zu Amma.

Der Covid-Lockdown im Āśhram war für mich eine ganz besondere Erfahrung. Vor der Pandemie lebte ich zwar im Āśhram, hatte aber kaum Gelegenheit, mich an den verschiedenen Aktivitäten zu beteiligen. Ich pendelte gewöhnlich zwischen dem Āśhram und meiner Arbeit am Āyurvēda-College hin und her. Doch während der Pandemie eröffnete sich mir die Möglichkeit, aktiv an Āśhram-Sēvās teilzunehmen, ich genoss es.

Durch diese Sēvās lernte ich viele andere Āśhram-Bewohner kennen, wir wurden wie eine Familie. Ich danke Amma für diese Erfahrungen und dafür, dass ich mich mit den anderen Bewohnern verbinden durfte. Durch Ammas Gnade gibt es jetzt ein starkes Team von Freiwilligen, die sich an vielen Sēvāaktivitäten beteiligen.

***

Eine weitere Erfahrung der Gnade in meinem Leben möchte ich ebenfalls teilen: Einmal bei einem Gruppen-Darśhan mit anderen Āśhram-Bewohnern während des Lockdowns, durfte ich nah bei Amma sitzen. Amma erkundigte sich nach der Gesundheit der Āśhram-Bewohner und nach den aktuellen Covid-Maßnahmen.

[9] Wörtlich „Wohnstätte Brahmas“, Ammas einzigartige eingeweihte Tempel in Indien und Mauritius.

Amma sah mir in die Augen und es fühlte sich an, als würde sie die ganze Zeit über direkt zu mir sprechen. Und ich hatte das Gefühl, dass sie durch mich zu allen anderen sprach. Es erinnerte mich an das, was Yaśhōdā vielleicht empfunden haben muss, als sie das Universum im Mund von Baby-Kṛiṣhṇa sah, oder was Arjuna gefühlt haben mag, als er Kṛiṣhṇas universale Gestalt wahrnahm oder Śhabarī, als sie endlich Lord Rāma begegnete.

Danke Amma, für diese unvergessliche Erfahrung. Noch nie zuvor hatte ich die Gelegenheit, so lange in Ammas unmittelbarer Nähe zu sein.

In Kapitel 9, Vers 22 der Bhagavad Gītā sagt Lord Kṛiṣhṇa :

> *Ananyāśh chintayanto māṁ ye janāḥ paryupāsate teṣhāṁ nityābhiyuktānāṁ yogakṣhemaṁ vahāmyaham*
>
> „Jenen, die immer an mich denken, die mich verehren und in mir aufgehen, denen bringe ich, was ihnen fehlt und bewahre, was sie bereits haben."

Wenn wir uns dem Göttlichen in Gestalt unseres Gurus hingeben, wird sie unsere Lebensentscheidungen lenken, uns bei der Lösung unserer Probleme helfen und unsere Freude mit uns teilen.

Amma hat sich um alle Aspekte meines Lebens gekümmert. Lange Zeit suchte sie nach einer Ehepartnerin für mich. Ich dachte, ich würde in jede Ehe einwilligen können, die Amma vorschlug. Aber jedes Mal, wenn ein Vorschlag kam, war ich kritisch. Ich hielt an meinen eigenen Vorstellungen fest und hatte mich Amma in dieser Angelegenheit noch nicht wirklich anvertraut. Da wurde mir bewusst, wie schwer es ist, wirklich Vertrauen in Ammas Willen zu haben; wie schwer es ist, sich Amma ganz hinzugeben! Letztendlich ist unsere mitfühlende Amma auf meine Ebene heruntergekommen und hat all meine Wünsche erfüllt. Heute habe ich eine sehr liebevolle und verständnisvolle Ehefrau. Amma, ich danke dir für deine unendliche Gnade.

Ich möchte mit einem kurzen Gebet auf Hindi schließen:

> *har karm merā he prabhu pūjā terī ban jāye kadam baḍhe nit rāh par tujh se milan karāye*
>
> „Möge jede meiner Handlungen zu einem Opfer für dich werden, möge ich dir entgegenschreiten und mit dir vereint werden."

Amma, möge jeder von uns empfänglicher für Gnade werden und lernen, die Dinge positiv zu sehen, sodass sich unsere Herzen öffnen und wir alle diese unendliche Kripa, in der wir alle ewig wohnen, in unser Leben ziehen können.

Satsang 4

Amma: Unser göttlicher Lebensretter

Rasya - USA

Vor vielen Jahren saßen wir am Ende einer Tour mit Amma am Flughafen. Sie wollte nach Indien zurückfliegen und wir, die hierblieben, waren sehr traurig. Amma schwieg und schaute jeden von uns liebevoll an. Schließlich durchbrach jemand neben mir die Stille: „Amma, ich vermisse dich so sehr, wenn du weg bist. Manchmal muss ich ehrlich sagen: Ich spüre nicht, dass du bei mir bist."

Amma streckte ihre Hand aus und nahm die des jungen Mannes. Sie sagte: „In Wahrheit kann Amma niemals von ihren Kindern getrennt sein, aber du bist es, der die Realität dieses Eins-Seins erkennen muss." Vielleicht wusste sie, dass die meisten von uns noch nicht bereit waren, diese advaitische (nicht-duale) Wahrheit zu verdauen und erklärte weiter: „Betrachte es als Übung."

Sie fuhr fort: „Was auch immer du tust, stell dir vor, dass Amma neben dir ist und alles mit dir tut. Denke: Was würde Amma tun? Was würde Amma sagen? Versuche, die Welt durch Ammas Augen zu sehen. Wenn du dich so an sie erinnerst, weißt du, dass Amma in jedem Moment deines Lebens immer bei dir ist." Als sich die Augen aller Anwesenden mit Tränen füllten, fügte Amma leise hinzu: „Wie könnte ich denn nicht bei euch sein?"

Kṛiṣhṇa (die Verkörperung Gottes) sagt dasselbe in Kapitel 6, Vers 30 der Bhagavad Gītā:

yō māṁ paśhyati sarvatra sarvaṁ cha mayi paśhyati
tasyāhaṁ na praṇaśhyāmi sa cha mē na praṇaśhyati

Für diejenigen, die mich überall sehen und alles in mir sehen, bin ich nie verloren, noch sind sie jemals für mich verloren.

Ammas Anweisung an jenem Tag auf dem Flughafen und dieser Vers sind wie eine Einladung, das Göttliche in allen Erfahrungen des Lebens zu sehen. Amma hat gesagt, dass es kein spirituelles Leben (vor dem Altar sitzen) und ein separates weltliches Leben (wie zur Arbeit gehen) gibt. Es gibt nur ein Leben. Wenn wir das verstehen, kann jedes Ereignis in unserem Leben zu unserer Praxis und unserem Weg zu Gott werden.

***

Ich lernte Amma 1987 kennen, als ich fünfzehn war. Aber eigentlich beginnt die Geschichte, wie ich zu Amma fand, schon zwanzig Jahre früher – noch bevor ich geboren wurde.

Mitte der 1960er-Jahre kam meine Mutter nach Indien, um an der Universität von Madras Philosophie zu studieren. Gleichzeitig wurde sie Haṭha-Yoga Schülerin bei dem Yoga-Meister Kṛṣhṇamāchārya. Dort begegnete sie meinem Vater, einem umherziehenden Hippie auf der Suche nach dem Sinn des Lebens.

Mehrere Jahre lang reisten meine Eltern zwischen Indien und den USA hin und her. Immer, wenn meine Mutter in Amerika war, unterrichtete sie Yoga. Einer ihrer achtzehnjährigen Schüler saugte alles auf, was sie ihm im Unterricht vermittelte. Er war hungrig nach Wissen. Meine Mutter führte ihn in Sanātana Dharma[10] ein und schenkte ihm seine erste Bhagavad Gītā. Nach

[10] Das „ewige Gesetz oder Prinzip". Der ursprüngliche Name des Hinduismus.

dem Unterricht sprachen sie oft darüber. Sie empfahl ihm: „Du solltest nach Indien gehen; du würdest einen großartigen Mönch abgeben." Einige von euch kennen den Namen dieses jungen Mannes - Neal Rosner. Neal machte sich tatsächlich auf den Weg nach Indien und wurde schließlich einer von Ammas ersten westlichen Schülern, jetzt Swāmī Paramātmānanda Puri.

Vor Ammas erster Welttournee bat Nealu Swāmī — wie er damals genannt wurde — meine Eltern, bei der Organisation des Programms zu helfen. Sie sagten sofort zu. Im Mai 1987 kam Amma in die USA und stand buchstäblich vor meiner Haustür.

Amma und die Swāmīs blieben auf dieser ersten Tour in unserem Haus auf dem Land in Wisconsin. Den morgendlichen Darśhan gab Amma in unserem Wohnzimmer. Auf unserer Farm gab es auch eine große traditionelle rote Scheune, die leer stand.

Da Amma den Dēvī-Bhāva-Darśhan auf dem Bauernhof geben sollte und das Wohnzimmer schon während des normalen Darśhans völlig überfüllt war, brauchten wir einen größeren Raum. Schließlich entschieden wir, die große, leere Scheune dafür zu nutzen.

Es war kein geeigneter Ort, für die Königin des Universums, aber alles, was Amma wollte, war ein Ort, um ihre Kinder zu empfangen. Mama und Papa holten alle indischen Stoffe und Wandbehänge hervor, die sie von ihren Indienreisen mitgebracht hatten. Mit Hilfe vieler Helfer verwandelten sie die Scheune in einen Dēvī-Bhāva-Tempel.

In dieser Nacht war die verschlafene Landstraße, die normalerweise leer war, in beiden Richtungen einen Kilometer lang mit Autos gesäumt. Die Scheune war voll und die Menschen saßen auch fröhlich auf dem grünen Gras unter den Sternen.

Als sie über mich sprach, sagte Amma zu meiner Mutter im ersten Jahr: „Danke, dass du sie großgezogen hast." Die arme

Amma versucht immer noch, die Arbeit zu Ende zu bringen... dies ist ein großes Baby!

Jedes Jahr, wenn Amma in die USA kam, fühlte ich mich ihr noch näher. Schon früh kaufte ich mir ein Foto von ihr und bewahrte es in meinem Spind in der Schule auf. Während der Prüfungen trug ich es in meinem Rucksack von Klassenzimmer zu Klassenzimmer. In diesen angespannten Momenten wusste ich: Ich bin nicht allein.

Nach der Highschool zogen mein Amma-Foto und ich gemeinsam aufs College, um Schauspiel zu studieren. Doch der Start ins College fiel mir schwer. Ich merkte schnell: Das ist nicht das Leben, das ich mir wünsche. Eines Abends saß ich auf meinem Bett im Wohnheim, hielt Ammas Foto in den Händen und weinte: „Amma, bitte hilf mir!"

Während Ammas nächster Tour fragte ich sie, ob ich in den San-Ramon-Āśhram, das M.A. Center, ziehen sollte. Sie sagte ja — und dass ich vorher das College abschließen müsse. Also schrieb ich mich an einer Universität in Kalifornien für Pädagogik ein und zog im August 1990 ins M.A. Center. Ich war gerade achtzehn. Rate mal, wer dort der zuständige Swāmī war? Nealu Swāmī! Als er achtzehn war, hatte meine Mutter eine wichtige Rolle auf seinem spirituellen Weg gespielt. Und jetzt, mit achtzehn, stand ich unter seiner Obhut. Jeden Tag hatten wir Unterricht in den Schriften und sangen Bhajans mit dem späteren Swāmī Paramātmānandajī. Damals hätte ich nie gedacht, dass ich über zwanzig Jahre im M.A. Center leben und wachsen würde!

***

Ich begann, mit Amma auf den westlichen Touren zu reisen, und besuchte 1992 zum ersten Mal Amritapuri. Eine ganz neue Welt öffnete sich für mich. Diese Erinnerungen sind für mich wahre Schätze: der Darśhan in der kleinen strohgedeckten Hütte; die alten spirituellen Filme, die Amma nachts im Garten unter ihrem Zimmer anschaute; und wie ich von Acchamma, Ammas Großmutter, lernte, an jedem Dēvī-Bhāva-Tag im Tempel Girlanden zu binden.

Acchamma rief mich zu sich, lächelte mich mit ihrem großen, zahnlosen Lächeln an, bat mich, mich daneben sie zu setzen und reichte mir wortlos den Faden. Ihre Girlanden waren Tradition: Sie stand immer als Erste in der Schlange für den Darśhan. Ich erinnere mich noch gut an ihre kleine, vom Alter gebeugte Gestalt, wie sie sich streckte, um die Mālā über Ammas Krone zu legen — und wie Amma sich nach vorn beugte, um sie entgegenzunehmen.

Am Ende eines Indienbesuchs sagte Amma zu mir, ich solle zurückgehen und meinen Masterabschluss machen. Ich gestand ihr, dass ich Angst davor hatte, nach Amerika zurückzukehren, wieder zur Schule zu gehen und dabei meinen spirituellen Fokus zu verlieren. Sie sah mich liebevoll an und sagte: „Amma weiß, wie schwer es ist, sich nicht von den Anziehungskräften der Welt mitreißen zu lassen."

Dann schaute sie mich schelmisch an, nahm das Ende ihres Sāri und knotete es langsam an meines, so dass wir miteinander verbunden waren. „Keine Sorge, Tochter", sagte sie, „Amma wird dich niemals ertrinken lassen."

Eine Sache über mich: Ich kann nicht schwimmen. Meine Schwimmausbildung endete abrupt, als ich acht war. Ich weigerte mich, ins Wasser zu springen und meine Lehrerin schubste mich kurzerhand ins Becken, um mir zu zeigen, dass ich nicht untergehen kann. Sie irrte sich. Ich sank auf den Grund — und so begann meine lebenslange Angst vor dem Wasser.

Als ich in Amerika wieder zur Schule ging, fühlte es sich an, als müsste ich in tiefem, aufgewühltem Wasser schwimmen. In dieser Zeit waren Ammas Worte mein Rettungsboot. Ihr Satz „Amma wird dich niemals ertrinken lassen", weckte allmählich ein inneres Vertrauen in mir.

Ich ging zurück zur Schule und tauchte gleichzeitig tief in Sēvā — selbstlosen Dienst — im M.A. Center ein. Ich bin überzeugt, dass gerade diese Magie des Sēvās mir geholfen hat, eine tiefe Verbindung zu Amma aufzubauen, auch wenn ich oft körperlich weit von ihr entfernt war.

Amma sagte einmal: „Willst du glücklich sein? Dann schenke anderen Liebe und Aufmerksamkeit."

Und sie gab mir noch diesen Rat: „Sei nicht wie ein Bettler, der mit nach oben geöffneten Händen um Liebe bittet, sondern sei jemand, der mit nach unten geöffneten Händen Liebe gibt."

***

Amma hat Haran, meinen Mann, schon früh in mein Leben gebracht und wir sind gemeinsam im Āśhram aufgewachsen. 2011 fragten wir Amma, ob wir vom „himmlischen Schlachtfeld" des M.A. Centers nach Amritapuri umziehen sollten. Sie nickte freudig, lächelte und sagte: „OK!" Hier, in der großen Amritapuri-Familie, hat Amma uns mit so viel Freundlichkeit und Liebe aufgenommen.

Amma vergleicht den Guru manchmal mit einem Meister-Bildhauer, der die göttliche Form aus dem rohen Stein herausarbeitet. Aber sie muss nicht jeden von uns einzeln meißeln. Ein großer Teil ihrer Arbeit geschieht dadurch, dass sie uns alle zusammenbringt — und wir uns gegenseitig die Ecken und Kanten abschleifen. Wie scharfe Steine voller Vorlieben und Abneigungen werden wir alle in einen Behälter geworfen. Wir stoßen aneinander, reiben uns, bis wir glatt und poliert sind und unsere wahre innere Schönheit zum Vorschein kommt. Voilà — der Steintrommler des Gurus hat seine Arbeit getan.

Das ist eine von Ammas Lieblingsmetaphern, wenn sie über den spirituellen Weg spricht.

Ja, es kann unangenehm sein, immer wieder mit den Vorlieben und Abneigungen der anderen zu kollidieren. Aber genau das ist das perfekte Werkzeug für unsere Wandlung — wenn wir es nutzen, um mehr Achtsamkeit zu entwickeln.

Um das zu zeigen, möchte ich ein kleines Drama aufführen.

Es heißt: „Die Amritapuri Stein-Trommel" — und es enthält viele Arten von „Ōm Namaḥ Śhivāya[11]", wie man sie an einem einzigen Tag im Āśhram hören kann:

Ich eile aus meinem Zimmer, komme viel zu spät zu meinem Sēvā in der Hoffnung, dass es niemand merkt. Doch mein Aufseher sieht mich sofort und schimpft mich vor allen:

„Namaḥ Śhivāya, Rasya, schon wieder zu spät!" „Namaḥ Śhivāya..." (Nicht meine Schuld!) Nach dem Sēvā gehe ich ins Café, gönne mir ein Stück Schokoladenkuchen. Kaum will ich den ersten Bissen nehmen, ruft jemand: „Namaḥ Śhivāyaaa!" Ich drehe mich um — und sah noch aus den Augenwinkeln, wie eine Krähe glücklich mit meinem Kuchen im Schnabel davonfliegt. Zurück in meiner Wohnung stehe ich in der langen Schlange vor dem Aufzug. Endlich bin ich dran, doch jemand drängt sich mit großen Kisten vor: „Geh zur Seite! Sēvā! Sēvā! Namaḥ Śhivāya! Namaḥ Śhivāya!" Als sich die Türen vor meiner Nase schließen, winkt er mir noch zu: „Danke! Namaḥ Śhivāya!" (Ach... ich geb's auf.)

Ich gehe zur Bühne, um ein bisschen Ruhe bei Amma zu finden. Ich sitze — direkt hinter einer sehr großen Person. Sie wiegt sich hin und her zu den Bhajans: Ōm Namaḥ Śhivāya. Ich rutsche hin und her, bis ich endlich einen kleinen Blick auf Amma erhasche. Da kommt der Bühnenhelfer und flüstert süß:

[11] Wörtlich: „Ich verneige mich vor Śhiva, der höchsten Wahrheit", wird oft als Begrüßung im Āśhrām verwendet.

„Namaḥ Śhivāya? Bitte gib deinen Platz jetzt für jemand anderen frei. Namaḥ Śhivāya!" Ich stehe auf, verlasse die Halle – und draußen wartet die Krähe schon auf mich. Diesmal gibt sie mir meinen Kuchen zurück, in flüssiger Form. „Namaḥ Śhivāya!"

Erschöpft und frustriert beginne ich, anderen die Schuld zu geben. Warum finde ich hier keinen Frieden? Was ist nur los mit diesen Menschen?

Doch dann erinnere ich mich an ein Beispiel, das Amma oft erzählt: Der Ladenbesitzer, der jeden Abend sorgfältig Inventur macht – die Einnahmen, die Ausgaben, die Verluste und Gewinne. Jeden Tag versucht er, die Verluste zu verringern und den Gewinn zu steigern.

Genauso, sagt Amma, müssen wir täglich Selbstinventur durchführen. Das ist unerlässlich für unseren Fortschritt. Ich schaue ehrlich in mich hinein: Warum haben mich all diese Situationen so aufgeregt? Keine von ihnen hätte ich heute ändern können. Amma sagt: „Glücklich-Sein ist eine Entscheidung." Also frage ich mich: Wie kann ich beginnen, glücklich zu sein? Ich denke nach.

Hm, heute Morgen hatte mein Aufseher recht. Es war schon das dritte Mal, dass ich zu spät kam. Ich nehme mir vor: Ab jetzt werde ich pünktlich sein.

Hmm. Der Mann mit den Kisten vor dem Aufzug war wirklich außer Atem. Die Kisten müssen schwer gewesen sein. Ich bin froh, dass ich ihm wenigstens ein bisschen helfen konnte. Und die Krähe? Ich hätte einfach achtsamer sein müssen mit meinem Kuchen. Ja dann der „Segen" der Krähe von oben? Da hilft nur eines: annehmen. In jedem Fall kann ich der Krähe keine Schuld geben. Ich beginne, das anzunehmen, was ich nicht ändern kann.

Als ich anfange, an die anderen zu denken, spüre ich, wie mein Herz ein kleines Stück aufgeht. Mir wird klar: In jedem einzelnen Moment habe ich eine Wahl. Ich kann mich aufregen und blind reagieren — oder ich halte inne, schaue nach innen und versuche, die Situation mit Ammas Augen zu sehen. Mit diesen mitfühlenden Augen.

Um zu erkennen, dass wir immer eine Wahl haben, brauchen wir Achtsamkeit. Amma sagt, Achtsamkeit ist wie Licht, das die Dunkelheit durchdringt. Sie hilft uns zu sehen, wie Gedanken und Emotionen in uns aufsteigen, noch bevor wir sie in Worte oder Taten umsetzen.

Wir können eine kleine Lücke schaffen, als würde man auf der Fernbedienung die Pausentaste drücken. Dann können wir uns fragen: Werden meine Worte und Taten die Situation verbessern — oder verschlimmern?

An diesem Tag hatte ich so oft die göttlichen Klänge „Ōm Namaḥ Śhivāya" gehört... Und doch völlig vergessen, mich an die erhabene Bedeutung dieses Mantras zu erinnern: „Ich verneige mich vor der höchsten Wahrheit, die in allen Wesen wohnt." Jedes Mal, wenn wir „Ōm Namaḥ Śhivāya" sagen oder hören, ist es eine Erinnerung daran, Amma in allem zu sehen und zu spüren.

Amma sagt: „Versuche, Gott in allem zu sehen. Die Menschen machen entweder Gott oder andere für ihr Leid verantwortlich — aber was bringt das? Es ist doch nur unsere eigene Einstellung, die das Leid verursacht."

***

Schuldzuweisungen und Urteile sind einer der Hauptgründe, warum ich mir selbst so viel Leid zufüge. Ich erinnere mich an eine Begebenheit, als Amma vor vielen Jahren ins M.A. Center kam. Obwohl sie die ganze Nacht zuvor Darśhan gegeben hatte und den ganzen Tag unterwegs war, wollte sie gleich nach ihrer Ankunft allen Devotees das Abendessen servieren.

Alle beeilten sich, das Essen im Garten ihres Hauses vorzubereiten.

Als Amma dann das Essen verteilte, schaute ich mich erschrocken um. Der Garten sah halb vertrocknet aus. Ich war verärgert und es war mir peinlich. Warum hatten die Leute, die für den Garten verantwortlich waren, ihre Arbeit nicht gemacht? So ein Mangel an Śhraddhā! Am nächsten Tag ging ich während des Darśhans zu Ammas Stuhl und erzählte ihr, wie leid es mir tat und wie peinlich ich es fand.

Ich redete und redete – ist das etwa die Art, wie wir Amma willkommen heißen?

Amma unterbrach mich nicht. Sie sah mich nur an, geduldig, bis ich fertig war. In diesem Moment fühlte ich mich fast gut – ich war mir sicher, Amma sei beeindruckt von meiner „außergewöhnlichen Hingabe“. Aber dann hörte Amma auf, Darśhan zu geben, drehte sich zu mir und sagte ruhig: „Tochter, schau nie darauf, was andere tun.“ Dann fuhr sie fort: „Es hat keinen Sinn, immer wieder zu sagen, was für ein Chaos die Welt ist. Sei selbst ein lebendes Beispiel. Verändere dich! Das wird andere inspirieren. Denk immer: ‚Was kann ich tun?‘“

Seitdem versuche ich, Ammas Worte in meine tägliche Praxis zu integrieren.

Ich kann nicht erwarten, dass sich andere ändern. Wenn ich darauf warte, dass andere sich ändern, ist das oft nur ein Trick meines Minds, um nicht selbst etwas ändern zu müssen.

Also frage ich mich immer wieder: „Was kann ich tun?“ Ich kann nach innen gehen, ehrlich Bilanz ziehen, meine Achtsamkeit stärken und meine innere Haltung verändern.

***

Ob ich nun durch schwierige Erfahrungen schwimme oder durch die Wellen meines eigenen Minds — Amma ist immer da. Sie lässt mich niemals untergehen.

Das erinnert mich auf der Nordindien-Tour 1996 an einen Vorfall, den ich nie vergessen werde: Es war ein Reisetag, und Amma hielt mit uns am Narmadā-Fluss an, um zu baden. Zaghaft ging ich ins Wasser und stellte mich mit den anderen Mädchen in die Reihe, um mir von Amma das Gesicht waschen zu lassen. Sie seifte ihre Hände ein und wusch uns, sobald wir die Augen geschlossen hatten, ganz sanft das Gesicht. Es fühlte sich so mütterlich an — und für mich war es ein Sinnbild für die innere Reinigung, nach der ich mich so sehr sehnte.

Dann begann Amma, mit den Mädchen im Wasser Gebete zu singen. Als sie ein Stück weiterging, bemerkte sie, dass das Flussbett plötzlich abfiel. Sofort warnte sie: Alle, die nicht schwimmen können, sollen zurück ans Ufer. Ich zögerte nicht — aber einige Brahmachāriṇīs folgten Amma trotzdem, als wären sie von einem Magneten angezogen.

Plötzlich rutschten ein paar von ihnen ab und tauchten unter. Amma reagierte sofort, sprang selbst ins Wasser und zog sie hoch. Erfahrene Schwimmer eilten zur Hilfe. Schließlich gelang es, alle herauszuziehen. Doch Amma war angespannt. Sie setzte sich auf ihren Stuhl, ihre Augen suchten die Menge, einen nach dem anderen. Immer wieder sagte sie: „Eines meiner Kinder ist noch im Wasser!"

Sie schickte erneut Schwimmer in den Fluss — und tatsächlich: eine Brahmachāriṇī saß still auf dem Grund, den Atem angehalten und lächelte sogar!

Die Helfer zogen sie heraus, doch Amma blieb noch lange still, ihre Augen auf den Horizont gerichtet. Erst später sang sie wieder Bhajans, servierte uns das Abendessen und wir setzten die Reise fort. Aber die Geschichte war noch nicht zu Ende...

Als wir unser Ziel erreichten, bekam ich eine dringende Nachricht: Ich solle sofort meinen Vater anrufen. Er war damals in Costa Rica im Urlaub und erzählte mir am Telefon, dass er am selben Tag beim Schwimmen im Meer in eine starke Strömung geraten war. Er ist ein hervorragender Schwimmer, aufgewachsen mit dem Ozean. Doch diesmal war alles anders: Die Strömung zog ihn immer weiter hinaus, bis er völlig erschöpft war, er konnte kaum noch die Arme heben und wusste: Das war sein Ende. In seiner Verzweiflung rief er: „Ammaaa!"

Das Nächste, woran er sich erinnerte, war, dass er am Strand lag. Er bat mich, Amma dafür zu danken, dass sie ihm das Leben gerettet hatte. Plötzlich machte es in meinem Mind klick: Die Zeiten passten genau zusammen.

Ammas Liebe hatte nicht nur hier am Narmadā-Fluss ihre Tochter gerettet — sie hatte gleichzeitig ihren Sohn, meinen Vater, auf der anderen Seite der Welt vor dem Ertrinken bewahrt. Er hatte nach ihr gerufen — und sie war da. Amma sagt: „Wo Liebe ist, gibt es keine Entfernung." Und Amma ist die Quelle der Liebe.

Wie sie uns damals am Flughafen sagte: „Wie kann ich nicht bei euch sein?" Immer wieder erinnert sie uns: „Denke nicht, dass du physisch von Amma entfernt bist, oder dass du Amma lange nicht gesehen hast. Das sind nur die Zweifel deines Minds. Höre auf, auf deinen Mind zu hören, und du wirst Amma direkt in deinem Herzen spüren. Du wirst erkennen, dass Amma dich nie verlassen hat; dass du immer in ihr existiert hast — und immer existieren wirst."

Mit großer Dankbarkeit sitze ich hier, wissend: Amma bringt mir bei, wie man in diesem Ozean des Lebens schwimmt. Sie ist immer für uns da — in den Höhen wie in den Tiefen, immer schützend an unserer Seite.

Satsang 5

Die drei seltenen Gaben

Vinod – Italien

Durch Ammas Gnade habe ich fast die Hälfte meines Lebens in Amritapuri verbracht. In diesem Satsang möchte ich von meinen ersten Jahren im Āśhram erzählen und davon, welche Lehren Amma mir während meines Sēvās geschenkt hat.

Es heißt, dass es drei seltene Gaben gibt, die ein Lebewesen in diesem Leben erhalten kann. Inspiriert durch unsere geliebte Amma möchte ich heute erzählen, wie alle drei in mein Leben kamen.

Im dritten Vers von Vivekachūḍāmani[12] steht: „Drei Dinge sind wahrlich selten und nur durch Gottes Gnade möglich: Manuṣhyatvam – ein menschliches Leben, Mumukṣhutvam – der Wunsch nach Befreiung, und Mahāpuruṣha saṃśhrayaḥ – Zuflucht bei einem vollkommenen Meister."

Die erste seltene Gabe – Ein menschliches Leben

Wie viele von uns waren sich dieser Gabe überhaupt bewusst, als wir geboren wurden? Unsere Amma war als Baby eine Ausnahme. Für die meisten, wie auch bei mir, beginnt das bewusste Erleben erst mit vier oder vielleicht sogar fünf Jahren. Aber irgendetwas war schon da. Was auch immer es war, es war lebendig, reines Bewusstsein, noch unberührt vom „Ich" und „Mein".

Darum sagt Amma: „Wenn du Gott sehen willst, schau in die Augen eines Babys."

---

[12] Ein Sanskrit-Text von Ādi Śhaṅkarāchārya, dem Hauptvertreter der non-dualen Advaita-Philosophie

Später verwechseln wir diese „Ich-bin“-Wahrnehmung mit Körper und Mind und vergessen, dass beides nur Werkzeuge sind. Ich hatte das Glück, in eine Familie hineingeboren zu werden, die nicht von Politik oder Religion besessen war. Meine Eltern lebten dharmisch und gaben mir viel Liebe. Aber weil ich mit Spiritualität nicht in Kontakt kam, war mir weder klar, dass ein Menschenleben überhaupt ein Geschenk ist und noch zwei weitere große Geschenke auf mich warteten.

Die Sehnsucht nach der Wahrheit

Schon in meiner frühen Schulzeit hatte ich das Gefühl, dass mir etwas fehlte. Deshalb starrte ich oft nur auf die Bücher, anstatt sie wirklich zu lesen. Später ging ich zwar zur Oberschule, hörte aber nach einem Jahr wieder auf. Mein Vater warnte mich vor den Folgen, aber ich empfand das Lernen als langweilig und hatte das Gefühl, die Lehrer wollten uns nur indoktrinieren.

Stattdessen fing ich an, in der Bäckerei meines Vaters zu arbeiten. Mit der Zeit begann ich, mich für Tortendekoration zu begeistern. Einmal machte ein Freund von mir, der heute Ammas italienischer Konditor ist, eine Torte für meine Mutter, auf der ein Bild von Amma aus Lebensmittelfarbe auf einer dünnen Zuckerschicht war. Wir aßen sie gemeinsam auf – bis nur noch das Stück mit Ammas Gesicht übrig war.

Wie sollten wir es wagen, Amma zu essen?

Dann erinnerte ich mich an den Bhajan, in dem es heißt:

„Oh Mutter Kāḷī, wann werde ich dich verschlingen?“

„Kāḷī zu essen“ heißt, ihre göttlichen Eigenschaften in sich aufzunehmen und zu assimilieren.

Als Konditor liebte ich besonders den künstlerischen Aspekt des Backens. Viele denken, es gehe beim Backen hauptsächlich um den Geschmack, tatsächlich aber wollen alle fünf Indriyas (Sinne) es genießen: Geschmack, Geruch, Berührung, Klang, Anblick.

Manche meiner Torten waren richtige Kunstwerke. Aber eines Tages fragte ich mich: Warum all diese Mühe, Hingabe und Aufmerksamkeit fürs Kuchenbacken? Es dauert mindestens zwei Tage, eine Hochzeitstorte herzustellen und was ist das Schicksal dieses Kunstwerks? Wie auch immer kunstvoll gestaltet, es landet in der Toilette! Welchen Sinn hat da Perfektion? Gab es so etwas wie ewige Vollkommenheit?

Selbstbefragung

Ich glaubte lange, dass Perfektion mit dem Ergebnis unserer Arbeit zu tun hat.

Einmal stand ich bei meinem Video-Sēvā direkt hinter Amma mit einer Kamera. Damals kam vor den Bhajans der Swamis oft ein Kind aus dem Āśhram auf die Bühne, um ein Lied zu singen. Eines Tages hatte er ein neues Lied komponiert und wollte wissen, ob Amma es hören wollte. Amma sagte ja. Nach dem Lied bekam er einen Apfel von Amma und fragte: „Hat es dir gefallen?"

Amma antwortete: „Ja."

Was dann geschah, bleibt für immer in meinem Herzen. Damals sprach Aikyam nur Französisch und ich war sein offizieller Übersetzer.

Gleichzeitig Darśhan gebend fragte Amma ihn: „Sag mir, wer hat das Lied geschrieben?"

„Das war ich", antwortete Aikyam.

„Und wer ist dieses Ich?"

Überrascht sagte er: „Ich selbst."

„Wer ist dieses Selbst?"

Er berührte seinen Körper und sagte: „Na ich, dieser Körper. Siehst du es nicht, Amma?"

„Oh, der Körper, und aus welchem Teil des Körpers kam das Lied?"

Er war sehr verwundert, sah an sich runter und sagte: „Aus dem Kopf."

„Sicher?"

„Hm... nein, eigentlich aus dem Herzen."

„Sicher?"

„Ja... also... ja."

Dann unterbrach Amma den Darśhan, schaute ihn an und sagte: „Nein, Aikyam, es kommt nicht aus dem Herzen. Es kommt von Gott."

Karma Yōga – Der Pfad des Selbstlosen Handelns

Wie wir wissen, führt Gott als das reine Bewusstsein keine Handlungen durch. Körper und Mind funktionieren und die Herzpumpe pumpt Blut, einzig weil sie vom Bewusstsein belebt werden. Beinahe jedes Handeln schafft Eindrücke, die uns an den Kreislauf von Saṁsāra[13] binden. Nur eine Handlung tut das nicht: das selbstlose Handeln.

Im Karma Yōga heißt es, dass vier Bedingungen eine Handlung wirklich selbstlos machen und Karma auflösen:

- Die Handlung muss dem Göttlichen geweiht sein: Körper und Mind sind dem Göttlichen hingegeben und dienen ihm als Instrument.
- Die vollkommene Entsagung des Gefühls von „meiner Handlung" und „meinem Ergebnis". Es gibt keine Besitzansprüche auf Handlung oder Ergebnis, sie gehören dem Göttlichen.
- Es gibt kein Gefühl von „ich handle", kein ich bin der Handelnde.
- Es gibt kein blindes Reagieren auf Situationen, nur Antworten. Das ist die schwerste Bedingung. Reaktionen wie

[13] Der Kreislauf von Geburt und Tod; die Welt im Wandel; das Rad von Geburt, Verfall, Tod und Wiedergeburt.

Ärger oder Euphorie durch Anhaftung an Vorlieben und Abneigungen neutralisieren unsere Bemühungen der Loslösung und schaffen neues Karma.

Zu reagieren bedeutet, sich die Handlung anzueignen, wie in Punkt 1 negiert; es heißt Identifikation mit dem „Ich" und Anhaftung an das „Mein". Das erschafft Gebundenheit.

Kṛiṣhṇa rät seinem Devotee Arjuna im 5. Kapitel der Bhagavad Gītā, Vers 12:

Yuktaḥ karma-phalaṁ tyaktvā śhāntimāpnōti naiṣhṭikīm
ayuktaḥ kāma-kārēṇa phalē saktō nibadhyatē

„Wer im Göttlichen verankert ist und das Ergebnis der Handlung loslässt, erlangt immerwährenden Frieden. Wer nicht im Göttlichen verankert ist, an Ergebnissen hängt und aus Verlangen heraus handelt, der ist gebunden."

Doch Amma nimmt aus Mitgefühl sogar einen Teil unseres Karmas auf sich, sogar aus unseren alltäglichen Handlungen. Viele fragen: „Wie kann ich Amma glücklich machen?" Vielleicht so: Höre auf, Amma zusätzliches Karma aufzubürden, selbst wenn es ihr nichts ausmacht.

Die zweite seltene Gabe – Der Wunsch nach Befreiung

Ich hätte mir gewünscht, schon als Kind zu verstehen, was Vollkommenheit wirklich ist. Aber davon hört und erfährt man in der Welt nichts.

Enttäuscht vom Leben, stürzte ich mich in den „Supermarkt" der Welt, wie Amma es nennt und genoss von jedem Regal, was ich dort fand. Meine wenigen Freunde waren bodenständiger. Sie hatten Familie, Pläne und Geschäftsideen. Aber ich wollte den Sinn des Lebens finden und dafür schien all das bedeutungslos.

Ohne ihn zu finden, fing ich an zu reisen, jobbte zwischendurch, um etwas Geld zu verdienen und landete nach zwei

Jahren schließlich auf der Insel Ko Phangan in Thailand. Das Reisen und den „Supermarkt genoss ich“, bis auch das keinen Sinn mehr machte. Eine tiefe Angst und Leere überkamen mich, wie nie zuvor. Ich hatte das Gefühl, am Rand der Existenz zu stehen, und jenseits davon sah ich nichts mehr. Wie ein Hamster in seinem Rad, immer und immer wieder an derselben Stelle laufend.

Jetzt kannst du sagen: „Komm schon! Du hattest doch immer dein tägliches Essen und ein Dach über dem Kopf.“ Ja... das stimmt.

Aber wenn das mein Lebenssinn wäre, dann wüsste ich wenigstens, wonach ich suchen soll.

Wenn du alle Werte und Liebe von deinen Eltern bekommen hast und du dich trotzdem leer fühlst, ohne zu wissen, was genau fehlt oder was du suchst, wer kann dir dann noch helfen?

Ich hatte viele kleinere Ängste in meinem Leben überwunden: Schulprüfungen, mein erstes Jobinterview, einen Unfall, bei dem ich beinahe gestorben wäre, Reisen durch unbekannte, gefährliche Gebiete; von Soldaten bedroht in Amazonien, als ich die Rios hinuntersegelte; und auch von Dingos des Nachts umringt zu sein, als ich in der australischen Wüste war. Doch nichts war so beängstigend wie dieser Abgrund.

Eines Tages stieß ich in einem kleinen Buchladen inmitten von Büchern in englischer und thailändischer Sprache zufällig auf ein Buch in italienischer Sprache. Ich kaufte es nur deshalb und wusste nicht, dass es mein Leben für immer verändern würde. Es war die „Autobiografie eines Yogi“ von Paramahamsa Yogananda. Wenn du mich jetzt fragst, was an diesem Buch so besonders war, kann ich sagen: „Es ist ein großartiges spirituelles Buch – so wie viele andere großartige Bücher von vielen anderen Meistern.“ Jedes ist auf seine eigene Weise einzigartig darin, die höchste Wahrheit zu vermitteln.

Aber nach dem Lesen dieses Buches war ich nicht mehr derselbe Mensch. Für jemanden, der in einer spirituellen Umgebung geboren wurde, ist es normal, spirituelle Bücher zu lesen. Aber für jemanden wie mich, der damals keine Ahnung von Spiritualität hatte, war dieses Buch wie eine Explosion.

Ich habe es nicht einfach nur gelesen, ich habe jedes Wort aufgesogen. Umso mehr ich las, desto glücklicher wurde ich, bis ich so glücklich war, dass ich es kaum aushalten konnte. Meine Freude war grenzenlos. Mein ganzes Wesen war von Frieden erfüllt.

Plötzlich verlor ich völlig mein Interesse am „Supermarkt" und ein paar Monate später wurde ich Vegetarier. Die Suche war vorbei. Durch göttliche Gnade hatte ich die zweite seltene Gabe gefunden: Mumukṣhutvam – den Wunsch nach Befreiung.

Von diesem Tag an wurde der Wunsch nach Befreiung mein einziger Lebenssinn.

Wie es im allerersten Vers der Brahma Sūtras heißt:

> *Athāto brahmajijñāsā.*
>
> „Jetzt beginnt das Streben nach der Erkenntnis von Brahman (dem Absoluten)."

Die Wirkung auf mich war so tief, dass ich zum ersten Mal im Leben keine äußeren Dinge oder Beziehungen mehr brauchte, um glücklich zu sein.

Ich war so erfüllt und zufrieden, dass ich nicht einmal nach Meditationszentren oder spirituellen Gruppen suchte.

Es war, als wäre ich aus einem Traum aufgewacht.

So wie Arjuna es in Kapitel 18, Vers 73 der Bhagavad Gītā sagt:

> *Smṛtir labdhā.*
>
> „Oh Herr, ich habe Erinnerung wiedererlangt."

Immer allein

Äußerlich änderte sich nichts. Ich arbeitete weiter und verbrachte meine Wochenenden allein in den Bergen. Erstaunt bemerkte ich, dass ich die ganze Zeit glücklich und von tiefem Frieden erfüllt blieb. Für einige Zeit besuchte ich weiterhin meine Freunde, bemerkte aber bald, dass wir nun in zwei völlig verschiedenen Welten lebten.

Einmal fragte jemand Amma: „Warum ist nicht jeder an Spiritualität interessiert?"

Amma sagte: „Wir alle sind spirituelle Wesen. Doch in manchen ist der Samen noch nicht gesät, das spirituelle Saṁskāra schläft noch."

Darum achtet Amma am Ende des Darśhan immer darauf, dass wirklich jeder, besonders jeder Neue, eine Umarmung bekommt, selbst wenn sie nie wiederkommen. Ammas Samen haben sie dann erhalten, und er wird zu gegebener Zeit keimen. Das ist die Tiefe von Ammas Mitgefühl.

Einmal fragte jemand Amma, warum sie beim Reisen ständig umherschaut, wo sie uns doch lehrt, uns auf das Mantra zu konzentrieren und uns nicht von der Umgebung ablenken zu lassen. Amma erklärte, dass ihr Blick kein gewöhnlicher Blick sei, sondern ein Segen für jeden, der ihn empfängt. Tatsächlich wünschen wir uns alle, dass Amma uns anschaut, denn in ihrem Blick liegt etwas ganz Besonderes, das wir tief in uns spüren können. Doch ist da überhaupt jemand hinter diesen Augen?

Ich erinnere mich an eine Szene vor vielen Jahren, die sich während der Europa-Tour in München ereignete. Ich filmte ein Interview, das während des Darśhans vom nationalen Fernsehen geführt wurde. Der Reporter fragte:

„Amma, wie fühlen sie sich eigentlich, wenn sie täglich inmitten so vieler Menschen sind? Wie halten sie das aus? Können sie uns beschreiben, was sie empfinden, wenn sie von Tausenden umgeben sind?“

Amma antwortete: „Allein.“

„Wie bitte? Was meinen sie damit? Wie kann man sich allein fühlen, wenn all diese Menschen nur wegen ihnen hier sind?“, fragte der Reporter erstaunt. Dann erklärte Amma: „Ich bin allein, weil ich in jedem Menschen, der zum Darśhan kommt, nur mich selbst sehe.“

Man muss nicht extra erwähnen, dass der Reporter etwas verwirrt war. Aber wie ist es mit uns oder mit mir? Verstehe ich wirklich, was Amma damit meint? Nehme ich immer alle als mich selbst wahr?

Der erste Gedanke, der mir kommt, ist: „Oh, Amma muss überall so viele andere Ammas sehen.“ Aber Amma sagt immer wieder: „Ich bin nicht auf diesen Körper begrenzt.“ Wenn sie sagt: „Ich sehe nur mich selbst“, dann meint sie nicht ihren Körper.

Die Schriften sagen, dass das Selbst nicht mit den Sinnesorganen gesehen, gehört, berührt oder gerochen werden kann. Es ist „Na rūpa“, es besitzt keine Form.

Wenn das so ist, was sieht Amma dann? Sollte ich traurig sein, wenn Amma mich nicht anschaut? Und wenn ja, wer ist es, der traurig ist? Ich, der sichtbare Körper oder ich als das Selbst, das man nicht sehen kann? Ist das Selbst nicht in allen dasselbe? Genau das haben die Riṣhis nach jahrelanger disziplinierter spiritueller Übung erkannt. In den Upaniṣhaden, dem philosophischen Teil der Veden, sagt der Ṛiṣhi:

Atmaivēdam sarvam

„Bewusstsein ist alles, was existiert.“

Wer schaut also wen an? Amma sagt oft: „Sei ein Niemand, dann wirst du zum Helden." Das heißt: keine Form oder Farbe, keine Gedanken und keine Wünsche.

Vielleicht bekommen wir gerade in diesem Niemand einen Blick auf den wahren Helden – auf das, was Amma meint, wenn sie sagt:

„Ich fühle mich allein. Ich sehe immer nur mich selbst."

Ich war die meiste Zeit meines Lebens allein und doch war da immer dieses Gefühl von Getrenntsein und Anderssein.

Gerade jetzt, wo ihr mich alle anschaut, fühle ich mich vielleicht ein wenig unwohl.

Aber was ist, wenn dieses Gefühl des Andersseins plötzlich verschwindet?

Wenn ich erkenne, dass all diese tausend Augen, die mich anschauen, in Wahrheit meine eigenen Augen sind?

Würde ich mich dann wohlfühlen?

Wenn dem nicht so ist, dann ist es vielleicht beängstigend zu erkennen, dass es da draußen niemanden gibt außer mir selbst.

Die dritte seltene Gabe – Die Zuflucht bei einem vollkommenen Meister

Zwei Jahre nach dem Lesen der „Autobiografie eines Yogi" spürte ich immer noch diese tiefe Freude in meinem Herzen, aber ich fragte mich, warum anscheinend niemand sonst so fühlt. Vielleicht war das so, weil alle so vertieft in ihrer Suche nach Glück in der äußeren Welt waren und sie sich somit nicht nach innen wandten. Wie auch, wenn niemand ihnen gezeigt hatte, wie das geht.

Ich versuchte, das meinen Freunden zu erklären, aber es war vergeblich. Ich begann mich wie ein Außerirdischer auf einem fremden Planeten zu fühlen. Am schlimmsten war, dass ich erneut den Sog der Welt spürte. Es war wie ein Alarm, der in mir losging. Etwas stimmte nicht.

Ich konnte mir nicht vorstellen, wieder von äußeren Dingen abhängig zu sein, um glücklich zu sein. Genau da habe ich zum ersten Mal in meinem Leben zu Gott gebetet. Ich werde später erklären, was ich damit meine. Ich betete um ein Zeichen und flüsterte: „Gott, ich weiß nicht, wie man betet, aber ich weiß, dass du existierst. Bitte lass mich nicht allein. Lass nicht zu, dass mich die Welt wieder zurückzieht." Ein paar Tränen liefen mir über die Wangen, was bei mir ungewöhnlich ist. Dann wurde ich still, völlig leer. Nach einer Weile tauchte nur ein einziges Wort in meinen Gedanken auf, fünf Buchstaben: I–N–D–I–A. Indien.

Es war klar, dass es nichts anderes mehr zu tun gab, als nach Indien zu gehen. Und der Grund war klar: Um einen Guru zu suchen, welches das dritte seltene Geschenk ist. Diesmal war es eine Reise ohne Rückkehr.

Im November 1997 kam ich am Flughafen aufgeregt in Trivandrum an, endlich mit der Suche beginnen zu können. Yogananda hatte Jahre gebraucht, seinen Guru zu finden, so fragte ich mich, wie lange es für mich wohl dauern würde. In der Immigrationsschlange vor mir stand eine westliche Frau. Ich fragte sie, ob es ihr erster Besuch in Indien sei. Sie sagte, dass sie jedes Jahr nur aus einem Grund käme, um Amma zu sehen. Dann legte sie ihre Hand auf ihr Herz und sagte: „Oh, ich kann es kaum erwarten!"

Der Flughafen ist eine neutrale Zone. Erst nachdem man die Passkontrolle passiert hat, darf man offiziell ins Land einreisen. Ich hatte noch nicht einmal den heiligen Boden Indiens betreten, da kam Amma schon, um mich abzuholen! Die Suche hatte noch nicht einmal angefangen, da war sie auch schon vorbei.

Rückblickend sehe ich, dass das die Antwort auf mein Gebet war. Ich hatte dreißig Jahre in Sehnsucht verbracht. Deshalb bitte ich Amma freundlich: „Nächstes Leben, falls es eines gibt, bitte lass mich nicht wieder so lange im Supermarkt der Welt herumspielen.“

Prayer

Damals war Amma auf Tour, also beschloss ich, drei Tage in Amritapuri zu verbringen. Ehrlich gesagt, fühlte ich mich dabei etwas unwohl und heute verstehe ich auch, warum. Ich hatte mein ganzes Leben lang nur für mich selbst gelebt. Ich war noch nie in einer spirituellen Gemeinschaft gewesen und plötzlich war ich unter tausenden von Menschen, die Sādhanā (spirituelle Praxis) machten und Sēvā (selbstlosen Dienst) verrichteten.

Die Energie, die dabei entstand, war deutlich spürbar. Die Menschen waren mehr darauf aus zu geben als zu nehmen. Es hat mich sehr beeindruckt, auf einmal eine ganz andere Lebensweise zu sehen. Amritapuri ist wirklich wie eine Insel auf diesem Planeten, die ununterbrochen eine immense Welle der Liebe erzeugt, die dank Ammas Kindern und Ammas ständiger Aufopferung der Welt zugutekommt.

Ich möchte erklären, was ich meinte, als ich sagte: „Ich habe zum ersten Mal in meinem Leben gebetet.“ Du fragst dich vielleicht, wie das gemeint ist. Als Kind wurde mir gesagt, ich solle beten, aber für mich war „Gott“ nur ein bedeutungsloses Wort. Ich hatte keine Ahnung, was ich tat. Es war Teil eines Glaubenssystems, aber aus dem Herzen zu Gott zu beten, das passierte zum ersten Mal für mich.

Erst nachdem ich das Buch von Swami Yogananda gelesen hatte, war Gott für mich nicht mehr nur ein Glaubenssatz, sondern eine Wirklichkeit, die ich seither in mir spüre. Und nachdem ich Amma begegnet war, war Gott nicht mehr nur ein Wort in den Schriften, sondern die Verkörperung von Gottes Liebe in menschlicher Form.

Auch wenn wir selbst in Ammas Nähe manchmal Schmerz erleben, sollten wir an all jene denken, die ebenfalls leiden, aber Amma nicht einmal kennen. Manchmal vergessen wir, wie gesegnet wir sind.

Wenn wir diese drei seltenen Gaben haben, kann es dann noch ein anderes Ziel geben als die Selbstverwirklichung? Früher habe ich dafür gebetet, aber dann habe ich gemerkt, wie töricht das war. Das ist so, als würde man einen Mangosamen auf einen Altar legen und beten, dass eine Mango daraus wächst. So funktioniert das nicht. Der Same muss gesät werden.

Die zweite seltene Gabe, der Wunsch nach Befreiung, ist dieser Same! Er muss durch tägliches Üben gesät werden.

Amma ist unsere dritte seltene und wunderbare Gabe. Sie ist unsere Mutter und Meisterin, die uns durch den ganzen Prozess führt. Wir fragen uns vielleicht, wie unser Leben wäre, wenn wir das Selbst verwirklicht hätten. Es reicht, jemanden zu sehen, der in diesem Zustand fest verankert ist und dafür müssen wir nicht weit schauen. Amma ist das Beispiel vor unseren Augen.

Was hat Amma seit ihrer Kindheit getan? Sie hat allen voller Freude gedient und sie bedingungslos geliebt. Genau so wird auch unser Leben aussehen, wenn wir das Selbst verwirklicht haben. Aber die eigentliche Frage lautet: Müssen wir wirklich warten, bis wir das Selbst verwirklichen, um alle zu lieben und ihnen zu dienen?

Satsang 6

Warum traurig? Nicht nötig

Medhini – Libanon

Eines Tages gab ein Guru seinem Schüler einen großen Diamanten und sagte ihm, er solle in die Stadt gehen, um ihn zu schätzen. Da der Schüler sich nicht mit Diamanten auskannte und dachte, es handele sich nur um einen gewöhnlichen Stein, ging er in die Stadt, zeigte ihn als erstes dem Gemüsehändler und fragte: „Was glaubst du, wie viel ist er wert?"

Der Gemüsehändler antwortete: „Ich gebe dir zwei Kohlköpfe und ein Pfund Bohnen dafür." Der Schüler erwiderte: „Das klingt nicht vernünftig." Dann ging er zu einem Stoffgeschäft. Der Stoffhändler sagte: „Der Diamant ist sehr wertvoll. Ich gebe dir 100 Meter Seidenstoff dafür." „Nein, das klingt auch nicht angemessen", dachte der Schüler. Als Nächstes ging er zum renommiertesten Juweliergeschäft der Stadt, und als sie den Diamanten sahen, riefen sie aus: „Das ist unbezahlbar!"

Ähnlich verhält es sich mit Ammas einfacher Sprache und unseren groben, unreinen und unruhigen Minds: Oft verstehen wir die Größe und Tiefe ihrer Worte nicht. Bei meinem ersten „Room Darśhan"[14] sagte Amma vier einfache Worte auf Englisch zu mir. Diese vier Worte wiederholte sie zweimal. Sie waren so einfach, dass ich ihnen keine große Bedeutung beimaß.

Kurz nach meinem Darśhan erwähnte ich diese vier Worte in einem Gespräch mit Swāmī Jñānāmitānandajī. Dass Swāmījī die Worte wiederholte und fast wie zu sich selbst sprach, ließ mich spüren, dass sie etwas ganz Besonderes sind. Es war, als würde

[14] Ein Room-Darśhan ist, wenn Amma den Āśhram-Bewohnern in ihrem Zimmer Darśhan gibt.

ein Juwelier zu seinem Schüler sagen: „Das ist von unschätzbarem Wert." Seitdem haben mich diese vier Worte begleitet, und meine eigene bescheidene Auseinandersetzung mit ihnen ist das Thema dieses Satsangs.

Die vier Worte lauten: „Warum traurig? Nicht nötig."

„Warum traurig?" – Mit dieser Frage ermutigte mich Amma, den Grund für meine Traurigkeit zu hinterfragen. Mit ihrer Aussage „nicht nötig" stellte Amma die Berechtigung meiner Traurigkeit infrage, hinterfragte die Realität meiner Erfahrung und konfrontierte sie mit der ultimativen Wahrheit, in der sie selbst verankert ist.

Lass mich euch vom Leben eines Mädchens erzählen – zuerst aus einer Perspektive der Dunkelheit, dann aus einer voller Licht. Die erste zeigt, warum Traurigkeit da ist. Die zweite spiegelt Ammas Worte: „Nicht nötig."

„Warum traurig?"

Es war einmal ein Mädchen im Libanon. Sie wurde geboren, während im Land ein Bürgerkrieg tobte. Ihr Vater war Anführer einer Spezialeinheit einer der Konfliktparteien. Eigentlich war er Bäcker von Beruf, doch er war auch in den Waffenhandel und andere Dinge verwickelt, nach denen sie nie näher fragte. Er trug sichtbare Narben aus dem Krieg, und ihm fehlte ein Finger, der ihm abgeschossen worden war.

Nach einigen Jahren verlor ihr Vater das Vertrauen in seine Partei. Damit wurde er selbst zum politischen Ziel. In den ersten dreieinhalb Jahren ihres Lebens mussten sich das Mädchen, ihre Mutter und ihr älterer Bruder immer wieder unter dem Bett verstecken, wenn schwer bewaffnete paramilitärische Einheiten auf der Suche nach ihrem Vater das Haus stürmten. Bis heute sind diese Erlebnisse Thema ihrer wiederkehrenden Albträume.

Um sie herum explodierten Granaten, doch ihre Mutter schützte sie, indem sie sich auf den Kinderwagen ihrer Tochter warf. Einige der größeren Granatensplitter, die ihre Mutter abbekommen hatte, wurden entfernt, aber die kleineren befinden sich noch heute in ihrem Körper. Ihre jüdische Großmutter mütterlicherseits wurde gegen ihren Willen aus Palästina in den Libanon umgesiedelt und lebte dort bis zu ihrem letzten Atemzug in einem muslimischen Flüchtlingslager im Libanon.

Ihr Vater erkannte, dass sie Libanon zu ihrer eigenen Sicherheit verlassen mussten. Ihre Mutter hatte jedoch weder Papiere noch einen Reisepass. Die Flucht würde äußerst beschwerlich und gefährlich sein.

Es gelang ihnen schließlich, in Deutschland politisches Asyl zu erhalten, wo sie in einem kleinen Dorf angesiedelt wurden. Eine deutsche Familie schloss das kleine Mädchen ins Herz. Sie zogen sie gemeinsam mit ihren leiblichen Eltern auf, finanzierten ihr den Schulbesuch und ermöglichten ihr ein Leben in Wohlstand und Freude.

Doch kulturelle und traditionelle Unterschiede führten zu gegenseitiger Kritik zwischen den beiden Familien und jede Seite behauptete, die besseren Eltern zu sein. So verlor der Begriff „Zuhause" seine klare Bedeutung und sein Gefühl der Geborgenheit.

Als sie mit zwölf Jahren ihre erste Menstruation hatte und damit nach der Kultur ihrer Eltern das heiratsfähige Alter erreicht hatte, beschlossen sie, dass sie ihre Ausbildung nicht fortsetzen würde. Ihre Eltern sperrten sie in ihrem Zimmer ein und hinderten sie daran, weiterhin zur Schule zu gehen. Dies führte zum Eingreifen der Polizei und des Jugendamtes, die sie für einige Zeit in einer Pflegefamilie unterbrachten.

Mit einundzwanzig Jahren erhielt sie ihre deutsche Staatsbürgerschaft, und obwohl sie ihre gesamte Schulausbildung in Deutschland absolviert hatte, wurde ihr irgendwann klar, dass sie dort nie wirklich dazugehören und auch nie als Teil der libanesischen Gemeinschaft angesehen werden würde, da sie weder Arabisch gelernt noch etwas über die libanesische Kultur, Geschichte oder Bräuche mitbekommen hatte. Daher quälte sie die Frage: „Wo gehöre ich hin?"

Sie zog im Alter von zweiunddreißig Jahren in die Schweiz, hatte dort einen sehr gut bezahlten Job, eine große Wohnung mit Blick auf den Genfer See und eine Terrasse, von der aus sie die Sonne hinter den schneebedeckten Gipfeln der französischen Alpen untergehen sehen konnte. Doch dieses hohe Maß an Komfort, Wohlstand und sozialer Anerkennung wurde durch ein Gefühl der Leere in ihrem Inneren völlig überdeckt.

Ihre Suche nach Zugehörigkeit und Sicherheit führte sie in mehrere Beziehungen, die ihr vorübergehend Schutz boten. Es war, als bräuchte sie einen männlichen Begleiter für ein Leben, das nie eine starke, stabile oder sichere Grundlage gehabt hatte... aber keine Beziehung hielt. Nach einer gescheiterten Ehe kam die Erkenntnis, dass keine äußere Beziehung jemals von Dauer sein wird. Sie war auf sich allein gestellt.

***

Zu Ammas Aussage „nicht nötig" (traurig zu sein) betrachten wir nun das Leben desselben Mädchens aus einer positiven Perspektive:

Dieses Mädchen wurde als Tochter eines Vaters geboren, dessen Leben durch den Krieg verschont worden war und der den Mut hatte, alles ihm bekannte – seine Verwandten, Freunde und sein Zuhause – hinter sich zu lassen, um seine Familie in eine völlig unbekannte, aber sichere Zukunft zu führen.

Sie wurde als Tochter einer Mutter geboren, die lieber ihr Leben geopfert hätte indem sie ihren Körper als Schutzschild einsetzte, als zuzulassen, dass ihre kleine Tochter verletzt würde.

In Deutschland, versuchten ihre muslimischen Eltern ihr Bestes, um sich anzupassen und ihre Familie zu integrieren ohne die Sprache zu beherrschen und ohne wirklich etwas über das Land zu wissen. Sie versuchten, ein Gleichgewicht zu finden zwischen dem Bewahren der eigenen Kultur, Schätze und Religion, dem Ablegen von altmodischen Aspekten und der Offenheit für positive Seiten der westlichen Kultur.

Obwohl es nicht ihre eigene Religion war, ermutigten sie ihre Eltern, den christlichen Sonntagsgottesdienst mit dem Rest der Gemeinde zu besuchen. Sie hatten eine tiefe Ehrfurcht vor Allah in ihren Herzen und waren dankbar, dass Allah auf diese Weise ihr Leben begleitete. Als sie sechs Jahre alt war, nahmen sie sogar an ihrer Taufe teil.

Jesus Christus wurde ihr erstes großes Vorbild und die allererste Liebe ihres Lebens. Sie sah sich Filme über Jesus an und malte Bilder von Christus am Kreuz. Im zarten Alter von sieben Jahren saß sie schluchzend auf dem Boden und war untröstlich über die Kreuzigung von Jesus - darüber dass ein so reines Wesen sein Leben für eine Menschheit gegeben hatte, die so grausam und heuchlerisch war.

Schon in diesem Alter erkannte sie deutlich die Kluft zwischen den Werten, die Jesus in seinem Leben verkörperte und dem Verhalten der Menschen um sie herum. Sie wollte bei Jesus sein und quälte sich mit dem Gedanken, nicht zu seiner Zeit gelebt zu haben. Diese Sehnsucht wurde zu einer schwachen, glühenden Kohle, die darauf wartete, dass der Hauch der Göttlichen Mutter sie hell auflodern ließ.

Obwohl sie im Alter von zwölf Jahren eines von Millionen Mädchen hätte werden können, denen eine angemessene Bildung vorenthalten bleibt, befand sie sich in einem Land, dessen Gesetze eine Grund- und Sekundarschulbildung vorschreiben.

So konnte dieses Mädchen nicht nur einen Sekundarschulabschluss, sondern auch einen Universitätsabschluss erwerben.

Auch die Liebe siegte über die Tradition. Um das Herz ihrer Tochter nicht zu verlieren, begannen ihre Eltern, auf jede erdenkliche Weise Kontakt zu ihr zu suchen. Ihr Vater fuhr regelmäßig mit dem Fahrrad die zwanzig Kilometer zu ihrem Internat, nur um ihr Obst zu bringen und vielleicht einen Blick auf sie zu erhaschen und fuhr dann die zwanzig Kilometer zurück. Sie versuchten immer wieder, ihr Vertrauen zurückzugewinnen. So ging das weiter für zehn ganze Jahre. Mit der Zeit wurde sie schließlich reifer. Anstatt an der Vergangenheit festzuhalten, lehrten ihre Eltern sie, dass nur der gegenwärtige Moment in unserer Hand liegt – und genau jetzt wird Liebe zurückgehalten oder ausgedrückt.

Desillusioniert von den Grenzen weltlicher Errungenschaften und Freuden, begann sie im Alter von zweiunddreißig Jahren, nach einer Berufsausbildung im Bereich der Physiotherapie zu suchen. Durch göttliche Gnade wurde sie zu einem Kurs in ayurvedischer Massage geführt. Es war an der Zeit, sich darauf vorzubereiten, ihrem Guru, unserer Amma, zu begegnen. Es war an der Zeit, dass die Glut aufzulodern begann.

***

Im Ayurveda-Kurs sah sie ein Foto von Amma und fühlte sich sofort von etwas angezogen, was schon so viele angesprochen hatte: Ammas strahlendes Gesicht, ihre leuchtenden Augen und ihr mitfühlender Blick

Sie besuchte Ammas Programm in Winterthur. Als sie sah, mit welcher Zärtlichkeit und Vertrautheit Amma jeden einzelnen Menschen empfing, füllten sich ihre Augen mit Tränen. Eine tiefe Überzeugung keimte in ihr auf: „Oh Amma, all die Tugenden, die ich als Kind so sehr schätzte und in meinem geliebten Jesus Christus sah, sehe ich jetzt direkt vor mir in diesem weiblichen Körper, indem du aus eigenem Willen geboren wurdest." Die schmerzhafte Reue des siebenjährigen Mädchens, das sich gewünscht hatte, in der Gegenwart Jesu zu leben, verwandelte sich in überwältigende Dankbarkeit. Bis heute kann sie die Tiefe dieser Erkenntnis nicht in Worte fassen.

Dreiunddreißig Jahre lang fand sie keine Antwort auf die Fragen „Wo ist mein Zuhause?" und „Wo gehöre ich hin?". Doch ein oder zwei Jahre nach ihrer Begegnung mit Amma lösten sich diese quälenden Fragen vollständig auf und tauchten nie wieder auf. Sie hatte ihr wahres Zuhause gefunden. Sie war dort angekommen, wo sie hingehörte.

Die Reise dieses Mädchens ist weder besonders noch einzigartig. Die verschiedenen Satsangs, die wir im letzten Jahr gehört haben, sind ein Beweis dafür. Wenn sie dankbar zurückblickt, sieht sie, dass sie bereits im Mutterleib von göttlichem Schutz umgeben war. Hier ist die Wahrheit: Auf jedem einzelnen Schritt unseres Weges werden wir von unserer Amma gehalten und manchmal sogar getragen. Wie könnte Jagadjananī – die Mutter dieses gesamten Universums – jemals ihr geliebtes Kind verlassen?

***

Ob wir zulassen, dass sich unser Mind vom Licht ab- und der Dunkelheit zuwendet, oder ob wir uns bewusst dafür entscheiden, glücklich zu sein und unsere Fenster weit für das Licht zu öffnen, muss jeder von uns selbst entscheiden. Wie Amma sagt: „Glücklich-Sein ist eine Entscheidung." Diese Entscheidung muss immer und immer wieder getroffen werden. Wir müssen uns selbst daran erinnern: „Warum traurig? Nicht nötig." Wie können wir uns daran erinnern? Hier sind drei Dinge, die mir geholfen haben und mir weiterhin helfen:

1. Kīrtanam: Ich möchte diesen Begriff im Sinne von positiven Klangschwingungen verwenden. Erfahrungen werden als Erinnerungen gespeichert. Was sind Erinnerungen? Erinnerungen sind Gedanken. Was sind Gedanken? Klangschwingungen. Klangschwingungen sind sehr subtil. Selbst unser Intellekt ist zu grob, um diese Schwingungen zu erreichen. Deshalb ist jede Form der Beweisführung, wenn wir uns ausschließlich auf dieser Ebene bewegen zum Scheitern verurteilt. Meine Erfahrung ist, dass es ausreicht, einmal am Tag ein Archana (die 1000 Namen der Göttlichen Mutter) zu rezitieren, um die zuvor erwähnten Albträume fernzuhalten. Während ich die Bhagavad Gītā rezitiere, verspüre ich eine innere Kraft, als würde ich von innen heraus aufgerichtet, ein Gefühl von Zuversicht und Ruhe, was mir keine äußere Unterstützung jemals geben könnte.
2. Abhyāsa – vairāgya: ständige Übung und Loslösung. Bin „Ich" wirklich traurig? Ist Traurigkeit nicht einfach nur eine der vielen Veränderungen des Minds, die „Ich" beobachten kann – so wie jedes äußere Objekt? Und ist nicht alles, was „Ich" beobachten kann, etwas anderes als das Selbst, der Zeuge dieser Traurigkeit, Zeuge dieses Gefühls? Wegen unserer Identifikation mit dem Mind freunden wir uns mit diesen wechselnden Emotionen an und identifizieren uns mit ihnen, sodass wir von den verschiedenen, gegensätzlichen Erfahrungen des Lebens hin- und hergeworfen werden. Wer jemals aufrichtig versucht hat, den Mind zu beherrschen – so wie Arjuna in der Gītā –, kommt zum gleichen Schluss: „Das ist äußerst schwierig." In Kapitel 6, Vers 35 der Bhagavad Gītā sagt Kṛiṣhṇa zu seinem Schüler Arjuna:

asaṁśhayaṁ mahā-bāhō manō durnigrahaṁ chalamabhyāsēna tu kauntēya vairāgyēṇa cha gṛihyatē„

Zweifellos, oh du siegreicher Kämpfer, der Mind ist schwer zu kontrollieren und schwankend, aber durch stetes Übung und Loslösung wird er gezügelt, oh Sohn Kuntis."

Kṛiṣhṇa erwähnt Abhyāsa – stetes Üben – und Vairāgya – Loslösung – als Mittel, um den Mind zu zügeln. Um gelassen zu bleiben, müssen wir die Fähigkeit erlangen, uns zu lösen und unseren Fokus vom Objekt – hier dem Gefühl der Traurigkeit – auf den Sākṣhi, den Beobachter, zu lenken. Dafür ist Vairāgya unerlässlich.

Amma gibt das Beispiel eines Fahrers, der wissen muss, wie man die Bremsen betätigt. Nur wenn wir lernen, die Bremsen der Reflexion und Kontemplation über die sich verändernde Natur der Emotionen zu betätigen, sind wir in der Lage, den Mind langsam nach innen zu lenken, zu dem unberührten, unveränderlichen Substrat, zu unserer wahren Natur. Dies muss nicht einmal, nicht zweimal, sondern ständig geschehen – Abhyāsa, stetes Übung.

3. Samarpaṇam – Hingabe an den Guru: Selbst wenn wir uns nach Kräften bemühen, regelmäßig unsere Sādhanā, unser Sēva und das Studium der Schriften zu praktizieren, unsere Handlungen im Bewusstsein, in Erinnerung an Gott zu tun und ihre Früchte mit Prasāda Buddhi – also in der Haltung, dass alles, was zu uns kommt, ein Geschenk Gottes ist – anzunehmen, kann es trotzdem sein, dass alte, tief sitzende Prägungen immer wieder auftauchen und uns innerlich nach unten ziehen. Warum? Es gibt viele Gründe – aber ich möchte zwei davon nennen:
a. Wir haben es mit der illusionären Kraft Gottes zu tun – Māyā, die fast so mächtig ist wie Gott selbst.
b. Wir tragen nicht nur Prägungen aus diesem Leben mit uns, sondern aus unzähligen Leben und unsere

Bemühungen lassen sich mit dem Versuch vergleichen, einen Ozean mit einem Grashalm zu leeren.

Lasst uns daher Zuflucht bei derjenigen suchen, von der sogar die Existenz von Māyā selbst abhängt, bei derjenigen, die uns die Gewissheit gibt, dass wir zu unserer wahren Natur erwachen werden, wenn wir uns auf sie ausrichten und uns ausschließlich auf sie verlassen.

Kurz gesagt: Besser als sich auf die dunkle Seite zu konzentrieren, ist es, sich auf die helle Seite zu konzentrieren. Besser als sich auf die helle Seite zu konzentrieren, ist es, sich auf das Fundament beider Seiten zu konzentrieren, nämlich unsere Amma, unsere wahre Natur.

Mögen wir dort beginnen, wo wir sind, voller Vertrauen in unseren Wagenlenker – unsere geliebte Amma. Ihr Licht zeigt uns den Weg und das Ziel, aber wir sind es, die bereit sein müssen, diesen Weg zu gehen.

Amma sagte vier scheinbar einfache Worte: „Warum traurig? Nicht nötig." Aber diese vier Worte enthalten die gesamte Gītā. Das erste Kapitel der Bhagavad Gītā mit dem Titel Arjuna Viṣhāda Yōga (Yōga von Arjunas Verzweiflung) ist in der Frage „warum traurig?" enthalten, und die Lehren Kṛiṣhṇas, in den folgenden siebzehn Kapiteln, sind in den beiden Worten „nicht nötig" in komprimierter Form enthalten.

Mögen wir Ammas Worten mit der festen Überzeugung Ehrerbietung erweisen: „Ich höre auf die Weisheit, die seit Urzeiten herabgestiegen ist. Ich höre auf die innewohnende Kraft in den Herzen aller – die uns die Hand reicht und uns in ihr Reich, zu unserer wahren Natur, erhebt."

***

Zum Abschluss möchte ich noch erzählen, wie meine Eltern Amma zum ersten Mal begegnet sind: Im Sommer 2010 war mein Vater an den Rollstuhl gefesselt. Ich berührte seine Hand, sie war knochig und zerbrechlich geworden. Mein Herz schmerzte, immer noch das kleine Mädchen, das zu ihrem unbesiegbaren Vater aufblickte. Später in diesem Jahr war mein Vater größtenteils bettlägerig. Er wollte keine häusliche Pflege oder Krankenschwestern, also musste meine Mutter alles Nötige für ihn tun. Etwas regte sich in mir. Ich sah, dass die Zeit knapp wurde. Meine Mutter trauerte noch immer um ihre Mutter. Obwohl eine Wiedervereinigung nicht möglich war, wusste ich, dass Ammas Arme sie trösten konnten. Nach allem, was sie beide für unsere Familie durchgemacht und geopfert hatten, wollte ich so sehr, dass sie Amma kennenlernten. Das deutsche Programm fand in München statt, und meine Eltern wohnten zehn Stunden nördlich davon. Aber ich war fest entschlossen, die Reise zu ermöglichen, meine Eltern abzuholen und sie zu Amma zu bringen. Als ich ankam, sagte meine Mutter: „Wir können nicht fahren. Es geht ihm gerade wirklich schlecht." Ich bat sie: „Bitte, bitte, lass es uns wenigstens versuchen."

In der arabischen Tradition bringt man jemandem, den man besonders schätzt, etwas Besonderes mit. Meine Mutter fragte sich, was ein angemessenes Geschenk wäre. Ich sagte zu ihr: „Wenn du deine Mutter besuchst – was nimmst du für sie mit?"

Während der Fahrt fragte mein Vater alle dreißig Minuten: „Wohin fahren wir?" Ich antwortete wiederholt: „Wir fahren nach München, um eine indische Frau zu treffen", gefolgt vom Verweis auf eine von Ammas vielen humanitären Initiativen. Mein Vater antwortete: „Na und? Es gibt auch im Libanon sehr gute Menschen, die so etwas tun, was ist so besonders an ihr?" Für etwa sieben Stunden wiederholte sich das alle halbe Stunde, bis ich schließlich sagte: „Wir fahren nach München, um diese indische Frau zu treffen und sie ist etwas ganz Besonderes für mich." In diesem Moment sagte er: „Okay", und es gab keine weiteren Fragen mehr.

Als wir zum Darśhan gingen, schenkte meine Mutter Amma eines ihrer wertvollsten Besitztümer, einen Koran (das heilige Buch des Islam) und eine Misbaha – einen muslimischen Rosenkranz, den sie von einer Pilgerreise nach Mekka mitgebracht hatte. Amma küsste die Geschenke wieder und wieder und umarmte meine Mutter lange und innig. Ich fühlte mich so erleichtert. Nach all den Jahren erhielt meine Mutter endlich die mütterliche, liebevolle Umarmung, nach der sie sich so sehr gesehnt hatte. Damit war alles vollendet: der Kampf, der Schmerz, die Reue. Für mich bedeutete es, dass sie endlich einmal völligen Frieden, Entspannung und Geborgenheit erfahren konnte.

Ich bin mir nicht sicher, ob mein Vater verstand, was vor sich ging. Er hat Amma nicht einmal wirklich angesehen. Er bekam einen Apfel und ein Bonbon als Prasād von Amma. Sie war so lieb zu ihm. Endlich konnte ich meinen Eltern etwas zurückgeben, was mir am wertvollsten war – ein Geschenk, das über das hinausging, was ich als Tochter ihnen hätte jemals geben kann. Am Ende des Morgenprogramms standen die Menschen rechts und links am Weg, den Amma entlangging, um die Halle zu verlassen. Da mein Vater im Rollstuhl saß, wurde er in die erste Reihe geschoben, meine Mutter daneben und ich stand hinter ihnen.

Amma kam den Gang entlang. Als sie meine Eltern sah, wandte sie sich ihnen zu und blieb direkt vor uns stehen. Amma gab meiner Familie einen unerwarteten Darśhan, und als sie das tat, war ein Fotograf da und machte ein Foto von ihrem Darśhan. Das Gesicht meines Vaters hellte sich auf, und ich hatte das Gefühl, dass er in diesem Moment verstand, an Amma so besonders ist.

Als wir das Programm verließen, fragte er meine Mutter: „Ist sie eine Art Heilige?"

Zweieinhalb Monate später verstarb mein Vater. Als ich mich von meinem Vater verabschiedete, sah er so schön aus wie nie zuvor. Er strahlte völlige Ruhe aus, ohne Falten auf der Stirn oder harte Gesichtszüge. Nach einer langen Reise, die in völliger Dunkelheit begonnen hatte, war er nun voller Licht. Meine Mutter bewahrt das Foto von meinem Vater und ihr mit Amma in ihrem geliebten Koran auf.

Mein Gebet ist, dass Eltern und Kinder einander nie aufgeben – und dass sie immer an den Tag glauben, an dem sich alles durch unsere aufrichtigen Bemühungen, unsere Gebete und durch göttliche Gnade zum Besseren wendet. Wenn in uns Schmerz oder Ärger gegenüber unseren Eltern aufkommt, dann lasst uns daran denken: Auch sie hatten ein Leben – mit Erfahrungen, die sie tief geprägt haben – lange bevor sie unsere Mutter und unser Vater wurden.

Lasst uns nicht vergessen, wie viel unsere Eltern opfern mussten, um uns großzuziehen. Mögen Eltern ihren Kindern die Zeit und den Raum geben, den sie brauchen, um zu heilen und zu verstehen – und dabei mit ihnen in Verbindung bleiben.

Für mich als Tochter begann der Weg der Heilung mit Vergebung – geboren aus Liebe und Verständnis, inspiriert von Ammas Lehren und ihrem Vorbild.

Was meine Mutter und meinen Vater betrifft, so bete ich, dass Ammas Umarmung tief in ihren Herzen verankert bleibt. Solange diese Umarmung da ist, kann keine Dunkelheit ihr Licht vertreiben.

Ich bete, dass die Liebe und das Mitgefühl, die sich in mir durch die gemeinsame Reise meiner Familie entwickelt haben, wachsen und sich ausbreiten mögen. Dafür bitte ich Amma demütig, dieses Kind von dir in eine deiner wunderschönen weißen Blumen der Liebe und des Friedens zu verwandeln.

Satsang 7
Die Lebensreise mit Amma

Anita Sreekumar – Indien

Als Amma ihre Haushälterkinder bat, ihre Erfahrungen mit den anderen Devotees zu teilen, nahm ich diese Aufgabe schließlich nach monatelangem Zögern an – und zwar aus zwei Gründen:

Erstens ist es meine Pflicht, Amma als meinem Guru zu gehorchen. Amma, du hast oft gesagt, dass du nach Wegen suchst, uns, die wir deine Kinder sind, deine Gnade zu schenken. Deine Liebe zu uns bewegt dich dazu, uns einfache, machbare Praktiken zu geben, wie Reiswasser zum Essen zu trinken, morgens spazieren zu gehen, Satsangs zu geben, Sādhanā zu machen usw. Diese Handlungen zusammen mit deiner Gnade auszuführen, hilft uns, unserem letztendlichen Ziel näherzukommen. Ich verneige mich in Dankbarkeit vor solch bedingungsloser Liebe.

Zweitens möchte ich auch meine Dankbarkeit all jenen gegenüber ausdrücken, die ihr Wissen und ihre Erfahrungen mit mir geteilt haben und von denen ich viel lernen durfte. Im Vergleich zu euch allen bin ich in keiner Weise qualifiziert, über die Schriften oder über Amma zu sprechen. Ich werde stattdessen einige Erfahrungen und Lektionen teilen, die ich von Amma und als Haushälterin im Āśhram gelernt habe.

Amma sagt: „Eltern sind die ersten Gurus. Kinder drücken das aus, was ihnen beigebracht wurde und was sie beim Aufwachsen erlebten. Jedes Wort, das du sprichst, jede Tat, die du vollbringst, hinterlässt einen tiefen Eindruck im Mind des Kindes und dringt in sein Herz ein, weil das die ersten Dinge sind, die es sieht und hört."

Als ich ein Kind war, balancierten meine Eltern Arbeit und Zuhause wunderbar aus. Meine Mutter hatte nicht nur einen Job außerhalb, sondern war auch eine gläubige Frau, die spirituelle Übungen machte und den Haushalt sorgfältig führte. Mein Vater hatte eine Hausbibliothek mit Biografien und Lehren verschiedener Meister. Ich liebte das Lesen und verschlang diese Bücher mit großem Interesse. Als Teenager führten mich die Eindrücke aus diesen Büchern zu tiefen Gesprächen mit meinem Vater. Ich fragte ihn: „Wer ist Gott?" „Was ist Gott?"

Obwohl einige meiner Verwandten schon lange Ammas Devotees waren, begegnete ich ihr selbst erst, als mein Onkel mir zu meiner Hochzeit ihre Biografie schenkte.

Alles geschieht zur richtigen Zeit und am richtigen Ort. Jeden Morgen las ich ein paar Seiten daraus, nachdem mein Mann zur Arbeit gegangen war – bis etwa eine Stunde vor seiner Rückkehr zum Mittagessen. Das Buch war so fesselnd, dass es mir schwerfiel, mich davon loszureißen.

Jeden Abend, wenn mein Mann von der Arbeit heimkam, erzählte ich ihm, was ich an diesem Tag gelesen hatte, damit auch er Amma und ihre Lehren kennenlernen konnte.

Eines Tages entdeckte ich beim Öffnen des Briefkastens einen Flyer, der Ammas Besuch in Washington, D.C. im folgenden Sommer ankündigte.

Ich war überrascht, so etwas zu erhalten, denn in unserer Nachbarschaft gab es keine Amma-Devotees und mein Mann hatte bis dahin auch keine Beziehung zu ihr. Wie konnten unsere Namen auf der Mailingliste gelandet sein? Der Flyer war eindeutig an uns adressiert. Wer hatte ihn geschickt? Wir fanden es nie heraus, aber heute wissen wir, wer es gewesen sein muss.

Amma hatte das tiefe Verlangen, die Sehnsucht und das Sehnen meines Herzens gespürt, sie zu treffen. Sie antwortete, indem sie uns den Flyer schickte und zu sich rief. Es heißt ja: Wenn der Schüler bereit ist, erscheint der Lehrer.

***

Wir besuchten das Programm in Washington, D.C. und trafen Amma dort zum ersten Mal persönlich. Die Swamis, die Amma begleiteten, wirkten mit einer Aura der Gelassenheit um sie so ruhig und gesammelt.

Als ich Amma begegnete, fühlte ich mich, als würde ich ein Familienmitglied besuchen. Amma hat gesagt, dass wir in all unseren früheren Leben bei ihr waren. Sie erinnert sich daran, wir jedoch nicht.

Das erinnert mich an das, was Kṛiṣhṇa (die göttliche Inkarnation) seinem Devotee Arjuna in Kapitel 4, Vers 5 der Bhagavad Gītā sagte:

> *bahūni me vyatītāni janmāni tava chārjuna tānyahaṁ vēda sarvāṇi na tvaṁ vēttha parantapa*
>
> „„Viele Leben habe ich hinter mir und du auch, Arjuna. Ich kenne sie alle, doch du kennst sie nicht, Bezwinger der Feinde.“

Was mich am meisten an Amma anzog, war ihre liebevolle, mütterliche Umarmung. Als ich jünger war, besuchten wir einige Mahatmas (große Seelen), aber wir durften sie nie berühren. Traditionell sieht man einen Meister nur, man berührt ihn nicht. Ich sehnte mich jedoch danach, sie zu berühren, denn sie waren verwirklichte Seelen und sie zu berühren, bedeutete, Gott zu berühren.

Dieser Wunsch erfüllte sich in Ammas Darśhan . Ich durfte sie nicht nur berühren, sondern bekam Umarmungen, Küsse, Lächeln, ein Anschmiegen an die Wange, süße Worte ins Ohr geflüstert und auch Prasād. Tatsächlich ist es so: Wenn Gott gibt, gibt sie reichlich!

Etwas veränderte sich in uns, nachdem wir Amma getroffen hatten. Wir dachten unaufhörlich an sie und entwickelten eine Abneigung gegen weltliche Vergnügungen. Wir entsagten unseren sozialen Kontakten, suchten den Kontakt zu Satsang-Gruppen und nahmen an wöchentlichen Bhajan-Treffen teil, die zu unserem Lebensinhalt wurden. Zeit mit Ammas Devotees zu verbringen, war nun viel erfüllender und bedeutsamer als weltliche Beziehungen.

Zuhause schauten wir nur Ammas Videos und hörten den ganzen Tag ihre Bhajans. Wir waren verrückt vor Liebe zu ihr! Sie wurde unser Ziel und einziger Lebenssinn.

Bei ihrem nächsten Besuch gingen wir zum Darśhan und teilten Amma mit, dass wir nicht mehr ohne sie leben könnten. Mit großer Freundlichkeit und Gnade sagte sie, wir könnten nach ihrer Sommertour in den Āśhram ziehen. So kamen wir mit unserer sechsjährigen Tochter und unserem zwei Monate alten Sohn zum ersten Mal in den Āśhram in Amritapuri.

Vor dem Umzug fragten sich manche Leute, ob wir uns diese Entscheidung, mit zwei kleinen Kindern in diese ungewohnte, neue Umgebung zu ziehen, gut überlegt hätten.

Doch mit Ammas schützender Hand über uns war der Übergang überhaupt nicht schwer. Sie gestaltete alles leicht für uns. Wir wussten: Wir waren genau dort, wo wir hingehörten. Amma sagt: „Auf dem Weg zum Ziel werden wir vielen Hindernissen begegnen. Wir sollten nicht auf Worte hören, die uns von dem Weg abbringen, der uns ans Ziel führt."

Ich erinnere mich an eine Geschichte, die Amma erzählt, um diesen Punkt zu verdeutlichen: Eine Herde Ziegen sah saftige grüne Weiden auf einem hohen, steilen Berg. Alle wollten das

Gras fressen, hatten aber Angst vor dem Aufstieg. Unter ihnen war ein kleines Zicklein, das allein zu klettern begann.

Alle außer seiner Mutter verspotteten und warnten es. Das Zicklein aber hörte nicht auf sie und kletterte weiter, während die Mutter für seine Sicherheit betete. Schließlich erreichte es die Bergspitze und genoss das frische Gras. Die anderen staunten und fragten die Mutter: „Wie konnte dein Kind unsere Warnungen ignorieren und das tun, was wir uns nicht trauten?" Die Mutter antwortete: „Mein Kleines ist taub."

Die Moral der Geschichte ist, dass wir lernen sollten, uns auf unser Ziel zu konzentrieren und uns allem entmutigendem Gerede gegenüber taub zu stellen. Amma sagt: „Seid standhaft in eurer Hingabe an den spirituellen Weg."

Wir haben nie bereut, das wir nach Amritapuri gezogen sind. Die Kinder haben sich mühelos für Amma und ihre persönliche Führung in allen Angelegenheiten geöffnet.

Diese Begegnungen sind seltene Segnungen und wertvolle Erfahrungen. Unsere ersten Tage hier wurden uns durch die Hilfe und Unterstützung der Āśhram-Bewohner leicht gemacht, und wir sind für ihre Selbstlosigkeit für immer dankbar.

***

Amma legt Wert darauf, spirituelle Werte im Leben zu priorisieren und sagt: „Wenn wir moralischen Werten nicht den Platz geben, der ihnen zusteht, verfällt unser Leben wie ein von Termiten zerfressener Holzklotz. Uns wird der Mut fehlen, den Problemen des Lebens gegenüberzutreten."

Deshalb hielten die Ṛiṣhis der Antike das Dharma Bodham, das Bewusstsein für rechtes Handeln, für überaus wichtig. In diesem Bewusstsein sollten wir verankert sein, damit all unsere sozialen Beziehungen sowohl anderen als auch uns selbst nützen. Dieses Prinzip spiegelt sich in den Amrita-Vidyalayam-Schulen wider, die Amma gegründet hat. In diesen Schulen werden auf einzigartige Weise moderne Bildung und kulturelle sowie spirituelle Werte miteinander verbunden.

Ammas Rat an Haushälter ist, dass das Familienleben uns Gott näherbringen und uns nicht von ihm entfernen sollte.

Amma sagt: „Sie müssen mitten im Feuer stehen, ohne dabei zu verbrennen, das ist das Leben eines Haushälters. Ohne Schuhe müssen sie über Dornen gehen, ohne sich zu verletzen. Schuhe stehen hier für die Freiheit von weltlichen Bindungen. Haushälter haben diese Freiheit nicht. Es ist etwas Großartiges inmitten allem familiärem Prarabdha (den Wirkungen vergangener Taten) nach Gott zu rufen."

Sie weist auch darauf hin, dass uns Sorgen um die Familie unser Glück rauben und wir im Leben voranschreiten sollten, indem wir alles als Gottes Willen anerkennen. Familienleben ist geschäftig und vereinnahmend.

Wo immer wir leben, den Verpflichtungen gegenüber Ehepartner, Kindern oder Schwiegereltern, wenn wir unter einem Dach mit ihnen leben, können wir nicht entkommen. Für mich dreht sich das Leben im Wesentlichen um die Kinder: sie zu versorgen, an ihrer Erziehung zu wirken, Schule, außerschulische Aktivitäten, Hausaufgaben, schlaflose Nächte, wenn sie krank sind und so weiter. Ich bin sicher, dass diese Erfahrungen vielen Haushältern hier vertraut sind, die denselben Weg gehen.

Wir konnten nicht beim Läuten der Programmglocke aufspringen und losrennen wie viele andere Āśhram-Bewohner, nicht an Meditationen teilnehmen oder Amma sehen. Auch an vielen anderen spirituellen Aktivitäten konnten wir nicht teilnehmen.

Doch Ammas Worte, alles als Gottes Willen anzusehen, haben uns geholfen, unsere Rolle in diesem Leben zu akzeptieren. Wir finden Trost darin, dass alles unter ihrer Kontrolle steht.

Der Vorteil, Kinder in einer spirituellen Atmosphäre zu erziehen, liegt laut Amma in den Werten, die sie aufnehmen. Diese Werte helfen ihnen, schon in sehr jungen Jahren eine Kultur des Herzens zu entwickeln. Amma betont besonders die Wichtigkeit, spirituelle Werte in Kinder zu pflanzen, damit sie zu gesunden Erwachsenen mit Selbstbeherrschung und Mitgefühl heranwachsen, die dafür nötig sind, anderen stets Liebe und Respekt entgegen zu bringen.

Amma benutzt manchmal das Bild einer umgetopften Pflanze, an deren Wurzeln noch die Erde der alten Umgebung haftet. So ist es auch mit spirituell erzogenen Kindern: Wohin sie auch gehen, sie nehmen immer etwas von diesen spirituellen Werten mit sich. Diese Werte helfen auch uns Erwachsenen, unseren Lebensstil zu überdenken, Prioritäten zu ordnen und auf die richtige Art richtig zu leben.

Amma arbeitet ständig an uns, schafft Situationen, die unsere Unreinheiten herausschleifen (so schmerzhaft das auch sein mag), um unser wahres Wesen zum Vorschein zu bringen. Ich erinnere mich an Zeiten, in denen Ammas Blick oder die Begegnung mit ihr mich in einen Zustand tiefster Glückseligkeit versetzte. Dann gab es auch Momente, in denen ich direkt vor Amma stand und doch das Gefühl hatte, sie sieht mich gar nicht. Dies ist eine häufige Beschwerde ihrer Kinder. Diesbezüglich hat Amma uns geraten, sich an den 283. Namen aus dem Lalitā Sahasranāma zu erinnern:

ōm sahasrākṣhyai namaḥ

„Ich verneige mich vor ihr, die tausend Augen hat."

Amma sagt: „Meine Kinder sollten versuchen, Amma in ihrem Inneren zu sehen. Amma ist nicht auf diesen physischen Körper begrenzt." Sie sagt auch, dass ein schneller Weg, das Körperbewusstsein zu überwinden, darin besteht, sich an die Worte des

Gurus zu erinnern, an ihre Handlungen, ihr Gesicht, ihr Lächeln, den Blick, mit dem sie uns angesehen hat und vieles mehr.

So lehrt Amma mich weiterhin, über Vorlieben und Abneigungen hinauszuwachsen und alle Situationen mit Prasāda Buddhi zu akzeptieren, d. h., mit der inneren Haltung, dass alles ein Geschenk des Göttlichen ist. Manchmal arbeitet Amma an meinem Ego in völlig unerwarteten Situationen, etwa wenn ich in der Essensschlange stehe und sich jemand einfach vordrängt. Ich spüre dann, wie ich ärgerlich über solch unfaires Verhalten werde.

Doch mit bewusster Mühe gelingt es mir, mich in Geduld zu üben, um meinen inneren Frieden nicht zu verlieren. Ich versuche weiterhin, mich an Ammas Worte zu erinnern: Dass es an uns liegt, ob wir glücklich oder traurig sind, heiter oder gereizt, ruhig oder aufgewühlt.

Durch viele solcher Momente führt uns Amma als Guru durch einen inneren Reinigungsprozess. Es dauert nicht lange, bis sie uns zu fassen kriegt und uns ordentlich durchschrubbt!

***

In all den Jahren, die wir hier leben durften, haben wir wahre Schätze entdeckt, die allen zugänglich sind. Dazu gehören ein Leben im Sinne der Gurukula[15] zu führen, die Gītā-Klasse, der Unterricht in den Schriften, Vēdischer Gesang, Tanz- und Musikunterricht, Sanskrit-Unterricht, Bhajans, Meditation, verschiedene Sēvās, ein Englischkurs für Haushälter und das Geben von Satsangs.

Das Schönste aber ist, dass wir miterleben dürfen, wie die Inkarnation der Göttin Saraswatī selbst über all diese

[15] Wörtlich: der Clan (kula) des Lehrers (Guru); traditionelle Schule, in der die Schüler während ihrer gesamten Zeit des Studium der Schriften beim Guru wohnten.

Aktivitäten wacht. Während der Bhajans schenkt uns Amma praktische Lektionen in Musik und nährt zugleich unsere Seele mit tiefem Wissen aus den Schriften, ein einzigartiges Līlā, für das es keinen Ersatz gibt!

Wenn Amma über die Bedeutung des Gurukula-Systems sprach, sagte sie: „Moderne Bildung, die menschliche Werte ignoriert und eine Entwicklung, die die Umwelt vernachlässigt, stellt eine Bedrohung für die Gesellschaft dar. Früher gab es das Gurukula-System der Erziehung, in dem die Kinder lernten, Ältere, Lehrer und Eltern zu respektieren. Doch das heutige Bildungssystem vernachlässigt all diese sozialen Werte, was zu einer entarteten Gesellschaft führen wird."

Auch der Dalai Lama sprach über die dringende Notwendigkeit, das heutige Bildungssystem grundlegend zu verändern: „Es sollten ernsthafte Gespräche darüber beginnen, wie die alten indischen Traditionen in das Bildungssystem integriert werden können. Indien hat die Fähigkeit, moderne Bildung mit seinen uralten Traditionen zu verbinden und damit einen Beitrag zur Lösung der Probleme in der Welt zu leisten."

Wir alle sind Zeugen der Wahrheit dieser Aussage, wenn wir uns die von Amma gegründeten Schulen und Universitäten näher betrachten. Eine Verbindung aus technologischer Innovation und traditionellen Lernmethoden bildet dort das Fundament. Sie sind wie eine Wiederauferstehung der Universitäten von Nālanda und Takṣhaśilā des antiken Indiens, bloß dass sie jetzt Amrita Vishwa Vidyapeetham heißen. Sie sind Ammas Geschenk an die moderne Welt.

Amma sagt, dass es zwei Arten von Bildung gibt: Bildung für das Leben und Bildung für den Lebensunterhalt Amma vereint beides, indem sie Experten aus allen Bereichen hervorbringt, die die Fähigkeit, die mentale Stärke und das Herz haben, diese Welt zu verbessern.

Menschen mit ihrem jungen Mind und Achtsamkeit und moralischen Werten vertraut zu machen, stärkt ihren Charakter und gibt ihnen die innere Kraft und das Vertrauen, den Herausforderungen des Lebens standzuhalten – statt an Stress, Depressionen oder gar Selbstmordgedanken zu zerbrechen.

Solche Kinder sind unsere Hoffnung für die Zukunft und die Welt wird zu ihnen aufblicken, um vor der sengenden Hitze einer Gesellschaft, deren menschliche Werte und spirituelle Prinzipien abhandengekommen sind, Schutz zu finden. Ich fange an zu zittern, wenn ich daran denke, wie unser aller Schicksal wohl aussähe, wenn es Amma nicht gäbe.

Als man Amma nach dem Ursprung der Veden fragte, antwortete sie: „Es ist unmöglich zu sagen, wann genau die vedische Kultur begann. Sie ist Anādi (ohne Anfang). Die Veden waren schon da, noch bevor die Menschheit existierte. Aber dennoch hat Indien die vedische Kultur in die Welt gebracht." Wir sind so gesegnet, Zugang zu diesem uralten Schatz des Sanātana Dharma zu haben, der direkt durch Ammas Lehren und in den hier (im Āśhram) abgehaltenen Schriftenklassen übermittelt wird.

Über Sanskrit sagt Amma: „Wenn man wirkliches Interesse hat, sollte man Sanskrit lernen, denn sonst ist es nicht leicht, den wahren Sinn von Vedanta[16] zu verstehen. Um die Gītā und die Upanishaden zu studieren, ist es sehr hilfreich, Sanskrit zu verstehen."

Im Lalitā Sahasranāma wird Devi im Namen 992 so beschrieben:

ōm avyāja karuṇā mūrtayē namaḥ

---

[16] „Das Ende der Veden." Dies bezieht sich auf die Upaniṣhaden, die sich mit Brahman, der höchsten Wahrheit, und dem Weg zur Verwirklichung dieser Wahrheit befassen.

„Ich verneige mich vor ihr, die Verkörperung reinen Mitgefühls."

Das erinnert mich an ein Erlebnis, bei dem Ammas grenzenloses Mitgefühl einem Wunder gleichkam. Eines Tages spielte mein Sohn draußen, während Amma Darśhan gab. Er war noch klein und liebte das Fahrradfahren. Er hatte ein Vāsanā (Neigung) zum Schnellfahren, was Amma wusste, wir aber nicht. Auf ihren Rat hin kauften wir ihm kein Fahrrad, obwohl er eins haben wollte. An diesem Abend lieh er sich das Fahrrad eines Freundes.

Als ich im Speisesaal auf ihn wartete, kam eine Studentin mit ihm auf dem Arm und sagte, er sei gestürzt. Als sie ihn zu mir drehte, sah ich Blut aus seinem Hinterkopf tropfen. Ich hielt die Wunde mit einer Hand zu, nahm ihn auf meinen Arm und rannte mit ihm durch die Menge zum Krankenhaus. Ich erklärte der Schwester den Unfall und sagte auch, dass ich die Details nicht genau kannte.

Sie nahmen ihn sofort auf, nähten die Wunde und verbanden seinen Kopf. Sie sagten, der Schnitt sei tief und nah am Schädelknochen.

Wir fragten ihn, was passiert war. Er sagte, er sei sehr schnell in Richtung Speisesaal gefahren, um zu mir zu kommen, als er eine ältere Frau vor sich sah. Um einen Zusammenstoß zu vermeiden, bremste er scharf, wodurch die Reifen blockierten und er gegen eine Betonbank geschleudert wurde.

Das Krankenhauspersonal riet uns, ihn zu Amma zu bringen und ihr von dem Unfall zu erzählen. Amma nahm ihn in den Arm und sagte: „Kripā rakshichu" („die Gnade hat ihn gerettet.") Diese schlichten Worte machten mir klar, dass Amma ihn bereits beschützt und vor Schlimmerem bewahrt hatte, noch bevor sie überhaupt von dem Unfall informiert wurde.

Es zeigte mir auch, wie wachsam ihr Blick immer auf uns ruht und dass wir stets unter ihrem Schutz und in ihrer rettenden

Gnade stehen. Dieser großen Mutter, vor deren Willenskraft selbst das Schicksal sich verneigt, widme ich meine tiefste Dankbarkeit.

Amma war in jeder Hinsicht eine Mutter für die Kinder, die sie mir anvertraut hat, und ich selbst sehe mich nur als Pflegemutter, die ihre Pflicht erfüllt, sie zu erziehen. Ammas mütterliche Liebe und ihr Mitgefühl kennen keine Grenzen. Wie ein Fluss, der stetig fließt, spendet ihr kühlender Strom Linderung für jeden, der bereit ist, darin einzutauchen, um Trost von seinem Leid zu finden.

Als man Amma nach den besonderen Merkmalen des Hinduismus fragte, antwortete sie: „Die Göttlichkeit ruht im Verborgenen in jedem Menschen. Der Schöpfer manifestiert sich als Schöpfung. Diese nicht-duale Wahrheit zu erkennen, ist das höchste Ziel im Leben. Die hinduistische Religion wird Sanātana Dharma[17], das ewige Prinzip, genannt, weil sie zu jedem Land und in jede Zeit passt.

Diese Kultur ist die Summe der Erfahrungen vieler Ṛiṣhis, die in verschiedenen Zeitaltern lebten und die höchste Wahrheit direkt erfuhren. Sie ist eine allumfassende Lebensphilosophie. Im Sanātana Dharma gibt es keine ewige Hölle. Es heißt, dass man, egal wie schwer man gesündigt hat, sich durch gute Gedanken und Taten reinigen und schließlich Gott verwirklichen kann. Jede Sünde kann durch aufrichtige Reue abgewaschen werden.

Wir mögen viele Fehler begehen, während wir durchs Leben voranschreiten. Aber Ammas Kinder sollten deshalb nicht verunsichert sein. Fehler zu begehen ist natürlich, aber wir müssen uns bemühen, diese nicht zu wiederholen. Wenn du fällst, denke daran, dass du gefallen bist, um wieder aufzustehen.“

[17] Das „ewige Gesetz oder Prinzip“. Der ursprüngliche Name des Hinduismus.

Amma, durch Unwissenheit habe ich viele Fehler gemacht. Ich weiß, ich bin öfter gestolpert, als ich wieder aufgestanden bin. Unter all den verrosteten Metallstücken, die du zu Gold machen beabsichtigst, fühle ich mich als das am meisten verrostete, aber bitte gib mich nicht auf.

Amma, du hast gesagt: „Wisset, dass Mutter immer bei euch ist. Meine Kinder, ihr braucht keine Angst zu haben. Wenn ihr Mutter mit Unschuld und Glauben ruft, ist sie immer bereit, euch zu helfen."

Ich habe meine Hand in die deine gelegt, denn ich brauche deine Hilfe, um das Ziel zu erreichen. Dein unendliches Mitgefühl und deine grenzenlose Geduld sind meine einzige Hoffnung, deine Lotusfüße zu erreichen, in denen ich mich für immer auflösen möchte.

Ich bete, dass du jedes Mal, wenn wir straucheln und fallen, unsere Hände festhältst, uns aufrichtest und in dich aufnimmst. Ich bringe meine Worte und Gebete als eine Girlande des Dankes Deinen Lotusfüßen dar.

Satsang 8

Gurus Sandalen

Sadānand - USA

Der erste Vers des Guru Pādukā Stōtrams (Hymne an die Sandalen des Gurus) lautet:

> *ananta saṁsāra samudratāra*
> *naukāyitābhyāṁ gurubhaktidābhyām*
> *vairāgya sāmrājyada pūjanābhyām*
> *namō namaḥ śhrī gurupādukābhyām*
>
> „Ich verneige mich vor den heiligen Sandalen des Gurus, die als Boot dienen, um diesen endlosen Ozean des Saṁsāras zu überqueren, die einen mit Hingabe an den Guru erfüllen und die einen durch Verehrung mit Vairāgya - Entsagung - segnen."

Auf Ammas internationalen Touren, während des Dēvī Bhāva[18] Darśhans, bin ich manchmal spät in der Nacht mit Fragen zu Amma gegangen. Jetzt, während des Lockdowns, ist es Amma, die den Āśhram-Bewohnern die Fragen stellt. Die Āśhram-Bewohner heben nach den Bhajans ihre Hand und Amma ruft ein paar Personen auf. Am Anfang habe ich nicht daran teilgenommen.

Eines Tages wurden die westlichen Devotees zum Darśhan gerufen und ich ging hin, jedoch ohne ein bestimmtes Ziel. Nach dem Darśhan sprach Amma zu mir. Sie sagte: „Du solltest nach den Bhajans sprechen.“ Bevor ich widersprechen konnte,

[18] „Die göttliche Stimmung von Dēvī“ - ein Moment, in dem Amma ihr Eins-Sein mit der Göttlichen Mutter offenbart.

fügte Amma hinzu: „Es wäre gut für dich, über die Fragen nachzusinnen."

Ein paar Abende später hob ich während einer Frage-und-Antwort-Runde meine Hand. Amma rief mich auf, um ihre Frage zu beantworten. Meine Beine zitterten die ganze Zeit, für drei lange Minuten. Amma nahm sich meiner Angst an, verwandelte etwas, das für mich überwältigend war – einen dreißigminütigen Vortrag – in kleine Schritte, die mich dorthin führten. Spiritualität mit einem perfekten Meister ist genauso, Schritt für Schritt. Wir wissen vielleicht nicht, wohin wir gehen, aber der Guru weiß es.

Kürzlich, an Guru Pūrṇimā[19], sagte Amma, dass die spirituelle Präsenz des Gurus wichtiger ist als seine physische Form. Schauen wir uns an, wie uns die subtile Präsenz des Gurus leitet. Diese Führung begann schon, bevor ich Amma traf.

Als Kind liebte ich Fantasy-Geschichten. Eine meiner Lieblingsgeschichten war Star Wars. Die Hauptfigur ist Luke: ein junger Mann, der ein normales Leben führt, aber das Schicksal führt ihn zu einem Jedi-Meister, der Guru-Figur Yoda. Luke trainiert, um die Wege der „Macht" zu erlernen, der subtilen Kraft, die durch das Universum fließt. Yoda, diese alte, kleine, weise Guru-Figur, lehrt Luke: „Mein Verbündeter ist die Macht ... Ihre Energie umgibt und verbindet uns. Wir sind leuchtende Wesen, nicht diese grobe Materie. Du musst die Macht um dich herum spüren ... überall."

Viele Menschen stehen Spiritualität skeptisch gegenüber. Auch ich tat das. Gegen Mitte meiner Highschool-Zeit wurde ich Atheist. Ich wollte, dass Gott real ist, hatte aber keine Beweise dafür. Die heiligen Schriften und göttlichen Inkarnationen betrachtete ich als Mythen, um dem Leben einen Sinn zu geben,

[19] Der Tag des Vollmonds („Pūrṇimā") im hinduistischen Monat Aśhādha (Juni – Juli), an dem die Schüler ihren Guru ehren.

bevor die moderne Wissenschaft die Dinge erklären konnte. Spät in der Nacht dachte ich: „Eines Tages werde ich sterben und aufhören zu existieren." Der Gedanke, nicht mehr zu existieren, erfüllte mich mit schrecklicher Angst. Während dieser Zeit sah ich mir immer wieder Star Wars an. Ich wünschte mir, das Leben wäre eine Fantasie. Doch stattdessen schrieb ich mich an der University of Michigan ein. Das war eine der nächsten Phasen eines normalen Lebens.

Ich begann mit holistischen Therapien, um meine Ängste zu lindern. Eines Tages, während einer Mind-Body-Healing-Sitzung, fühlte ich mich sehr friedlich und plötzlich stieg Freude in mir auf, wunderschöne Farben blitzten vor meinen Augen. Lachen erfüllte mich. Es fühlte sich so wunderbar an. So etwas hatte ich noch nie zuvor erlebt, diese unbeschreiblichen Gefühle der Freude. Das brachte mich zum Nachdenken: „Was ist der Höhepunkt der Freude? Wie könnte ich das wieder erleben?" Obwohl ich mir nicht sicher war, ob Gott existierte, erinnerte ich mich daran, dass ich etwas über Glückseligkeit gelesen hatte. Diesen Weg zur Glückseligkeit musste ich finden. Ein ringendes Bedürfnis nach jemandem, der mich leiten konnte, erwachte in mir. Mit jeder Faser meines Wesens rief ich zum Universum: „Hilf mir! Ich muss einen Jedi-Ritter treffen! Ich muss Yoda treffen!"

Das war die Sprache, die ich benutzte. Ich wusste nicht, was ein Guru ist. In Star Wars ist Yoda der stärkste Jedi im Universum. Einen Mentor wie Yoda wollte ich: weise, bescheiden und unglaublich mächtig, aber auch lustig, unschuldig und unscheinbar. Yoda sprach in einfachem, gebrochenem Englisch mit einer tiefen, rauen Stimme. Mein Ruf wurde erhört. Eine stille Stimme in mir sagte: „In zwei Wochen wirst du denjenigen treffen, den du brauchst. " In den nächsten zwei Wochen muss ich seltsam gewirkt haben. Ich lief mit weit aufgerissenen Augen herum und suchte nach einem Jedi, oder nach Wegen, einen zu finden.

Zwei Wochen später traf ich einen Devotee von Amma und hörte zum ersten Mal ihren Namen. Der Devotee sagte: „Manche Menschen betrachten Amma als eine Inkarnation wie Jesus Christus, Buddha oder Kṛiṣhṇa ." Heute? Gab es wirklich Inkarnationen? Das musste ich selbst herausfinden. Ammas Sommertour 2007 durch die USA hatte gerade begonnen und ich reiste sofort nach San Francisco.

Zwei Tage später lag ich in Ammas Armen im MA Center in Ammas Āśhram in San Ramon, Kalifornien. Die universelle, liebevolle Energie saß vor mir, manifestiert auf Erden. Ich nahm Zuflucht zu Ammas Füßen und erhielt mein Mantra. Das Schicksal führte mich aus einem normalen Leben in die „Legende von Amṛita". Am Anfang habe ich vieles in der indischen Tradition nicht verstanden – zum Beispiel das Essen! Warum musste es nur so scharf sein?

Ich habe mich auch wirklich gefragt: „Warum verehren die Menschen die Füße des Meisters?" Im Namen der Aufgeschlossenheit habe ich mich umgehört. Die Verehrung der Füße war nicht nur bei Amma üblich, sondern Teil der spirituellen Tradition Indiens. Die Gesamtheit des Satgurus (wahren Gurus) ist in seinen Füßen enthalten. Die Füße des Gurus sind die Quelle allen Wissens. Mir wurde gesagt, dass sich das Wissen für diejenigen, die zu Füßen des Meisters sitzen, ganz natürlich entfaltet, so wie Blumen ganz natürlich im Licht der Sonne blühen.

Intellektuelles Wissen kann zwar nützlich sein, aber direkte Erfahrung dringt bis ins Herz vor. Ich erinnere mich an das erste Mal, als ich Ammas Füße sah. Das war im Sommer 2008 bei Ammas Programm in Chicago. Ich saß direkt neben Amma. Und da waren sie – Ammas Füße. Ammas Füße strahlten und ich empfand tiefen Frieden.

Durch die Nähe zu Amma erlebte ich Gefühle der Liebe und des Glücks, die sich in Dankbarkeit und dem Wunsch zu dienen, äußerten. Die Zeit mit Amma verstärkte meine innere Verbindung mit dem Göttlichen. Mit zunehmender Verbindung verloren andere Interessen an Bedeutung wie trockene Blätter im Herbst.

Das Guru Pādukā Stōtram sagt:

> *gurubhaktidābhyām, vairāgya sāmrājyada pūjanābhyām*
>
> „Die Sandalen des Gurus verleihen einem die Hingabe zum Guru, die einem durch Verehrung mit Vairāgya – Entsagung – segnen."

Im August 2009 kam ich zum ersten Mal für einen Monat nach Amritapuri. Ich war einundzwanzig und begab mich an den magischsten Ort der Welt – ein rosa Schloss in einem Kokosnusswald. Es fühlte sich an wie ein Märchen. Ich sprach mit Ammas Fotos, als könnten sie mir antworten und schrieb in mein Tagebuch, als wären die Seiten lebendig und würden mir zuhören.

Nach diesem ersten Besuch schloss ich mein Studium vorzeitig ab und kehrte im Januar 2010 mit einem One-Way-Ticket nach Amritapuri zurück, entschlossen, ein Renunciate zu werden.

***

Ammas Prasād habe ich immer als etwas Besonderes empfunden. Ich habe Vibhūti-Päckchen (heilige Asche), Prasād-Bonbonpapier, meinen ersten Prasād-Apfelkern, den ich in Michigan sorgfältig getrocknet hatte, Dēvī Bhāva-Blütenblätter, Weihwasser, Ammas Zahnstocher aus einer Chai-Bar und eine abgebrochene Nadel aus Ammas Sāri alles sorgfältig aufbewahrt – Kisten und Behälter voller Andenken. All diese Dinge sind von Amma, der Göttlichen Mutter, berührt worden.

Überall auf der Welt und in jeder Tradition gibt es Geschichten darüber, dass Gegenstände, die von Heiligen, Weisen und noch seltener von Inkarnationen berührt, benutzt oder getragen wurden, wundersame Heilkräfte besitzen. Sie verstärken die göttliche Verbindung zur Menschheit. Menschen auf der ganzen Welt wurden mit Ammas Prasād gesegnet, das sie in ihren Häusern aufbewahren. Das Berühren von Ammas Prasād kann dieselben Gefühle vermitteln, die wir mit Ammas Darśhan verbinden. Das erinnert mich an eine besondere Erinnerung:

Im November 2011 war Dēvī Bhāva in Detroit gerade zu Ende gegangen. Ich würde Amma sechs Monate lang nicht sehen, da ich arbeitete, um Geld für meinen Umzug nach Indien zu sparen. Die Tasche meines Sweatshirts war vollgestopft mit Dēvī Bhāva-Blütenblättern und Ammas Prasād: zwei Hershey's-Schokoladenküsse. Ich hatte das große Glück, Amma am Flughafen verabschieden zu können.

Am nächsten Tag wollte ich meine Großmutter in Ohio besuchen. Sie lag im Sterben – sie war die Letzte ihrer großen christlichen libanesischen Familie. Ich hatte Amma nie erzählt, dass sie im Hospiz lag und ihr auch nie ein Foto von ihr gezeigt, da ich Ammas Lehre glaubte, dass Gott sich um alles andere kümmert, wenn man sich auf Spiritualität konzentriert. Als meine Eltern mich abholten, erhielten wir einen dringenden Anruf: „Oma geht es nicht gut. Wartet nicht bis morgen. Kommt sofort." Wir fuhren direkt vom Flughafen nach Ohio, direkt von Dēvī Bhāva.

Ich betrat das Zimmer meiner Großmutter. Sie lächelte sehr friedlich von ihrem Bett aus und sagte: „Oh, du bist gekommen, um dich zu verabschieden. Alle meine Brüder warten auf mich." Sie war so zufrieden und friedlich, sie hatte ihren Tod vollkommen akzeptiert.

Ich tastete nach den duftlosen Nelkenblüten in meiner Tasche und streute sie über ihren Körper. Sie atmete tief ein und sagte: „Ah, die duften so himmlisch." Auch meine Mutter und mein Bruder rochen Ammas Rosenduft. Eine dichte, engelhafte

Präsenz erfüllte die Luft. Es fühlte sich so heilig an, als wäre Amma da. Am nächsten Tag verlor meine Großmutter das Bewusstsein. Eine Woche später starb sie friedlich, umgeben von ihren Lieben.

Während das Leben Menschen oft auseinanderreißt, bringt der Tod sie zusammen. Als alle Verwandten versammelt waren, stand ein Kuchen auf dem Tisch. Ich nahm die Prasād-Schokoladenküsse, die ich aufbewahrt hatte, hackte sie in kleine Stücke und streute sie über den Kuchen.

Wird meine Großfamilie jemals Amma begegnen? Ich weiß es nicht. Aber ich wusste, dass sie Kuchen essen würden. Selbst wenn sie nichts von dem Prasād essen konnten, kümmert sich Gott dennoch um die Generationen, die vor und nach einem spirituell Suchenden kommen. Amma hat mir das bewiesen.

Das Guru Pādukā Stōtram sagt:

> *ananta saṁsāra samudratāra naukāyitābhyām*
>
> „Die heiligen Sandalen des Gurus dienen als Boot, um den endlosen Ozean des Saṁsāra zu überqueren."

Das ist wirklich meine Erfahrung.

Eines Tages in Amritapuri kam ich an dem „Amma Prasād"-Tisch vorbei, auf den Gegenständen angeboten werden, die Amma getragen oder benutzt hat oder die ihr geschenkt wurden. Die Spenden, die dafür gegeben werden, kommen Ammas Wohltätigkeitsorganisationen zugute. Eine Devotee rief mich zu sich.

Sie zeigte mir einen Behälter, der mit dem wertvollsten Schatz der Welt gefüllt war – Ammas Sandalen! Nicht nur ein Paar, sondern über ein Dutzend Paar weiße Sandalen, die Amma geschenkt worden waren und aus Ammas Zimmer stammten. Für einen Moment fühlte ich mich wie in einem Traum – wo bin ich? Wie kann etwas so Seltenes und Wertvolles, die Sandalen der Göttlichen Mutter, so reichlich vorhanden sein?

Ich war in Amritapuri, der Stadt – Puri – der Unsterblichkeit – Amrita. Amritapuri: die Stadt der Unsterblichkeit, das Land der Märchen. Als ich das Paar oben aus dem Behälter nahm, spürte ich einen elektrischen Strom und eine tiefe kühlende Präsenz, die mich an Amma erinnerte. Ich hatte den wertvollsten Gegenstand im Universum erhalten – die Pādukās (Sandalen) des Gurus.

Eines Nachts lag ich im Āśhram im Bett und vermisste Amma. Wir waren zusammen in Amritapuri - physisch war ich nicht weit weg. Aber ich wollte noch näher sein und wünschte mir insgeheim, ich könnte Amma physisch bei mir haben. Ich legte Ammas Sandalen auf meine Brust und schlief so ein, in der Hoffnung, mich Amma in völliger Hingabe zu Füßen zu legen.

In jener Nacht hatte ich einen besonderen Traum: Ich flog mit Amma in einem Flugzeug über das Meer – in drei Länder, an fremde Orte, an denen ich noch nie gewesen war. Ich war mit Amma auf Tour. Als der Darśhan zu Ende war, fing ich Ammas Schuhe, die mir einer der Anwesenden zuwarf. Ich wachte mit einem Gefühl großer Ruhe auf, als wäre ich bei Amma und hätte ihren Darśhan empfangen.

Einige Monate später war ich auf Ammas Frühjahrstour und reiste zum ersten Mal nach Malaysien, Singapur und Australien. Ich durfte sogar mit Amma fliegen. Beim ersten Programm, kam Prana, eine von Ammas Darśhan -Begleiterinnen auf mich zu und sagte: „Ich muss mit dir über Ammas Schuhe sprechen." Ich bekam eine Gänsehaut.

Sie fuhr fort: „Nachdem Amma den Darśhan beendet hat, hilft ihr ein örtlicher Devotee, ihre Schuhe anzuziehen, bevor sie den Saal verlässt. Wir brauchen jemanden, der Ammas Schuhe zum örtlichen Devotee bringt."

Ich war so überrascht – alles war genau wie in meinem Traum mit Amma. Meine Gebete in Amritapuri waren erhört: Ich durfte Amma persönlich betreuen und in ihrer Nähe sein, als sie den Saal verließ – ein Höhepunkt des Programms. Wenn Amma zum Ausgang geht, bleibt sie stehen und schenkt ihren Kindern, die den Weg säumen, so viel Liebe und Aufmerksamkeit. Diese Liebe wird von Hunderten von lächelnden Gesichtern zurückgespiegelt, die kichern und lachen, erfüllt von göttlicher Liebe.

Es ist ein Wunder, so viel Zeit mit Amma verbringen zu dürfen; die Jünger von Jesu hatten nur drei Jahre. Manchmal nehme ich Prasād und Amma als selbstverständlich hin. Ich bemühe mich nicht besonders, meine Erfahrungen zu genießen oder aufzuschreiben. Jedes einzelne Prasād überträgt Ammas Śhakti (göttliche Energie) und Bewusstsein. Damit kann Amma ein Saṅkalpa oder einem göttlicheren Entschluss vermitteln. Wenn man Prasād mit Ehrfurcht und Respekt behandelt, kann es uns etwas lehren. Diese Haltung beeinflusst unsere Beziehung zu anderen Gegenständen, Menschen und der Natur.

Prasād ist ein Geschenk, das uns hilft, die Leiter zu erklimmen, um das Göttliche in allem zu sehen und zu erkennen, dass Schöpfer und Schöpfung nicht zwei sind sondern eins. Die meisten Menschen sehen beispielsweise Bonbonpapier und denken an Müll. Aber wenn wir Devotees Bonbonpapier sehen, denken wir an Amma und ihre positiven Schwingungen.

Amma bittet uns, allem mit Ehrfurcht zu begegnen und uns sogar vor einem Stift zu verneigen, bevor wir ihn benutzen. Diese Haltung des Respekts gegenüber der gesamten Schöpfung ermöglicht es uns, zu wachsen und alles als Prasād, als heilig, zu erkennen. Dadurch verändern sich die Schwingungen um diese Objekte. Sie werden von einer besonderen, positiven Śhakti durchdrungen, die aus unserer Haltung, unseren Mantras und unseren Visualisierungen kommt.

***

Mit zunehmendem Alter kann unser Gedächtnis nachlassen, also halte die Momente mit dem Guru fest. Sie sind ein fortwährendes Rätsel und Mysterium, das es mit Liebe zu erforschen gilt. Manche ergeben erst Jahre später einen Sinn. Andere offenbaren immer wieder neue Bedeutungen.

Einmal, während einer Strandmeditation, griff ein Devotee während der offenen Fragen und Antworten Zeit zum Mikrofon und begann, Amma in liebevoller Hingabe zu preisen. Amma unterbrach ihn und sagte: „Ehhh? Schraube locker, Ich!“, womit sie andeutete, dass er verrückt sei. Ich habe so sehr gelacht. Sie erinnerte mich an Yoda! Und ich erinnerte mich an mein ursprüngliches Gebet, einen Jedi zu treffen. Amma ist wirklich wie Yoda, sie spricht klares, einfaches Englisch, ist aber insgeheim allmächtig. Ich habe so viel mehr erhalten, als ich mir jemals hätte träumen lassen – die Mutter aller Mütter.

Zwei Jahre nach Beginn meiner „Flitterwochen“ mit Amma während der US-Sommertour 2009 gab Amma mir den Namen Sadānand – ewige Glückseligkeit. Sie ließ mich die Aussprache dreimal sorgfältig üben, was ich mit meinem Michigan-Akzent völlig verhunzte.

„SAAdanand“, wiederholte ich.

„Nein, SadAAnand“, antwortete Amma.

„SadAAnand“, korrigierte ich mich.

Der Brahmachārī, der übersetzte, erklärte mir, dass mein Name aus zwei Wörtern besteht: sadā – immer und ānand – Glückseligkeit. Sadānand kann mit „immer glücklich“ oder „ewige Glückseligkeit“ übersetzt werden.

Ein indischer Devotee erzählte mir, dass „Sādanand“ eigentlich „depressiv und ohne jede Glückseligkeit“ bedeutet! Die Aussprache macht also wirklich einen großen Unterschied. Erst Jahre später erinnerte ich mich daran, dass ewige Glückseligkeit mein ursprüngliches spirituelles Ziel war. Amma war am Anfang und wird am Ende sein. Amma ist bei jedem Schritt dabei.

Trotz meines Namens fühle ich mich nicht immer fröhlich. Manchmal fühle ich mich sehr niedergeschlagen und identifiziere mich mit Sādanand. Ich scherzte mit meinem Freund, dass ich auf Ammas Weltreisen gelernt habe, dass ich auf tropischen Inseln, in alten indischen Städten, in Paris, in der Wüste – einfach überall – depressiv sein kann! Aber warum? In Ammas reiner, göttlicher Gegenwart werde ich ständig mit dem Kontrast meiner Unzulänglichkeiten und meiner Selbstsucht konfrontiert. Es gibt kein Entkommen.

Ich habe die ernüchternde Erkenntnis gewonnen, dass ich mich aus eigener Kraft nicht ändern kann. Trotzdem schämte ich mich oft zu sehr, um Amma von meinen Vāsanās[20] zu erzählen. In Dallas fragte ich Amma danach. Sie lächelte so sanft, berührte mein Gesicht und sagte: „Mach dir keine Sorgen. Jeder ist so. Es gibt einen Bhajan: ‚Ich gebe dir meine Scham und meinen Stolz'. Betrachte dich selbst als eine Zwiebel und biete Amma alles an, indem du alle Schichten abziehst."

Ich fühlte mich inspiriert, Amma meine Negativität zu übergeben, wusste aber nicht wie. Ich dachte daran, eine Origami-Zwiebel zu basteln und meine Vāsanās darauf zu schreiben, aber ich schaffte es nicht. Langsam verschwand der Gedanke wieder.

Die Tour endete in diesem Jahr in Tokio mit einer Feier anlässlich Guru Pūrṇimā, gefolgt von Dēvī Bhāva. Da war ich nun, flog mit Amma um die Welt, meinen tiefsten Wunsch erfüllend und dennoch gequält von meinem Mind und meinen Wünschen. Ich konnte diese besonderen Ereignisse nicht voll

---

[20] Latente Neigung oder subtiler Wunsch, der sich als Gedanke, Motiv und Handlung manifestiert; aus Erfahrungen gespeicherte unterbewusste Eindrücke. Hier bezieht sich der Autor speziell auf die negativen Tendenzen des Minds.

und ganz genießen. Am Ende von Dēvī Bhāva fiel mir etwas im Müll ins Auge. Es war eine Schachtel, in der zuvor Prasād war, welches Amma überreicht wurde. Es war eine wunderschöne Schachtel, mit Liebe und Sorgfalt hergestellt. Plötzlich machte alles Sinn. Das würde meine Vāsanā-Box werden. Ich würde sie mit meinem mentalen Müll füllen, sie Amma anbieten und sie bitten, den Müll wegzuwerfen. Das würde meine Guru Pūrṇimā-Darbringung sein.

Meine Vāsanās schrieb ich in Malayalam auf verschiedene saubere Fetzen Müll, damit Amma sie einzeln lesen konnte und ich keinen Übersetzer brauchte. Auf diese Weise würde es auch sehr diskret bleiben, nur wir beide. Ich schrieb verschiedene Vāsanās auf verschiedene Abfallstücke – Plastik, Pappe, Papier, Folie und Stoff –, legte sie in einen durchsichtigen Müllsack und steckte diesen in die Vāsanā-Box.

Wenn du dem Guru deine Scham darbietest, sei vorbereitet. Amma nahm die Schachtel und las die Vāsanās langsam vor allen Anwesenden vor, eine nach der anderen, immer und immer wieder. Krōdham, kāmam, dukham und so weiter – Wut, Begierde, Depression, Lust, Faulheit, Gier, Rivalität, Eifersucht, Hass, Scham und Stolz.

Amma sagte: „Du hast Konkurrenzdenken vergessen!" Dann fügte sie noch einmal „Lust" hinzu. Amma nahm meine Scham aber auch meinen Stolz und begann ihre Arbeit, indem sie alles so öffentlich wie möglich machte. Sie sah mich mit so viel übernatürlicher Liebe an. Als Amma die Vāsanā-Box hielt, wurden die Vāsanās zu Prasād.

Zurück in Amritapuri sagte Amma jedes Mal, wenn sie mich sah: „Dieser Junge hat mir eine Vāsanā-Box gegeben. Sie war voller Wut, Lust, Depressionen und so weiter." Sie erzählte allen von der Vāsanā-Box. Es war eine unglaubliche Flut von Liebe und Aufmerksamkeit.

Amma brachte die Box sogar aus ihrem Zimmer zu den Abend-Bhajans mit und zeigte sie dem ganzen Āśhram, wie ein Kind, das in der Schule „Zeig und Erzähl“ spielt.

Im nächsten Frühjahr in Australien sagte Amma zu mir: „Du bist jetzt berühmt wegen der Vāsanā-Box. Sie ist auf Facebook, sie ist im Āśhram-Magazin Matruvani, sie ist auch auf der Āśhram-Website. Sie ist in Swāminī Ammas (Swāminī Krishāmita Prānās) Buch.“ Sie wurde sogar zu einem englischen Bhajan.

Ich wünschte, ich könnte mit euch ein Happy End teilen – dass ich Amma alle meine Vāsanās gegeben habe und dass sie nun alle verschwunden sind! Aber es ist ein langer Prozess. Amma nennt mich „Vāsanā-Box“, besonders, wenn ich mich schlecht benommen habe, um mich an ihre Allwissenheit zu erinnern. Sagen wir einfach, Amma nennt mich immer noch oft „Vāsanā-Box“.

Einen Sieg habe ich jedoch errungen. Allein dafür, dass ich versucht habe, Amma meine Unzulänglichkeiten darzubieten, hat Amma mich mit ihrer bedingungslosen und grenzenlosen Liebe belohnt. Ammas Liebe ist die rettende Gnade und Inspiration für uns, aufzustehen und weiterzumachen, egal wie oft wir scheitern oder fallen.

Ammas Begleiterin, Swāminī Śhrī Lakshmī Prānājī, erzählte mir kürzlich, dass die Vāsanā-Box immer noch in Ammas Zimmer steht.

Das zeigt, dass Amma unsere Schwächen nicht abstoßend findet. Wir sind wie Babys mit schmutzigen Windeln. Ein Baby kann seine Windeln nicht selbst wechseln. Die Mutter kümmert sich geduldig und mit aufrichtiger Liebe um das, was gerade nötig ist. Ich bin wie ein solches Baby, das in einer schmutzigen, verdreckten Windel steckt, völlig hilflos und auf rettende Gnade angewiesen.

In Ammas Mānasa Pūjā (mentale Verehrung) an die Göttliche Mutter gibt es ein Gebet:

„Oh Mutter, du bist reine Liebe. Ich bin zu unrein, um deinen Segen zu verdienen. Dennoch, hab Geduld mit mir. Mutter, bitte sei bei mir. Du bist der heiligste Fluss. Ich bin ein stagnierender, schmutziger Teich. Du fließt zu mir und reinigst mich, übersiehst meine Unzulänglichkeiten und vergibst mir meine Fehler."

Mögen wir alle den Ozean des Saṁsāras unter der unendlichen Liebe und dem Mitgefühl unserer geliebten Amma überqueren. Unsere geduldige und stets fürsorgliche Mutter, Lehrerin und Freundin, die sich auf unsere Ebene herabkommt, ohne ihre Begeisterung zu verlieren. Wir alle habe die Universal-Lotterie gewonnen, Amma bei uns zu haben.

Wir werden alle mit Sicherheit Fortschritte machen, solange wir geduldig sind und einfach auf dem Boot bleiben. Wenn wir doch aus dem Boot fallen und zu ertrinken beginnen, müssen wir nach dem Rettungsring von Ammas Sandalen greifen, dem heiligsten Wunder aller Wunder – und uns festhalten. Amma ist ganz sicher in der Nähe, bereit, uns zu retten, und wird uns niemals im Stich lassen.

Satsang 9

Satsang und Sēvā in meinem Leben

Nihsīma M. Sandhu – USA

Ich möchte damit beginnen, ein wenig über meine Vergangenheit zu erzählen und darüber, wie ich schließlich in Ammas heilige Wohnstätte, nach Amritapuri, kam.

Amma, ich bin dir zutiefst dankbar für dieses Leben als Mensch und dafür, dass ich in eine spirituelle und liebevolle Sikh-Familie geboren wurde. Schon in meiner Kindheit waren wir reich gesegnet, denn du schenktest uns Bābājī, einen lebenden Heiligen aus dem Punjab als unseren Familien-Guru. Wir besuchten oft seinen Āśhram, um dort Sēvā zu tun, seinen Satsang zu hören und seinen spirituellen Rat zu empfangen. Durch deine Gnade durften wir auch die Segnungen anderer Weiser und Heiliger erfahren – so besuchte unter anderem Sathya Sai Baba unser Haus in Delhi.

Atithi devō bhava, den Gast wie Gott zu behandeln, war ein wichtiger Teil unserer Kultur zu Hause. Gäste konnten jederzeit zum Essen kommen oder bei uns übernachten, und manche blieben monatelang.

Unsere glückliche und liebevolle Welt brach zusammen, als meine Mutter und Großmutter plötzlich bei einem tragischen Autounfall aus dem Leben gerissen wurden. Ich war damals fünfzehn Jahre alt. Dies war meine erste Lektion über die Vergänglichkeit des menschlichen Lebens. Es war unser schlimmster Albtraum und eine große Prüfung unseres Glaubens. Mein Bruder ermutigte uns, stark zu bleiben und erinnerte uns an die Opfer, die die Sikh-Gurus für uns erbracht hatten, damit wir Mut und Vertrauen fassen konnten.

So gab uns unsere spirituelle Grundlage die Kraft, nicht Opfer der Umstände zu werden, sondern als wahre spirituelle Krieger im festen Glauben an das Göttliche voranzuschreiten.

Nachdem ich mein Abitur in Delhi mit sehr guten Noten abgeschlossen hatte, wurde mir die Möglichkeit geschenkt, mein Studium in den USA fortzusetzen. Doch bei meiner Ankunft dort stellte sich heraus, dass ein naher Verwandter uns um eine große Geldsumme betrogen hatte, Geld, das eigentlich für mein Studium und meinen Aufenthalt in Amerika bestimmt war.

Ohne die Hoffnung zu verlieren und um meinem Vater keine zusätzliche finanzielle Last zu sein, entschloss ich mich, zu arbeiten und mein Studium selbst zu finanzieren. Durch göttliche Gnade fiel mir der Übergang von einem luxuriösen zu einem sehr einfachen Lebensstil erstaunlich leicht. Der gleichzeitige Vollzeitjob und das Vollzeitstudium lehrten mich, sehr diszipliniert mit meiner Zeit umzugehen.

Gott war gütig und belohnte meine aufrichtigen Bemühungen. Ich schloss mein Studium an der Business School als eine der Besten ab und wurde auf die nationale „Dean's List" gesetzt, die mich unter die besten zwei Prozent aller Absolventen des Jahres in den USA einordnete. Zusammen mit meiner Joberfahrung ermöglichte mir dies einen glänzenden Start ins Berufsleben und ich begann, die Stufen der Karriereleiter in der Businesswelt emporzusteigen.

Gesegnet mit einem hohen Gehalt, einem großzügigen Spesenkonto, einem schönen Auto, einem luxuriösen Haus in San Francisco, vielen Freunden und Fünf-Sterne-Urlauben rund um die Welt, begegnete ich durch meinen Beruf zudem zahlreichen erfolgreichen Menschen – darunter Prominente, hochrangige Politiker und Präsidenten milliardenschwerer Konzerne. Doch keiner von ihnen strahlte jene Freiheit aus, die ich einst bei den einfachen Heiligen erfahren hatte.

Dankbar dafür, dass der Herr mir so viele weltliche Wünsche erfüllt hatte, begann ich zugleich zu erkennen, wie viel Leid Apāra Prakṛti, die äußere Welt der Sinne, mit sich bringt. Nach und nach wuchs in mir die Sehnsucht, das Göttliche in mir selbst zu entdecken. Spirituelle Bücher und die innere Einkehr wurden mir immer wichtiger.

Ich begann, mich nach Samatvam zu sehnen – einem ausgeglichenen Mind, der einen befähigt, den Stürmen des Lebens standzuhalten.

Ich betete zum Herrn, mir den Weg zu zeigen und innerhalb von sechs Monaten wurden meine aus tiefstem Herzen kommenden Gebete auf eine unglaubliche Weise erhört: Die göttliche Mutter selbst trat in mein Leben.

Der 742. Name aus dem Lalitā Sahasranāma lautet:

> *Om bhava dāva sudhā vṛiṣhṭyai namaḥ*
>
> Ich verneige mich vor ihr, die wie ein Regen aus Nektar auf das Feuer weltlichen Daseins fällt.

Meine erste Begegnung mit Amma geschah, als meine Schwester Guramrit einen Zeitungsartikel über Amma, die „Hugging Saint", entdeckte. Nur zwei Meilen von ihrem Haus in Marin County, Kalifornien, entfernt würde sie ein Programm abhalten. Guramrit lud mich ein, sie am nächsten Tag, dem 19. November 2000, zu begleiten, um gemeinsam Ammas Darśhan zu bekommen.

Voller Freude kamen wir um neun Uhr morgens am Veranstaltungsort an, aber uns wurde mitgeteilt, dass es sich um den letzten Tag eines geschlossenen Retreats handelte und wir keinen Zutritt hätten. Enttäuscht und fast den Tränen nahe wollten wir nicht noch ein ganzes Jahr auf den nächsten Darśhan warten. In dem Moment begegneten wir wie durch ein Wunder einem langjährigen Devotee, der uns half, uns für das Retreat nachträglich anzumelden. Wir sind ihm für immer dankbar und sind überzeugt, dass es göttliche Intervention war.

Man gab uns Darśhan-Tickets, wir registrierten uns hastig und nahmen Platz. Die Atmosphäre war magisch, fast unwirklich. Bald ertönte der himmlische Klang eines Muschelhorns und ein wunderschönes göttliches Wesen, in einen weißen Sari gekleidet, trat ein.

Mit einem strahlenden Lächeln schritt sie zum Pīṭham, einem podiumartigen Sitz, nachdem sie durch eine in den Herzen empfundene Pāda Pūjā (Willkommensritual für den Guru) empfangen wurde. Während der Meditation ging ich tief nach innen und hatte eine Vision von Lord Gaṇēśha, zu dessen rechter Seite Kṛiṣhṇa stand.

Als ich nach der Meditation langsam meine Augen öffnete, fiel mein Blick direkt auf das Magazin Immortal Bliss, das vor mir lag. Ich öffnete es und erstarrte: Auf der linken Seite war ein Bild von Gaṇēśha, rechts daneben Kṛiṣhṇa , genau wie ich es in der Meditation gesehen hatte! Beeindruckt von dieser Fügung nahm ich es als Zeichen, dass das Göttliche mich an den richtigen Ort geführt hatte.

Als unsere Nummern aufgerufen wurden, reihten wir uns aufgeregt in die Darśhan-Schlange ein. Als Amma uns beide zusammen umarmte, war ich von starken Gefühlen überwältigt. Zunächst spürte ich eine tiefe Freude, endlich nach Hause zurückgekehrt und mit der göttlichen Geliebten wiedervereint zu sein. Dann kam ein tiefer Schmerz über all die Jahre des Getrenntseins, was mich hemmungslos weinen ließ, während ich in Ammas Armen lag. Als ich aus ihrer göttlichen Umarmung hervorkam, fühlte ich mich so erleichtert, als wäre eine riesige Last von meinen Schultern genommen.

Der 631. Name aus dem Lalitā Sahasranāma lautet:

Om divya gandhāḍhyāyai namaḥ

Ich verneige mich vor ihr, die reich an göttlichem Duft ist.

In den Tagen nach diesem Darśhan nahm ich oft auf unerklärliche Weise Rosenduft in meiner Wohnung wahr und hörte eine sanfte Stimme auf Hindi sagen:

„Āo merī beṭī, āo", was bedeutet: „Komm, meine Tochter, komm."

Einige Wochen später führte mich meine innere Amma dazu, das Buch ‚Auf dem Weg zur Freiheit' zu lesen, geschrieben von einem ihrer langjährigen Schüler, Swāmī Paramātmānandajī. In einem Kapitel beschreibt er seine tiefe Traurigkeit, als er Amma verließ und wie er sie während seiner Zugreise vermisste. Dabei nahm auch er ununterbrochen Rosenduft im Abteil wahr. Später sagte ihm Amma, sie habe ihn während der gesamten Reise nicht verlassen und sei die ganze Zeit bei ihm gewesen, sogar im Zugabteil.

Auf ihre besondere Art zeigte Amma auch mir durch ihre Stimme und den Rosenduft ihre Allwissenheit und ihre tägliche Gegenwart in meinem Leben und rief mich zu sich.

Kabir singt in einem seiner Bhajans vom Ruhm des Gurus, ohne dessen Hilfe man den Ozean der Wiedergeburten nicht überqueren kann:

Guru govind dono khade, kake lagu pay
balihari guru apne, govind diyo batay

„Stünden der Guru und Gott in der Form von Govinda gleichzeitig vor der Tür, wessen Füße sollte ich zuerst verehren?"

Er beantwortet dies selbst, indem er sagt: „Ich verneige mich zuerst vor dem Guru, denn ohne ihn könnte ich Gott nicht erkennen."

Im vierten Kapitel der Bhagavad Gītā, Vers 34, sagt Lord Kṛiṣhṇa :

Tad viddhi praṇipātena paripraśnena sevayā
upadekṣhyanti te jñānaṁ jñāninas tattva darśinaḥ

„Sei gewiss, dass die Weisen, die die Wahrheit gesehen haben, dich dieses Wissen lehren werden, wenn du dich vor ihnen verneigst, kontinuierlich Fragen stellst und ihnen mit Hingabe dienst."

Mein Satguru war an meine Tür gekommen und hatte mich gerettet und damit begann ein neues Kapitel in meinem Leben. Durch Ammas Gnade besuchte ich nun samstags das MA Center in San Ramon, um an Satsangs und Sēvā-Aktivitäten teilzunehmen.

***

Im Jahr 2001 war ich überglücklich, ein Mantra von Amma zu erhalten. Das Wort Mantra besteht aus Mananāt (durch ständiges Wiederholen) und tra oder trāyate (rettet). Es bedeutet also: „Durch ständiges Wiederholen wird man gerettet."

Guru Granth Sahib, das heilige Buch der Sikhs, lehrt, dass Mantra-Japa der Weg ist, die fünf Laster Ego, Gier, Anhaftung, Zorn und Lust zu überwinden und so den verunreinigten Mind in einen reinen, kontemplativen und starken Mind zu verwandeln.

Da ich mir meiner eigenen Vāsanās (tief verwurzelten Neigungen) sehr bewusst war und meinen Mind reinigen wollte, aber auch, um mich mit Amma ununterbrochen verbunden zu fühlen, begann ich, mein Mantra so unablässig zu wiederholen, dass ich fast schon den Hörer des Bürotelefons damit abnahm, was ich dann schnell mit einem „guten Morgen" korrigierte.

Unsere allwissende Amma wusste auch um meine tiefe Verbindung zu Musik und Tanz. In meinen frühen Jahren mit ihr wurde während des Darśhans oft auf wunderbare Weise ein Punjabi-Bhajan abgespielt, sobald ich mich der Darśhan-Reihe näherte. Und zu Ammas Freude wippte ich dann spielerisch mit den Schultern in einem Bhangra-Tanzschritt, während ich in ihre Arme fiel.

Bei anderen Darśhans fing ich an zu weinen und bat um wahre Liebe oder darum, dass mein tiefer Wunsch, den Armen zu dienen, erfüllt würde. Ob ich lachte oder weinte, Amma wiegte diese erwachsene Tochter dann wie ein Baby liebevoll hin und her und überschüttete sie mit Küssen und unendlicher Liebe.

In einem Bhajan singt Sant Kabir:

Sabai rasāyan mai kiyā prem samān na koi
rati ek tan me sancharai, sab tan kanchan hoi

„Ich habe alle Heilmittel geprüft, doch nichts ist vergleichbar mit reiner Liebe. Nur ein Tropfen davon verwandelt Dein ganzes Wesen in reines Gold."

Die Blüte meines neuen Lebens öffnete sich behutsam, Blatt für Blatt, nichts wurde erzwungen. Freundschaften, die nicht mehr zu meinem Weg passten, lösten sich auf natürliche Weise auf. Ich begann, die Einsamkeit zu genießen. Ein kleines Taschenbuch der Gītā wurde zu meinem neuen Freund, und ich besorgte mehrere Exemplare, um sie an interessierte Suchende weiterzugeben.

Samstags Satsang und Sēvā im San Ramon Āśhram, sonntags im Gurdwara (Sikh-Tempel) und montags Satsangs in San Francisco wurden zu einer festen Routine für meinen Vater, meine Schwester und mich. Neben meinem täglichen Sādhanā mit Archana, Mantra-Japa und Meditation stellte ich meine

Ernährung auf gesund-vegetarisch um und begann täglich Sūrya Namaskār (den Sonnengruß im Hatha Yoga) zu praktizieren.

***

Meine Schwester und ich folgten Amma auf ihren US-Touren und halfen bei zahlreichen Amma-Events und Benefizveranstaltungen. Später wurden wir beide von Amma gesegnet, ihre Satsang-Gruppen zu koordinieren und hatten dadurch das große Glück, Satsangs in unseren eigenen Häusern zu veranstalten.

Ammas bedingungslose Liebe und ihr Dienst an der Menschheit inspirierten mich zutiefst. Ich sehnte mich danach, etwas Sinnvolleres zu tun, als eine Stelle innerhalb eines Konzerns im Finanzwesen zu bekleiden. Deshalb bat ich Amma beim San-Ramon-Programm im Juni 2003, ob ich kündigen und rechtzeitig zu ihrem fünfzigsten Geburtstag nach Indien kommen dürfte, um ihr zu dienen. Amma zögerte und bat mich, bis zum Sommer zu warten. Das verwirrte mich, denn es war ja bereits Sommer.

Zu meiner Überraschung erhielt ich ein paar Monate später, im August, einen Brief meiner Firma: Ihre Westküstenbüros sollten geschlossen werden und mir wurde eine äußerst großzügige Abfindung angeboten. Meine Freude kannte keine Grenzen, Amma hatte mich gerettet! Hätte ich gekündigt, hätte ich die Abfindung nicht erhalten. Ich reiste voller Dankbarkeit zu Ammas fünfzigstem Geburtstag nach Amritapuri. Während ich im Women's Sēvā Team half, durfte ich dieses unglaubliche spirituelle Ereignis miterleben und erhielt dabei viele Lektionen in Demut und Hingabe.

Während der US-Sommertour 2004 gab mir Amma den Namen Nihsīma, was „grenzenlos" bedeutet. Ich ließ ihn legalisieren und begann auf Ammas Wunsch hin noch im selben Jahr eine neue Laufbahn als Schmuckdesignerin. Amma hatte mich inspiriert, über meine eigenen Bedürfnisse hinauszudenken.

Ich wünschte mir, dass meine Arbeit Teil meines Sādhanās werden und mir als ein Mittel dienen würde, der Menschheit etwas zurückzugeben, besonders in Wohltätigkeitsprojekten für Frauen und Kinder. Ich betete darum, dass ich bei der Verrichtung meines Svadharmas (eigene Pflichten) Ammas Gegenwart spüren würde, wo auch immer ich war.

Amma hatte die Künstlerin in mir wiedererweckt. Das Entwerfen von Schmuckstücken wurde für mich zu einer Form der Meditation. Meine Werke wurden zu Ammas Instrumenten, die halfen, ihren Namen weiter in die Welt zu bringen.

Jedes Stück in der Kollektion wurde nach einer universellen Göttin benannt. Jede „Dankeskarte" zum Schmuck erklärte die göttlichen Eigenschaften der jeweiligen Göttin, um die Trägerin ihrer innewohnenden Göttlichkeit wieder näherzubringen. Die wunderschönen Beutel für den Schmuck wurden mit Liebe von Kindern in einem Waisenhaus in Jaipur genäht, und jede Karte endete mit dem Vers aus den Veden:

Lokāḥ samastāḥ sukhino bhavantu – Mögen alle Wesen in allen Welten glücklich sein.

Durch Ammas Gnade wurde ich mit einem großartigen Team gesegnet und konnte meine Amma-Geschichte mit Tausenden von wunderbaren Frauen teilen, und dabei ihre Anliegen bei verschiedensten Benefizveranstaltungen in den USA unterstützen. Viele Menschen lernten so Amma und ihr humanitäres Wirken kennen, und ich freute mich, einige von ihnen später auch beim Darśhan zu sehen.

Während der US-Sommertour 2009 bat Amma mich, eine neue Schmuckabteilung für alle westlichen Touren aufzubauen. Ich war überglücklich und zutiefst dankbar, ihr kleines Werkzeug in diesem neuen Sēvā zu sein.

Mit nur zweieinhalb Monaten Vorbereitungszeit für die kommende Europatour legte ich meine eigene Firma bereitwillig auf Eis, regelte alles Nötige und stieg wenige Wochen später in ein Flugzeug nach Jaipur. Nachdem ich dort die Schmuckaufträge aufgegeben hatte, kam ich zwei Wochen später in Amritapuri an, um Amma die neuen Muster zu zeigen.

***

Als ich nach der bevorstehenden Tour fragte, erfuhr ich, dass die Europatour wegen des kalten Wetters, der sehr langen Busfahrten und der intensiven Sēvā-Stunden als besonders körperlich anstrengend galt.

Durch frühere Autounfälle war mein Rücken sehr empfindlich. Ich war unsicher, ob er die 20-stündigen Busfahrten ohne arge Beeinträchtigung aushalten würde und ich fragte mich, ob das meine Fähigkeit verringern würde, mit voller Hingabe und Śhraddhā (Achtsamkeit in Malayalam) zu dienen.

Im zweiten Kapitel der Bhagavad Gītā, Vers 7, sagt Arjuna:

kārpaṇya dōṣhōpahata svabhāvaḥ
pṛichchhāmi tvāṁ dharma-sammūḍha chētāḥ
yachchhreyaḥ syān niśchitaṁ brūhi tan me
śhiṣhyas te'haṁ śhādhi māṁ tvāṁ prapannam

„Meine Natur ist von Schwäche befallen, mein Mind verwirrt über meine Pflicht. Ich bitte Dich, sage mir mit Gewissheit, was das Beste für mich ist. Ich bin dein Schüler; lehre mich, denn ich habe bei Dir Zuflucht gesucht."

In diesem Zustand des Kārpaṇya Dōṣham (innere Schwäche), frustriert und voller Zweifel, rang ich tagelang mit mir, während die Abreise zur Tour immer näher rückte. Schließlich fasste ich mir ein Herz und beschloss, Amma um Rat zu bitten. Ich hoffte, dass sie mir mit Mut machenden Worten und ihrer Weisheit meine Ängste nehmen würde.

Während des Darśhans schilderte ich ihr mein Dilemma. Amma antwortete nur mit einem kurzen: „Denk darüber nach und komm wieder." Enttäuscht und ohne eine klare Lösung kehrte ich mit schwerem Herzen in mein Zimmer zurück. Noch in derselben Nacht drückte mir meine Schwester ein Buch in die Hand. Es war die Biografie eines Punjabi-Heiligen namens Tapasvijī Mahārāj.

Ich verspürte einen starken Drang, es sofort zu lesen, konnte es kaum mehr weglegen. Es handelte von einem Heiligen, der als Prinz Kṛiṣhṇa Siṅgh in eine königliche Familie in Punjab geboren wurde. Besorgt über ständige politische Unruhen und Kriege mit Nachbarfürsten ritt der junge Prinz nach Delhi, um den Kaiser in einem letzten Versuch um Hilfe für sein Reich und seinen eigenen inneren Frieden zu bitten.

Als er Kaiser Bahādur Shāh begegnete, fand er ihn vertieft in Mantra-Japa, die Japa-Mālā in der Hand haltend. Als der Kaiser die Klagen des Prinzen hörte, sagte er: „Prinz Kṛiṣhṇa Siṅgh, weder du noch ich haben Frieden im Herzen. Ich habe erkannt, dass Hingabe an Gott dem Menschen mehr Glück bringt als der Besitz eines ganzen Reiches, und dass das Leben eines Heiligen dem eines Königs vorzuziehen ist. Lebe wohl, Friede sei mit dir."

Diese Worte trafen den jungen Prinzen tief. Statt zurück in sein Reich zu reiten, änderte er seinen Weg und ritt nach Haridwar. Die Neigung zur Entsagung entflammte in ihm. Er legte all seinen Schmuck, seine teuren Kleider und sein Schwert ab, band alles zusammen und befestigte es am Sattel seines Pferdes.

Dann schrieb er eine Nachricht und band sie dem Pferd um den Hals, in der er bat, sich auch um das Tier zu kümmern. Damit gab Kṛiṣhṇa Siṅgh die Welt auf und widmete sich der Suche nach Mokṣha.

Er praktizierte extreme Askese: Er stand 27 Jahre lang mit einem erhobenen Arm, während er schlief oder meditierte und weitere fünf Jahre saß er ununterbrochen neben einem lodernden Feuer, selbst in der sengenden Hitze des indischen Sommers. All diese Mühen unternahm er, um Darśhan von Kṛiṣhṇa zu bekommen.

Diese Geschichte berührte mich zutiefst. Ich erkannte, wie unendlich gesegnet wir sind, dass Kṛiṣhṇa und die göttliche Mutter selbst, vereinigt in der Form von Amma, in unsere Wirklichkeit getreten sind, und dass ich die unvorstellbare Gelegenheit erhalten hatte zu dienen.

Vor allem aber war die Möglichkeit, ihren Darśhan in Form von Berührung, Blick, Klang, Wort und Gedanken zu empfangen, selbst für die Götter und Göttinnen in allen Welten Anlass, vor Neid zu erbleichen. Ich begriff endlich, dass ich nur noch den letzten Sprung zum Glauben wagen und all meine Ängste zu ihren Lotosfüßen ablegen musste. Mein Körper war nie mein, er gehörte dem Herrn. Und nur der Herr wusste, wie er ihn am besten einsetzen sollte. Es wird oft gesagt, dass unser Vertrauen in das Göttliche so wie das eines kleinen Affenbabys sein sollte, das sich an seine Mutter klammert. Es lässt keinen Zweifel daran zu, dass seine Mutter es nicht fallen lässt. Die Affenmutter springt von Ast zu Ast, doch das Junge hält sich in unerschütterlichem Glauben fest. Genau diese Art von Vertrauen sollten auch wir Menschen in den Herrn setzen.

Bei meinem nächsten Darśhan stand ich mit gefalteten Händen vor Amma. Tränen strömten mir über die Wangen. Ich bat sie demütig um Vergebung für meinen Mangel an Shraddhā (Vertrauen und Hingabe in Sanskrit). Ich sagte ihr, dass ich nun keine Zweifel mehr hätte und mich gesegnet fühlte, auf all ihren westlichen Touren, angefangen mit der Europatour, dienen zu dürfen.

Amma war glücklich über meine Antwort, umarmte mich, überschüttete mich mit vielen Küssen und ließ mich stundenlang an ihrer Seite sitzen. Durch Ammas Gnade konnte ich während aller langen Busfahrten wunderbar schlafen, ganz ohne Rückenschmerzen und war dadurch in der Lage, während der gesamten Europatour mit großer Freude, Energie und Hingabe mein Sēvā zu machen.

Dank Ammas Segen ist unsere Abteilung seit 2009 stark gewachsen und Amma hat mich als ihr kleines Werkzeug für viele weitere Sēvās in Indien wie auch im Ausland eingesetzt. Danke für Deine unendliche Liebe und Gnade, Amma.

Mein demütiges Gebet an dich ist, dass wir jeden Tag nach deinen Lehren leben. Wie es im Bhajan heißt:

> *Śhyām śhyām kūkadī, maiṅ āpē Śhyām ho gayī*
>
> „Indem ich immer wieder deinen Namen rufe, o Śhyām (einer der Namen Kṛiṣhṇa s), werde ich eins mit dir."

Amma, bitte segne uns alle mit Parābhakti, höchster, reiner Hingabe, damit wir schließlich in deinen Lotosfüßen aufgehen, während wir deinen heiligen Namen singen.

Satsang 10

Ammas Darśhan, der Mittelpunkt meiner Spiritualität

Susi – Deutschland

Der 92. in Ammas 108 Namen lautet:

ōm śhiṣhya saṅkrāmita svīya projjvalad brahma varchasē namaḥ

„Ich verneige mich vor Amma, die ihren göttlichen Glanz an ihre Schüler weitergibt."

Zunächst möchte ich Amma dafür danken, dass sie so viele ihrer geliebten Kinder zu brillanten Vorträgen inspiriert hat, die unsere Tage während dieses schrecklichen Lockdowns erhellen. Von nun an sehen wir nicht mehr nur unbekannte Gesichter um uns herum, sondern können Geschichten mit ihnen verbinden und uns so wie eine echte Amma-Familie fühlen.

Mitte der 1990er Jahre geschah etwas, das zeigte, dass Amma schon damals vorausgesehen hat, dass schwierige Zeiten auf uns zukommen würden.

Während einer Europareise erzählte ich Amma in München, dass mein Vater sie eingeladen hatte, am Sonntagmorgen seinen Garten zu besuchen, damit sie sich dort ausruhen könne. Amma wusste genau, wie sehr er sich bemühte zu verstehen, wer sie war. Doch für ihn als konservativer Geschäftsmann war das nicht leicht. Er hatte ein mulmiges Gefühl gegenüber dieser heiligen Frau aus Indien, von der seine Tochter so tief angezogen war. Amma willigte ein, den Garten zu besuchen – und mein Herz schlug schneller bei dem Gedanken, dass diese beiden

Welten – Amma und mein Vater – zum ersten Mal aufeinandertreffen würden.

Der Sonntagmorgen kam, und Amma machte sich auf den Weg zum Garten meines Vaters. Meine Wohnung lag gleich um die Ecke von dem Haus meiner Eltern. Sie war keine zwei Minuten zu Fuß entfernt, sodass ich gerade genug Zeit hatte, vorauszulaufen, um meine Eltern zu benachrichtigen, dass Amma gleich kommen würde. Meine Eltern sonnten sich im Garten in Shorts und T-Shirts, nicht gerade angemessene Kleidung, um Amma zu empfangen, aber es war zu spät, sich noch umzuziehen, da Amma und die Swamis bereits angekommen waren.

Amma ging direkt auf meinen Vater zu und umarmte ihn. Könnt ihr euch das vorstellen? Amma, die wie eine wunderschöne weiße Wolke aussah, umarmte einen in seinen Sonntagmorgengartenshorts gekleideten Mann, der noch größer und schwerer war als ich.

Amma schaffte es im Handumdrehen, meinem Vater zu helfen sich zu entspannen, indem sie ein Gespräch über unser Familienunternehmen begann. Plötzlich ertönten die Glocken einer nahen gelegenen Kirche. Der Lärm war ohrenbetäubend, da das Haus meiner Eltern direkt gegenüber einer großen katholischen Kirche lag. Mein Vater erzählte Amma, dass die Nachbarn sich sehr durch die Glocken gestört fühlten, sodass sie bei der Stadtverwaltung Beschwerde eingereicht hatten, um die Kirche daran zu hindern die Glocken zu läuten.

Amma sah sehr nachdenklich aus und sagte: „Jetzt fühlen sie sich durch den Klang der Glocken gestört, aber in Zukunft werden die Zeiten so hart werden, dass die Menschen sich nach dem Klang der Glocken sehnen werden, nur um etwas Hoffnung zu verspüren."

Wir fragten uns damals, auf welche Zeit in der Zukunft Amma wohl Bezug nahm, aber jetzt, da die Menschen während dieser Pandemie isoliert sind, fühlen sich viele deprimiert und in ihren eigenen vier Wänden gefangen. Sie vermissen den sozialen Kontakt und die Freiheit, sich so zu bewegen wie es ihnen gefällt. Heute gibt der Klang dieser Glocken den Menschen wahrscheinlich Hoffnung, dass diese Pandemie vorübergehen wird und bald wieder bessere Zeiten kommen werden.

***

Ammas Darśhan ist der Mittelpunkt meiner spirituellen Welt. Für mich werden alle Fragen durch diese eine bedeutungsvolle Geste des Mitgefühls beantwortet. Amma stundenlang beim Darśhan zuzusehen, hat mir die Natur der Göttlichkeit verständlich gemacht – es ist ein ständiger Fluss der Liebe zwischen Gott und seiner Schöpfung.

Vor unseren Augen entfaltet sich während Ammas Darśhan das zugrunde liegende Prinzip der Schöpfung. Sie ist zweifellos die mächtigste und heiligste Kriegerin aller Zeiten, die dieses Prinzip der Liebe und des Mitgefühls mit jedem Atemzug ihres Lebens verteidigt. Anstatt es mit bloßen Worten zu lehren, lebt sie dieses Prinzip und schafft konkrete Beispiele, wie ihr riesiges karitatives Netzwerk, das von allen gesehen und erlebt werden kann und das alle einlädt sich zu beteiligen.

Sobald wir eine gewisse Menge von Ammas süßer, selbstloser Liebe empfangen haben, kommen wir an einen Punkt, an dem sich die Frage stellt: Wie kann ich diesen Strom der Liebe zu einer beständigen Erfahrung in meinem Leben machen? Wie kann ich meine Traurigkeit, meine Wut, meine Negativität und meine Ängste transformieren, damit ich jederzeit in diesem Zustand bleiben kann, in dem ich das Göttliche erlebe?

In dem katholischen Umfeld, aus dem ich komme, leben wir in ständiger Angst, der Sünde zum Opfer zu fallen. Das Bild der Göttlichkeit, welches Amma vermittelt, steht dazu in einem extremen Kontrast. Gott als Mutter zu erfahren, die dich mit Liebe überschüttet, egal was du tust, war für mich eine der größten Offenbarungen. Es war so heilsam und beruhigend und gab mir ein solides emotionales Fundament, auf dem ich mein Leben aufbauen konnte. Amma nimmt uns auf und lehrt uns geduldig, wie man ein erfülltes Leben führt.

Eine weitere Qualität, die wir durch Ammas Darśhan erlernen können, ist, sowohl das Gute als auch das Schlechte mit Gleichmut anzunehmen. Einmal machte Amma mit uns einen Spaziergang in der Nachbarschaft in München, wo ich aufgewachsen bin.

Wir kamen zu einem kleinen Park und Amma setzte sich auf eine Bank. Wir alle setzten uns um sie herum auf den Boden. Nach einer Weile kam ein Mann vorbei, blieb stehen und starrte Amma an – er traute seinen Augen nicht, dass Amma dort saß. Überglücklich fragte er: „Amma, was machst du hier?“ Amma antwortete bescheiden, dass sie nur einen Spaziergang mache, um nach einer langen Reise frische Luft zu schnappen.

Der Mann faltete ehrfürchtig die Hände und sagte Amma, dass er nie davon geträumt hätte, Amma draußen in einem Park in einer so intimen Umgebung zu treffen. Er fühlte sich zutiefst gesegnet und dankte Amma, dass sie sich einen Moment Zeit genommen hatte, um mit ihm zu sprechen.

Nach ein paar Minuten kam ein anderer Mann vorbei und blieb stehen. Auch er sah Amma und die Menschen um sie herum an, aber seine Reaktion war das Gegenteil. Der Mann empfand die exotisch aussehenden Menschen, denen er während seines Abendspaziergangs begegnete, offenbar beunruhigend.

Er rief etwas wie: „Warum geht ihr nicht dahin zurück, wo ihr herkommt?“, und verschwand dann wieder. Ich war sehr verärgert über seine Unhöflichkeit, aber Amma sagte ruhig: „Das ist die Natur der Welt – innerhalb von nicht mehr als fünfzehn

Minuten haben sich sowohl gute als auch schlechte Dinge ereignet. Wir sollten lernen, beides mit derselben Gelassenheit zu akzeptieren."

Ohne vollkommene Ausgeglichenheit könnte Amma ihr riesiges, globales karitatives Netzwerk unmöglich leiten. Es gibt sicherlich unzählige Herausforderungen und Probleme, aber ich habe Amma noch nie verzweifelt oder niedergeschlagen gesehen. Sie ist voller Enthusiasmus, geht ruhig mit jeder Situation um und inspiriert ihre Kinder, es ihr gleichzutun.

Eine weitere göttliche Eigenschaft, die wir an Amma sehen, ist ihre unendliche Geduld. Ich habe Swāmījī einmal gefragt: „Was sind die häufigsten Fragen, die Devotees Amma stellen?" Er antwortete, dass es überall auf der Welt dieselben Fragen seien: Fragen zu Beziehungen, Gesundheit, Karriere und Geld. Wie kann Amma seit dreißig Jahren dieselben Fragen so geduldig immer wieder anhören und beantworten?

***

Bevor ich Amma traf, suchte ich Hilfe in Psychotherapie, um mein Trauma zu überwinden, das ich im Alter von acht Jahren erlebt hatte. Meine Mutter litt bereits seit vielen Jahren unter Depressionen und Psychosen, als sie letztlich beschloss, ihrem Leben ein Ende zu setzen. Für mich war die versteckte Botschaft dieses verzweifelten Aktes, dass ich nicht gut genug war, um ihr Leben lebenswert zu machen. Ich entwickelte ein starkes Gefühl der Selbstablehnung, das mich viele Jahre lang wie ein Schatten begleitete.

Als ich meinen ersten Darśhan bekam, erlebte ich die bedingungslose Liebe, nach der ich mich so viele Jahre lang sehnte. Die Traurigkeit, die sich wie ein Eisenklumpen in meiner Kehle festsetzte, löste sich mit einem Moment auf, als Amma mich umarmte und kam nie wieder zurück.

Was viele Psychotherapiesitzungen nicht heilen konnten, vollbrachte Amma mit einer einzigen Umarmung, einem einzigen Darśhan. Ohne die Erfahrung des extremen Schmerzes, den dieses Trauma verursacht hatte, wäre das Ermessen von Ammas Segen nie möglich gewesen. Ich fühlte mich so befreit wie nie zuvor in meinem Leben.

Im Sommer 1990 entdeckte ich Ammas Biografie in einer Buchhandlung. Die junge Inderin strahlte auf einem Cover in Form eines Schwarzweißfotos Cover reine Liebe aus, die mein Herz sofort eroberte. Ich kaufte das Buch, las es an einem Tag und erzählte allen, dass ich entschlossen war, diese heilige Frau um jeden Preis zu finden. Wer hätte ahnen können, dass ich Amma schon bald treffen würde, ohne irgendwohin zu reisen.

Im Juli desselben Jahres heiratete ich einen Brahmanen aus Bangalore. Einige meiner Freunde, die zu unserer Hochzeit eingeladen waren, lehnten die Einladung ab, da Ammas Programm am selben Tag München stattfand. Oh Gott, ich war hin- und hergerissen zwischen zwei widersprüchlichen Wünschen!

Ich wollte Amma unbedingt und sofort begegnen. Obwohl es unwahrscheinlich schien, hegte ich die kleine Hoffnung in meinem Herzen, dass ich mich vielleicht nach den Hochzeitsfeierlichkeiten davonschleichen und Amma sehen könnte, bevor wir nach Indien aufbrachen, wo eine traditionelle hinduistische Hochzeitszeremonie auf uns wartete. Mein Wunsch erfüllte sich!

Am Abend vor unserer Abreise nach Indien fuhren mein Mann, meine Schwiegermutter und ich zu Ammas Programm in der Münchner Innenstadt. Als wir in der Darśhan-Schlange immer näher an Amma herankamen, sah sie uns schon von weitem und warf mir einen Blick zu, der mein Herz vor Freude springen ließ. Es war, als wäre ich in einen Ozean der Liebe eingetaucht. Erinnerungen an mein Leben schossen mir mit hoher Geschwindigkeit durch den Kopf, und als wir für unseren

Darśhan an der Reihe waren, war ich mir sicher, dass etwas Tiefgreifendes geschehen wird.

Als Amma ihre Arme öffnete, sagte sie: „Endlich seid ihr gekommen, meine Kinder." Ich war mehr als überrascht, das zu hören, obwohl sich alles vollkommen richtig anfühlte. Amma sprach lange mit meiner schluchzenden Schwiegermutter, die all ihre Ängste darüber zum Ausdruck brachte, dass ihr einziger Sohn eine Christin geheiratet hatte und diese Ehe das Ende ihres Brahmanen-Stammbaumes bedeutet.

Amma schimpfte liebevoll mit ihr und fragte sie, ob sie denn nicht sehe, dass mein Mann und ich füreinander bestimmt seien. Dann fügte sie hinzu: „Sie sind meine Kinder, mach dir keine Sorgen, Amma wird sich um alles kümmern."

Von dieser Nacht an, am 28. Juli 1990 nahm es Amma auf sich, unsere Ehe in jeder Hinsicht zum Funktionieren zu bringen. Unsere beiden Familien aus unterschiedlichen Kulturen wuchsen auf wunderschöne Weise zusammen. Alles verlief wie in einem Traum, und rückblickend war es allein Ammas Segen und Gnade, die alles in unserem Leben möglich machte.

***

Nach meiner Rückkehr aus Indien kontaktierte ich den Hauptorganisator von Ammas München-Programm und meldete mich für ein Sēvā bei der lokalen Satsang-Gruppe. Als mein Mann Amma und die Swāmīs einlud, in unserem Haus zu übernachten, willigte Amma liebevoll ein.

Von 1992 bis heute hatten wir das große Glück, Amma bei ihren Programmen in München beherbergen zu dürfen. Immer wenn Amma ankam, erfüllte ihre göttliche Schwingung das ganze Haus. Es war, als wäre die ganze Nachbarschaft in tiefe Stille und Frieden getaucht.

Im Laufe der Jahre haben wir gespürt, dass unsere Familie heilte und die Menschen Ammas Gegenwart in unserem Haus immer spüren können. Einmal sagte Amma mir, ich solle das Haus niemals verkaufen. Da sie so oft dort gewohnt hatte, sei es zu einem Tempel geworden. Als ich schließlich nach Amritapuri zog, wurde das Haus an Amma übertragen und gehört nun zur M.A. Stiftung Deutschland.

Während sich vieles in meinem Leben veränderte, ist nur Amma als unveränderliche Stütze an meiner Seite geblieben. Irgendwann wurde klar, dass ich keine Kinder bekommen konnte, was mich jedoch nie unglücklich stimmte.

In meinen Gebeten versprach ich Amma: „Wenn du mir nicht die Erfahrung schenkst, eigene Kinder zu haben, werde ich mein Bestes tun, um deinem Beispiel der universellen Mutterschaft zu folgen." Dies wurde die erste spirituelle Übung, die ich in die Praxis umzusetzen versuchte: mir Zeit nehmen, den Menschen zuzuhören und mein Bestes zu geben, um ihnen bei der Lösung ihrer Probleme zu helfen.

1994 erhielt ich ein Mantra von Amma. Ich übte mich darin, mich auf das Mantra zu konzentrieren, egal was ich gerade tat und es wurde zur Grundlage meines Lebens. Was äußerlich geschah, war nicht mehr so wichtig, denn durch die Wiederholung des Mantras fühlte ich mich mit Amma verbunden.

Obwohl ich während meiner Ehe nicht viel Zeit in Ammas physischer Gegenwart verbringen konnte, fühlte ich eine starke innere Verbindung zu ihr. Mein Sādhanā war sehr einfach: Nimm am wöchentlichen Amma-Satsang-Programm in München teil und versuche, in allen Situationen an Amma zu denken.

Ich hatte auch ein Leben in materiellem Überfluss geführt. Bevor ich Amma traf, empfand ich all diesen Reichtum als bedeutungslos und leer. Als ich Amma jedoch traf, lernte ich, dass Geld ein Segen Gottes ist und dazu verwendet werden sollte, anderen Menschen zu helfen.

Nach zehn Jahren Ehe wurde klar, dass mein Mann andere Pläne für die Zukunft hatte als ich. Seit dem Tag, an dem wir Amma begegneten, dachte ich, dass unser Leben immer mehr ihrem Dienst gewidmet sein sollte und ich war überzeugt, dass mein Mann meine Träume teilen wird, wenn ich nur lange genug warte. Er war sehr aktiv, wenn Amma München besuchte und half bei den Vorbereitungen für das Programm.

Doch darüber hinaus teilte er meinen Wunsch nicht, mit Amma zu leben. Die Jahre vergingen und langsam entfernten wir uns voneinander. Amma beschrieb meine Situation mit den Worten: „Menschliche Liebe ist bindende Liebe, göttliche Liebe ist befreiende Liebe – ein ständiger Fluss der Glückseligkeit, eine nie endende Hochzeitsreise." Es gab Zeiten, in denen ich so sehr von der Liebe zu Amma berauscht war, dass mir alle anderen fremd vorkamen, auch mein Mann.

Mein Mind rang mit der Frage, ob es mein Dharma (Lebensaufgabe) war, in der Ehe zu bleiben oder mich zu lösen und Amma zu folgen.

2005 wurde bei mir Eierstockkrebs diagnostiziert und ich musste mich einer Operation und Chemotherapie unterziehen. Mir wurde klar, dass ich dem Tod ins Auge sehen musste, um die Kraft zu finden, für das einzustehen, was ich wirklich wollte – und keine Kompromisse mehr einzugehen. Nach meiner Entlassung aus dem Krankenhaus zog ich auf den Pferdehof in der Nähe von Frankfurt, dem zukünftigen deutschen Āśhram.

Als klar wurde, dass mein Mann nicht mit mir in mein neues Zuhause ziehen will, erklärte ich Amma ganz deutlich, dass ich nicht zu ihm zurückkehren werde. Damit war meine Ehe beendet. Durch Ammas Gnade erholte ich mich sehr schnell von meiner Krebserkrankung und war bereit für den nächsten Schritt.

Im Dezember 2008 zog ich nach Amritapuri. Ich hatte einen Entschluss gefasst: immer in Ammas physischer Gegenwart zu bleiben. Jedes von Ammas Kindern hat seinen eigenen Weg – und nur unsere Göttliche Mutter kann die Wege ihrer Millionen Kinder richtig führen.

Eines meiner Sēvās besteht darin, die Flure und Wartebereiche im AIMS (Amrita Institute of Medical Sciences, Kochi) zu verschönern. Während eines Darśhan sagte ich zu Amma, dass ich das Gefühl habe, das Aussehen des Krankenhauses entspreche nicht dem hohen medizinischen Standard, den AIMS bietet.

Ohne zu zögern rief Amma den Verwalter von AIMS an. Sie erzählte ihm, dass ich einen Universitätsabschluss in Kunst habe und kommen würde, um das Krankenhaus zu verschönern. Meine Aufgabe war es, Naturfotos aufzuhängen, die eine beruhigende Wirkung auf die Menschen haben, während sie auf ihren Arzttermin warten. Ich versuchte mir vorzustellen, was Patienten ansprechen könnte und wählte verschiedene Motive wie „historische Denkmäler von Kerala“, „der heilige Fluss Ganges“ und „Tiere Afrikas“.

„Was AIMS so einzigartig macht, ist die familiäre Stimmung, die man vom ersten Moment an spürt, wenn man das Gebäude betritt – ein Klima, das höchste medizinische Standards mit liebevoller Fürsorge durch das gesamte Krankenhauspersonal verbindet.

***

Ich möchte diesen Satsang mit einer Geschichte aus dem Jahr 2006 beenden. Manchmal ist es notwendig, dass Amma uns ein wenig zurechtweist, wenn unser Ego außer Kontrolle gerät. Ammas Lehren bereiten dem Ego einen Moment lang

Schmerzen, bieten aber gleichzeitig auch ein beruhigendes Heilmittel – ihre Liebe, die uns aus unserem tamasischen (trägen, stumpfen) Zustand aufrüttelt und uns bewusster und achtsamer werden lässt. Ich werde nie vergessen, wie ich selbst einmal durch Ammas Ego-Waschmaschine geschleudert wurde.

Manchmal, wenn Amma nach ihrer USA-Tour zurück nach Indien flog, machte sie einen kurzen Zwischenstopp in Deutschland. Damit Amma sich ein paar Stunden ausruhen konnte, sollte niemand von ihrer Ankunft erfahren. Als Amma am Flughafen landete, holte ich sie am Gate ab und teilte ihr mit einem Hauch von Stolz in der Stimme mit, dass absolut niemand von ihrem Zwischenstopp in München wusste.

Amma lachte und ich dachte, sie würde es schätzen, dass ihr Besuch ‚geheim' war. Aber das Gegenteil war der Fall! Amma war überhaupt nicht erfreut und sagte, dass sie den Hauptorganisatoren des Münchner Programms an diesem Abend auf dem Weg zurück zum Flughafen Prasād (von Amma gesegnetes Essen) geben wolle.

Zu diesem Zeitpunkt dachte ich noch: „Alles ist unter Kontrolle, die Mission, Amma ein paar Stunden Ruhe zu gönnen, kann sich noch erfüllen ..." Doch alles kam ganz anders, als ich es mir jemals hätte vorstellen können.

Jeder, der Amma schon einmal beherbergt hat, weiß, dass es, sobald Amma und die Gruppe das Haus erreichen, ständig kleine Aufgaben zu erledigen gibt – vom Servieren des Essens über Hilfe bei der Wäsche bis hin zum Einrichten des WLANs usw. Ich war so beschäftigt, dass ich einfach keine Zeit hatte, die acht Hauptorganisatoren des Münchner Programms anzurufen.

Ich tätigte einen einzigen Anruf und bat den Organisator, die anderen sieben Personen anzurufen. Außerdem muss ich in der Hitze des Gefechts vergessen haben, dem Organisator zu sagen, dass außer diesen acht Personen niemand von Ammas Anwesenheit erfahren sollte.

Ich habe nie herausgefunden, wer die Nachricht verbreitet hat, aber kurz nachdem Amma sich in ihrem Zimmer zur Ruhe begab, klingelte es an der Tür, und die erste Gruppe von Devotees betrat den Garten und setzte sich auf den Rasen, um ihre geliebte Amma zu sehen.

Vom Fenster aus sah ich, wie immer mehr Menschen auf das Gelände strömten – ich war völlig verzweifelt. Als erstes schaltete ich die Türklingel aus, damit Amma nicht durch den Lärm gestört wurde. Dann schaltete ich das Telefon aus, damit niemand anrufen und fragen konnte, wann das Abendprogramm mit Amma beginnt.

Ich zog im ganzen Haus die Vorhänge zu, damit die Devotees nicht hineinsehen konnten, in der Hoffnung, Ammas Gruppe ein wenig Privatsphäre zu gewähren. Dann ging ich in die Küche und kochte Pāyasam (süßer Milchreis) für das Prasād und versuchte, so viel Liebe wie möglich hineinzugeben – der Rest war reine Schuld!

Amma wusste offenbar, was vor sich ging – denn nur wenige Stunden nach ihrer Ankunft ging sie in den Garten. Zu meiner Überraschung bat sie um einen Stuhl, setzte sich und schaute all ihre Kinder mit einem strahlenden Lächeln an. Sie freute sich sichtlich über jeden Einzelnen.

Dann machte ich mich noch lächerlicher, als ich es ohnehin schon war, denn ich sprang auf und rief: „Amma gibt keinen Darśhan, nur Prasād!“ Ich wollte sie vor der körperlichen Anstrengung des Darśhans schützen. Amma sah mich nur an, als wäre ich verrückt geworden, und winkte die Devotees liebevoll zu sich heran, um ihnen nacheinander Darśhan zu geben.

Sie stellte ihr eigenes Wohl zurück und verwandelte den Nachmittag in ein Fest der Liebe für ihre Kinder – eine gesegnete

Erinnerung, ein unerwarteter Schauer des Segens, an den sich die Devotees bis heute lebhaft erinnern.

Auf dem Rückweg zum Flughafen entschuldigte ich mich bei Amma dafür, dass ich die kurze Zeit, die sie in Deutschland zur Erholung hatte, nicht besser geschützt hatte. Ammas Antwort klingt mir bis heute im Ohr. Sie sagte: „Was erwartest du denn? Du kannst den Fluss der Liebe einer Mutter zu ihren Kindern nicht aufhalten."

Möge jede und jeder von uns dieser göttlichen Liebe würdig sein – der Liebe, die jetzt auf uns scheint und auch in Zukunft aufkommende Generationen strahlen wird.

Satsang 11

Verehrung der Form und des Formlosen

Sugata Duygu Akartuna – Türkiye

Im 12. Kapitel der Bhagavad Gītā erklärt Lord Kṛiṣhṇa zwei Arten von Bhakti und die Verehrung unterschiedlicher Aspekte des Göttlichen. Ich möchte versuchen, diese Formen der Verehrung mit meinen eigenen Erfahrungen mit unserer geliebten Amma zu verbinden.

Die beiden Aspekte heißen auf Sanskrit Saguṇa und Nirguṇa. Sie stammen vom Wort Guṇa ab, welches „Eigenschaft", „Attribut", „Gestalt" oder „Form" bedeutet. Saguṇa heißt „mit Eigenschaften", in diesem Kontext „mit Form". Nirguṇa bedeutet „ohne Eigenschaften", also „ohne Form".

Der Weise Nārada beschreibt Bhakti im zweiten Vers seiner Bhakti Sūtras so:

Sā tu asmin paramapremarūpā

„Bhakti ist die höchste Liebe zu Gott."

Bei einer Frage-Antwort-Runde mit Amma wollte ich Amma eine Frage zu diesem Thema stellen: Wie kann man die Erkenntnisse der Bhagavad Gītā Menschen vermitteln, die anderen Religionen folgen und von denen viele nur an einen formlosen Gott, den Nirguṇa-Aspekt des Göttlichen, glauben? Diese Frage ergab sich aus den Herausforderungen meiner Doktorarbeit.

Amma schaute mich mit ihrem schönen Gesicht an und nickte zum Zeichen, dass ich meine Frage stellen konnte. Doch bevor ich aufstehen konnte, reichte man das Mikrofon an jemanden auf der Männerseite. Er begann zu sprechen, ohne Amma dabei anzusehen, während ich schweigend stehen blieb. Es war eine lustige Situation; Amma machte eine süße Geste, im Sinne von: „Was soll man da machen?"

Ich war etwas traurig, weil ich am nächsten Tag abreisen musste. Doch später erfuhr ich, dass Amma bei der nächsten Frage-Antwort-Runde am Dienstag nach mir fragte. Wie kostbar es ist, in Herz und Mind unserer Mutter zu sein. Mögen wir uns ihrer unendlichen Liebe würdig erweisen.

Ich will nun erzählen, wie ich mich für Saguṇa- im Gegensatz zu Nirguṇa- Bhakti zu interessieren begann.

Meine Eltern kommen beide aus der Türkei. Mein Vater lehnt organisierte Religion strikt ab, und obwohl meine Mutter aus einer Linie von Sufi-Heiligen abstammt, ist auch sie nicht besonders an Religion oder Spiritualität interessiert.

Ich wurde in einer schönen deutschen Kleinstadt geboren. Dort wuchs ich auch auf und verbrachte viel Zeit in der Natur. Als ich sieben war, kam eines Tages die Nichte unserer Nachbarin zu Besuch und erzählte mir, dass sie einen Kurs besuche, in dem man den Koran liest und Arabisch schreiben lernt. Ich war begeistert und fragte meinen Vater, ob ich auch mitmachen dürfe – aber er lehnte ab.

Doch Gott ist nicht auf eine bestimmte Religion beschränkt. Meine Klassenkameraden waren größtenteils Deutsche Christen. Eine Frau in unserer Nachbarschaft leitete eine Bibelrunde, in der wir Geschichten aus der Bibel hörten, hingebungsvolle Lieder sangen und uns künstlerisch betätigten. Daran nahm ich teil und schätzte den Satsang sehr, den ich dort erhielt.

Zurückblickend, bin ich überzeugt, dass das Saṁskāra[21] der Gottessuche, das wir aus früheren Leben mitbringen, uns näher

[21] Saṁskāras sind Prägungen oder Eindrücke, die aufgrund vergangener Erfahrungen, Handlungen und Gedanken im Mind hinterlassen werden.

zu Gott zieht und nichts und niemand diese Suche aufhalten kann.

Nach meinem Studium war ich in der Businesswelt sehr erfolgreich. Ich lebte in der besten Gegend Istanbuls, hatte ein Auto und genoss das Leben in vollen Zügen. 2003 entdeckte ich Yoga und nach dem Tod meines Verlobten im Jahr 2007 vertiefte ich mich vollständig darin. Es veränderte mein Leben grundlegend. Ich wurde introvertierter und hingebungsvoller.

Obwohl die Türkei ein weltlicher Staat ohne offizielle Religion ist, bleibt doch der Islam die Religion der meisten Menschen dort. Im Islam wird Gott als der „Jener ohne Eigenschaften" verehrt. Bilder, Gemälde oder Statuen sind nicht erlaubt. Das türkische Wort Put (Idol) bezieht sich auf Śhrī Buddha. Der Islam wurde aggressiv unter türkischen Stämmen verbreitet, die zuvor Tengriismus, Buddhismus und Schamanismus praktizierten. Da ich schon immer einen introvertierten Mind hatte, waren und sind Philosophie, Religion und Spiritualität Bereiche, in denen ich mich in meinem Element fühle.

***

Das 12. Kapitel beginnt damit, dass Arjuna, Śhrī Kṛiṣhṇa s Krieger-Schüler (und mein persönlicher Held) herausfinden möchte, wer der beste Kenner des Yogas ist. Diese Frage kam ihm, nachdem er Kṛiṣhṇa s Viśvarūpa (die universale Form des Göttlichen) gesehen hatte. Er fragt Kṛiṣhṇa :

Evam satatayuktā yē bhaktāstvām paryupāsatē
yē chāpyakṣharam avyaktam tēṣhām kē yōgavittamāh

Diese Prägungen formen den Charakter, die Neigungen und Reaktionen eines Menschen in zukünftigen Situationen. Aus diesem Grund werden traditionelle Riten im Sanātana Dharma auch saṁskāras genannt.

„Wer ist der beste Yogi? Derjenige, der dich in deiner Form verehrt oder derjenige, der den unvergänglichen, unmanifestierten Brahman verehrt?“ (12.1)

Unser Lehrer der Schriftenklasse im Āśhram erklärte dazu: „Diese ernsthaft strebenden Devotees gehören zwei Kategorien an: Jene, die die Form des Herrn verehren (Saguṇa) und jene, die den Herrn als formlos (Nirguṇa) verehren.“

Welche Hingabe ist höherwertig?

Im nächsten Vers spricht Śhrī Kṛiṣhṇa über Saguṇa-Bhakti:

Mayyāvēśhya manō yē māṁ nitya-yuktā upāsatē
śhraddhayā parayopētās tē mē yukta-tamā matāḥ

„Für die besten halte ich jene Yogis, die ihren Mind fest auf mich richten, mich unablässig verehren und den höchstem Glauben haben.“ (12.2)

Anschließend erklärt Kṛiṣhṇa die Schwierigkeiten der Nirguṇa-Bhakti:

„Doch auch jene, die das Unvergängliche, das Unbeschreibliche, das Unverkörperte, das Allgegenwärtige, das Undenkbare, das Unveränderliche, das Unbewegliche und Ewige verehren, die alle ihre Sinne beherrschen, gleichmütig gegenüber allen sind und sich dem Wohl aller Wesen widmen, erreichen wahrlich nur mich. (12.3 – 4)

Das Streben ist jedoch schwieriger für jene, die ihr Denken auf das Unverkörperte richten, denn das Ziel des Unverkörperten ist für verkörperte Wesen sehr schwer zu erreichen.“ (12.5)

Kṛiṣhṇa hebt Saguṇa-Bhakti hervor, weil sie für uns leichter ist. Warum? Ist es möglich, an das Undenkbare zu denken? Oder an das Unverkörperte, das Ungeschaffene? Wir können nur über Dinge nachdenken, die greifbar oder beobachtbar sind. Ständig werden wir in die Welt der Dualität hineingezogen, da wir uns mit Körper, Mind und Intellekt identifizieren. Deshalb wird der Weg des Avyakta (das Unmanifestierte) als schwierig betrachtet.

Die meisten von uns sind Sklaven unserer Gedanken und Gefühle. Doch durch Sēvā und Sādhanā können wir bestimmte Emotionen beobachten und kontrollieren. Gefühle sind sehr subtil, deshalb ist es schwer, mit ihnen umzugehen. Es gibt jedoch einige erprobte Methoden, wie auf ein Kissen schlagen, wenn man wütend ist; sich bei einer Pflanze ausweinen; mit Haustieren sprechen, wenn man traurig ist; spazieren gehen nach einem Streit; oder einen lustigen Film schauen, wenn man frustriert ist.

Ein Aspekt von Emotionen kann gezielt für Saguṇa-Bhakti genutzt werden: Wenn wir uns auf ein sinnlich wahrnehmbares Objekt konzentrieren, erreichen wir darüber auch dessen subtilere Qualitäten. So können wir uns ebenso auf ein konkretes Objekt des Glaubens fokussieren und die aufsteigenden Gefühle somit dem Göttlichen weihen.

Im Kapitel 12, Verse 6–7 der Bhagavad Gītā sagt Śhrī Kṛiṣhṇa :

> „Doch jene, die mich verehren, all ihre Handlungen mir darbringen, mir ausnahmslos ergeben sind, selbstlosen Dienst verrichten und über mich meditieren; die ihren Mind fest auf mich gerichtet halten, sie werde ich schnell aus dem Ozean von Geburt und Tod befreien.“

Als begrenzten Menschen fällt es uns schwer, uns das formlose Göttliche vorzustellen. Sehen wir Amma wirklich in allem und jedem, besonders, wenn wir kritisiert werden oder uns ungerecht behandelt fühlen? Deshalb gibt uns Śhrī Kṛiṣhṇa eine dreistufige Anleitung. Wenn wir ihr folgen, versichert er uns, dass er uns packt und aus dem Saṁsāra – dem großen Kreislauf der Wiedergeburten – hinüberträgt:

1. Mind und Sinne ausschließlich auf das Göttliche richten
2. Alle Handlungen ihm überlassen

3. Über seine Form meditieren

Zuerst sagt Śhrī Kṛiṣhṇa : „Richte deinen Mind und deine Sinne auf mich.“ Der Mind ist von Natur aus nach außen gewandt. Es wäre also ziemlich schwierig, ihn auf etwas Nicht-Greifbares zu richten. Mind und Sinne sind wie Kinder. Wir müssen sie immer im Blick behalten und beschäftigen, sonst verbreiten sie Chaos.

Im Sanātana Dharma haben wir die Möglichkeit, Gegenstände zu verehren:

- Idole und Bilder für das Sehen und Berühren;
- Räucherwerk, Flamme und Prasād für Geruch und Geschmack;
- sowie Glocken und Bhajans für das Hören.

So werden all unsere Sinne einbezogen, ohne dass uns einer entwischen kann. Diese unterstützenden Elemente sind im Nirguṇa-Bhakti nicht miteinbegriffen. Wer seine Sinne beherrscht, seine Emotionen im Gleichgewicht hält, einen ruhigen, standhaften Mind und wachen Intellekt hat, gilt als geeignet, Gott ohne Eigenschaften zu suchen.

Doch es ist schwer, seine Aufmerksamkeit auf Gott zu richten, wenn man die Gedanken nicht kontrollieren kann. Der Suchende braucht Unterscheidungskraft und Losgelöstheit. Diese kommen erst, wenn Mind und Intellekt durch Karma-Yoga (der Weg des selbstlosen Handelns) und das Studium der Schriften gereinigt sind. Wie viele Menschen praktizieren das heutzutage?

***

Im 7. Kapitel der Bhagavad Gītā beschreibt Śhrī Kṛiṣhṇa vier Arten von Verehrern:

Ārta: Jene, die nur während ihrem Leiden zu Gott rufen.

Arthārthī: Jene, die Gott anrufen, nur wenn sie ein Verlangen nach etwas haben.

Jijñāsu: Die Suchenden, welche nach der Wahrheit forschen.
Jñānī: Jene, die in der Wahrheit gefestigt sind.

Ich wuchs mit einer Ārta- und Arthārthī-Haltung auf. Wenn meine Familie oder ich einen Wunsch hatten oder in Not waren, gingen wir zu einem Türbe, einem Heiligengrab, und beteten. Wenn unser Wunsch in Erfüllung ging, verteilte meine Mutter Zucker oder türkische Bagels. Ist das nicht ein Beispiel für das, was Amma oft eine „Geschäftsbeziehung mit Gott“ nennt?

Solche Rituale ohne ein tieferes Verständnis der Prinzipien der aufrichtigeren Verehrung, im Namen von Glauben oder Religion ausgeführt, regen mich zum tieferen Nachdenken an, allerdings ohne, dass ich dabei irgendeine Religion verurteile.

Mind und Sinne suchen immer etwas, woran sie sich festhalten können. Wie unsere geliebte Amma sagt: Im Buddhismus wird die Theorie der Shūnyata (Leere) gelehrt, und doch finden wir Buddha-Statuen in buddhistischen Tempeln. Im Islam wird Gott als attributlos und allgegenwärtig verstanden, und doch wenden sich die Gläubigen beim Gebet in Richtung Kiblah, zum heiligen Kubusmonument Ka′aba in Mekka.

Solche Themen öffentlich anzusprechen, ist jedoch riskant. Einst lief der berühmte Sufi-Heilige Mansoor Al-Hallaj im 10. Jahrhundert in einem Zustand göttlicher Versunkenheit durch die Straßen Bagdads und rief ständig: „Ana'l Haq!" (Ich bin die Wahrheit.) Die orthodoxen Moslems hielten das für Blasphemie, so als würde er behaupten, selbst Gott zu sein. Schließlich schnitten sie ihm alle Gliedmaßen ab und richteten ihn hin. Es heißt, dass selbst nach seiner Hinrichtung sein Blut und seine Glieder weiterhin „Ana'l Haq" riefen.

Ich selbst stamme mütterlicherseits von einer Heiligenlinie ab, die ins 16. Jahrhundert zurückreicht. Mein Ur-Ur-Großvater Gülbaba war aus Ankara. Gülbaba bedeutet auf Türkisch „Vater der Rosen“.

Ich besuchte Gülbabas Grab erst, nachdem ich in einer Schriftenklasse in Amritapuri über die Bedeutung erfuhr, einen Sanyasi (initiierter Entsagender) oder einen Heiligen in der Familie zu haben.

Zu meiner Überraschung las ich ein Zitat von Gülbaba, das mit Ammas Lehre übereinstimmt:

„Hör nicht auf zu beten
Sei bescheiden
Liebe die Welt nicht zu sehr
Verdiene ehrlich
Wetteifere in Wohltätigkeit und guten Werken
Sei gutherzig“

Als ich Amma das erste Mal traf, hielt ich mich für eine großartige Yogalehrerin, soviel zur Bescheidenheit! Ich war bereits in Indien und arbeitete in einer Yogaschule in Goa. Nach einem Streit mit meinem Yogalehrer verließ ich die Stadt, vollkommen verzweifelt, da ich die Richtung im Leben verloren hatte. Ich wusste nicht, was ich tun sollte und beschloss schließlich, nach Tiruvannamalai in Ramana Maharshis Āśhram zu reisen, obwohl ich kaum etwas über ihn wusste. Doch ich verpasste meinen Anschlusszug und landete in Mangalore. Dort musste ich über Nacht bleiben, weil es keinen Zug mehr gab. Innerhalb Indiens war ich das erste Mal außerhalb von Goa, und ich kannte mich überhaupt nicht aus.

Im Hotel sah ich eine Karte. Mangalore lag nahe an der Grenze zu Kerala, und ich dachte sofort an Amma. Ich hatte zuvor von ihr gelesen und wollte ihr ohnehin begegnen.

Plötzlich war es, als würden in meinem Kopf wie in einem Kinofilm Feuerwerke explodieren. Ich erkannte, dass Amma mein Guru ist und ich sie treffen musste. Am nächsten Tag meldeten sich Freunde bei mir. Sie waren in Kochi und hatten an mich gedacht, als sie ihren Besuch nach Amritapuri planten. Das

Taxi war bereits gebucht und sie luden mich ein, mitzukommen. Ich musste mich tatsächlich um nichts mehr kümmern, der Weg wurde durch Ammas Gnade geebnet. So traf ich im Januar 2011 in Amritapuri ein.

Seitdem hält Amma meine Hand und begleitet mich auf dem spirituellen „Fahrstuhl" zum Ziel. Auch wenn ich wie ein trotziges Kind manchmal rückwärtsgehen möchte, führt Amma mich liebevoll wieder auf dem Weg vorwärts.

Mit Ammas Führung und grenzenloser Gnade schloss ich meinen Master in Philosophie an der Amrita Universität ab. Diese zwei Jahre waren ohne Zweifel die schwersten meines Lebens. Jeden zweiten Tag wollte ich aufgeben. Oft weinte ich auf dem Weg vom College zurück in den Āśhram.

Von den indischen Schriften hatte ich keinerlei Wissen, auch nicht über Śhrī Kṛiṣhṇa oder Devī, die göttliche Mutter. All meine indischen Kommilitoninnen und Kommilitonen waren damit aufgewachsen und mir meilenweit voraus.

Eines Tages ging ich in den Kalari, den ursprünglichen kleinen Tempel im Āśhram, und versuchte, eine Beziehung zu Śhrī Kṛiṣhṇa aufzubauen. Ich sagte zu ihm:

„Es scheint, du bist ein gütiger und liebender Gott, aber ich kenne dich nicht. Würdest du mir bitte helfen, dich kennen- und lieben zu lernen?"

Amma in der Form unseres geliebten Kṛiṣhṇa s schenkte mir ihre Gnade und half mir, meinen Master mit Auszeichnung abzuschließen.

Kannst du erraten, was mein Thema war?

„Bhagavad Gītā – Eine Quelle innerer Stärke und psychologischen Kapitals"

Was für ein Privileg, die Herrlichkeit Śhrī Kṛiṣhṇas zu preisen!

Wir können niemanden lieben, den wir nicht kennen. Hingabe verleiht dem Wissen Schönheit und Duft. Genau das habe ich mit Śhrī Kṛiṣhṇa erlebt. Wissen verleiht der Hingabe Tiefe. Je mehr ich über ihn lernte, desto tiefer wurde meine Liebe.

Wissen ohne Hingabe jedoch bleibt rein intellektuell. Hingabe ohne Wissen ist schwankend und leicht erschütterbar. Es ist tatsächlich ein Kreislauf der Tugend: Je mehr Bhakti wir entwickeln, desto mehr Jnāna (Wissen) wünschen wir uns. Und je mehr Jnāna wir empfangen, desto stärker wird unsere Liebe zum Göttlichen.

***

Gott hält unsere Hand, sobald wir ihm völlig vertrauen. In diesem Zusammenhang hatte ich einen luziden Traum von Amma, über den ich erzählen möchte:

Wir waren im Āśhram, und Amma spielte mit uns Verstecken. Amma in meinem Traum war die jüngere Version ihres Selbsts. Sie begann eine Treppe hinaufzusteigen und schenkte mir dabei ein schelmisches Lächeln. Lachend und kichernd folgte ich ihr.

Dann stieg Amma immer höher hinauf. Die Treppe bestand aus einem Stapel von Stühlen und Tischen. Sie war wackelig und beängstigend. Doch das kümmerte mich nicht, ich wollte nur Amma erreichen.

Wir stiegen immer höher, aber irgendwann verlor ich sie aus den Augen. Ich zog mich auf einen Tisch, der auf einem Stuhl stand. Dort sah ich einen Brahmachāri ohne Arme, der sich um ein blindes Baby kümmerte. Ich war schockiert. „Wie kannst du für dieses Baby sorgen?“ fragte ich. „Es könnte von dieser Höhe herunterfallen. Du kannst es doch gar nicht festhalten!“

Der Brahmachāri antwortete:

„Mach dir keine Sorgen, Amma kümmert sich darum.“

In diesem Moment verlor ich das Gleichgewicht und stürzte, während ich nach Amma rief. Als ich (immer noch im Traum) wieder zu mir kam, lag ich auf weichem Gras. Meine Augen füllten sich mit Tränen. Ich fragte eine Schwester neben mir, wie ich hierhergekommen sei. Sie antwortete:

„Amma hat dich hergetragen."

Tief bewegt von Ammas Mitgefühl, wachte ich weinend auf. Was auch immer wir tun, Amma ist immer für uns da. Wir sollten niemals unseren Glauben an Amma verlieren.

Als der Āśhram wegen Covid seine Tore schloss, war ich in der Türkei bei meiner Familie. Wir verloren einen Onkel an den Virus und meine Mutter erkrankte ebenfalls schwer daran. Ich musste mitansehen, wie meine Familie in Angst und Verzweiflung versank, als meine Mutter auf die Intensivstation kam. Niemand wusste damals, was diese Krankheit wirklich war. Wir alle fühlten uns verloren.

Ammas Satsangs waren kleine Lichter in der dichten Dunkelheit. Amma rettete meine Mutter aus den Klauen von Lord Yama (Gott des Todes). Ich verneige mich wieder und wieder vor der Gegenwart unserer geliebten Amma in meinem Leben. Diese Ereignisse lehrten mich wertvolle Lektionen und zeigten mir, wie groß das Leid in der Welt ist. Sie entfachten in mir erneut die Liebe, der Menschheit zu dienen und die Herrlichkeit unserer göttlichen Mutter zu verbreiten.

Wenn wir Ammas Anweisungen folgen, führt sie uns stetig von innen heraus. Wir müssen nur achtsam sein und dürfen nicht auf die Stimme unserer persönlichen Wünsche hereinfallen, denn das ist die Stimme unseres Egos.

Über Spiritualität sprechen, hat oft wenig Wirkung, doch den Weg selbst zu gehen übt eine starke Kraft auf andere Menschen aus. Wenn wir durch unsere Handlungen unsere Familie und Freunde inspirieren, kann das eine Kettenreaktion auslösen, eine Kerze entzündet dann die nächste. So kann sich Licht vom Einzelnen zur Familie, von der Familie zur Gesellschaft und von der Gesellschaft in die ganze Welt verbreiten.

Wir haben eine kleine Satsang-Gruppe in der Türkei. Während der Pandemie trafen wir uns jeden Donnerstag online, um gemeinsam Ammas Weiße-Blüten-Meditation für den Weltfrieden zu praktizieren. Wir unterstützten auch ein Waisenhaus in Istanbul und eine Schule in Kaş, indem wir elektronische Tablets für Kinder kauften, damit sie online am Unterricht teilnehmen konnten. Als Zeichen unserer Verantwortung gegenüber Mutter Natur leisteten wir außerdem finanzielle und praktische Hilfe bei den verheerenden Waldbränden in der Türkei.

Ich möchte Amma für ihre Gnade danken und allen, die diese wöchentlichen Satsangs möglich gemacht haben. Wir beten, dass Amma die Türkei durch die Berührung ihrer heiligen Füße segnen und Dharma in unserem Land wieder verankern möge.

***

Ammas Wunder sind unerklärlich. Diejenigen, die mich einst scharf dafür kritisierten, dass ich Ammas Worte befolgte, wurden selbst zu Ammas Devotees. 2019, während der letzten Europa-Tour, kamen meine Mutter und meine jüngste Cousine zu dem Programm im deutschen Āśhram. Meine Tante hatte zuvor geklagt, dass meine Cousine zur Atheistin geworden sei. Doch nach dem Treffen mit Amma verliebte sie sich in sie.

Das gleiche passierte mit meiner Mutter. Ich konnte beobachten, wie sie sich von einer Frau, die eifersüchtig und kritisch gegenüber Amma war, in ein Kind verwandelte, das sich sehnlichst eine Amma-Puppe wünschte. Als wir gemeinsam zum Familien-Darśhan gingen, nannte Amma uns „Gülkızlarım" – „meine Töchter der Rosen". Wir waren sehr erstaunt, denn ich hatte Amma niemals von unserem Heiligen-Vorfahren Gülbaba erzählt.

Wie kann Amma das alles wissen?

Amma sagt: „Der Guru ist die verkörperte Form des formlosen Absoluten. Er ist nichts anderes als Gott selbst, denn ‚Gott' ist ein Name für das höchste Selbst, wenn es eine Form und einen Namen annimmt."

Amma ist nicht verschieden von uns. Sie kennt all unsere Gedanken und Gebete, da wir eins mit ihr sind. Amma ist die höchste Wahrheit, die wir in Gott mit oder ohne Form suchen. Mögen wir diese große Wahrheit verstehen und nie vergessen.

Ich möchte mit einer kleinen Geschichte abschließen, die zeigt, wie Amma unsere Gebete hört und sofort beantwortet:

Einmal gab Amma Darśhan im Kali-Tempel in Amritapuri. Während ich in der Schlange wartete, betete ich immer wieder: „Amma, bitte verleihe mir Bhakti."

Als nur noch ein oder zwei Menschen vor mir waren, blickte ich zur Seite und sah Bhakti, Ammas Hund, auf der Bühne. „Bhakti!", rief ich. Bhakti rannte sofort auf mich zu, wedelte mit dem Schwanz und gab mir liebevolle Hundeküsse. Als Amma das sah, sagte sie mit einem perfekten Kali-Lachen: „Ohhh, Bhakti!"

Unsere Lalitāmbikā, unsere spielerische Mutter, beantwortet unsere Gebete auf so bezaubernde Weise, dass wir sie nie vergessen können!

Satsang 12

Ahaṅkāra – Das Ego

Dr. Sriram Ananthanarayanan – Indien

Eines Tages sah ein Mann ein süßes, kleines Kätzchen an seiner Straßenecke und nahm es mit nach Hause. Er brachte das Kätzchen zu seinem Guru und bat um einen Namen. Sein Guru nannte das Kätzchen „Ego“. Bald wuchs Ego heran und wurde eine Zumutung. Er warf die Milch in der Küche um und schleppte tote Ratten ins Haus. Seine Frau hatte es schnell satt und sagte zu ihm: „Ego muss weg!“

Der Mann setzte Ego an der Straßenecke ab, wo er ihn gefunden hatte. Nur eine Minute später tauchte Ego schon wieder im Haus auf. Diesmal setzte der Mann Ego ein paar Straßen weiter ab. Doch auch diesmal kam Ego zurück. Da beschloss der Mann, Ego weit weg zu bringen. Nach einem langen Fußweg und etlichen Umwegen, ließ er Ego an einem weit entfernten Ort zurück und machte sich auf den Heimweg. Er war so lange gelaufen, dass er sich auf dem Rückweg selbst verirrte, also rief er seine Frau an und fragte: „Ist Ego da?“ Die Frau antwortete: „Ja, Ego ist vor einer halben Stunde zurückgekommen.“ Der Mann sagte: „Kannst du bitte Ego ans Telefon geben? Ich habe mich verlaufen und brauche eine Wegbeschreibung!“

Diese Geschichte zeigt, wie schwierig es ist, das Ego loszuwerden. Amma sagt: „Das Ego ist das größte Hindernis auf deinem Weg zur Wahrheit.“ Wie können wir dieses Hindernis überwinden und die höchste Wahrheit erkennen?

Einmal fragte ein Mann Amma während des Darśhans nach einer einfachen Definition von Spiritualität. Amma antwortete:

„Mitfühlend auf andere zu achten, ist Spiritualität." Amma erzählte dann die folgende Geschichte:

Einmal schlief ein Mann mit weit geöffnetem Mund. Eine Fliege flog hinein und weckte ihn auf. Der Mann wurde unruhig. Er meinte, sie noch immer im Mund summen zu hören. Er ging zu mehreren Ärzten, doch alle sagten, dass da nichts sei. Trotzdem blieb der Mann überzeugt, dass die Fliege noch da war. Eines Tages ging er zu einem Mahātmā – einer großen Seele.

Der Mahātmā hörte sich sein Problem geduldig an und sagte dann: „Ja, du hast recht. Ich kann eine Fliege in dir sehen." Der Mann war überglücklich. Endlich verstand ihn jemand und bestätigte, was er selbst spürte. Der Mahātmā bat ihn, sich hinzulegen, deckte ihn zu und sagte ihm, er solle die Augen schließen und ganz still bleiben. Dann ging der Mahātmā in einen anderen Raum, fing eine lebende Fliege und brachte sie in einer Flasche zurück. Anschließend tat er so, als würde er die Fliege aus dem Mann herausfangen. Kurz darauf rief der Mahātmā: „Ah ja, ich habe sie!" Er bat den Mann, die Augen zu öffnen und zeigte ihm die Fliege in der Flasche. Der Mann war überglücklich – seine Sorgen und sein Leiden verschwanden.

Amma erklärte: „In Wirklichkeit war nie eine Fliege in dem Mann – und doch litt er. Nur der Mahātmā begab sich auf die Ebene des Verständnisses des Mannes und half ihm. Die anderen blieben auf ihrer eigenen Sichtweise und konnten nicht erkennen, was der Mann wirklich brauchte." Amma fuhr fort: „Mein Sohn, genau das ist der Weg der spirituellen Verwirklichung. Der Meister betrachtet die Fliege der Unwissenheit – das Ego – als real, so wie es der Schüler erlebt. Und von dort führt er ihn zur Wahrheit."

Aus ihrem grenzenlosen Mitgefühl steigt Amma auf unsere Ebene herab. Für uns erscheint das Ego sehr real. Wir fühlen uns wie isolierte Individuen, getrennt vom Rest der Welt. Dieses

Gefühl des Getrenntseins ist das Ego. Das Ego beschränkt uns auf unsere belanglosen, persönlichen Wünsche und Ängste, auf Vorlieben und Abneigungen! Wir erleben Stress und Angst. Das Ego ist wie ein Gefängnis.

Amma sagt, dieses Ego ist unsere eigene Kreation, unsere eigene Vorstellung. Es ist die Ursache unseres Leidens. Für Amma gibt es kein trennendes Gefühl– kein Ego. Wo kein Ego ist, gibt es keine Angst. Wo kein Ego ist, gibt es nur Eins-Sein, nur reine Liebe.

So wie die Dunkelheit in der Gegenwart des Lichts verschwindet, schenkt der Guru Selbsterkenntnis und das Ego verschwindet. Das Ego ist der Knoten, der uns an unsere Vergangenheit bindet. Wenn das Ego verschwindet, verschwindet auch die Bindung an alles Vergangene.

***

Vor etwa zehn Jahren, als Amma gerade von einer ihrer Touren zurückkam, rief sie alle Āśhram-Bewohner zum Darśhan in den Kāḷī-Tempel. Gerade als ich mich dem Tempel näherte, kam Amma aus der anderen Richtung.

Ich stand zwischen zwei anderen Männern. Amma schaute zu dem Mann links von mir und lächelte ihn an. Dann schaute Amma zu dem Man rechts von mir und schenkte auch ihm ein süßes Lächeln. Mich ignorierte sie völlig und ging weiter. Was für ein Schlag für mein Ego! Amma begann dann, im Tempel Darśhan zu geben.

Auf dem Boden rechts von Amma und etwas nach hinten versetzt, saß ich still. Zum Darśhan ging ich nicht und Amma schenkte mir keine Beachtung. Stundenlang saß ich einfach da und beobachtete sie – vier oder fünf Stunden vergingen. Dann sah ich, wie sich der Leiter von Ammas Universität ihr von der Seite näherte. Auf der anderen Seite zeigten kleine Kinder

Amma ihre Zeichnungen, und davor bewegte sich die Darśhan-Schlange vorwärts.

Mir kam der Gedanke, dass ich zwar niemals sehen würde, wie Kṛiṣhṇa spielerisch den Berg Gōvardhana hochhebte, aber dass ich Zeuge davon war, wie Amma ihre Institutionen in die Höhe hielt, während sie gleichzeitig die Zeichnungen der Kinder bewunderte und mit derselben Leichtigkeit und Verspieltheit Darśhan gab!

In Gedanken sagte ich: „Amma, du bist Kṛiṣhṇa !“ Im nächsten Moment drehte sich Amma ganz nach hinten um, sah mich an und winkte mit der Hand, um mir zu signalisieren ich solle zum Darśhan kommen. Ich war sprachlos! Es schien, als hätte sie gerade auf meine Gedanken reagiert. Trotzdem zögerte ich, zum Darśhan zu gehen. Nach ein paar Minuten kam meine Frau zu mir und sagte: „Lass uns zum Darśhan gehen!“ Wie hätte ich ablehnen können? Nachdem Amma mir Darśhan gegeben hatte, hielt sie meine Hand fest und ließ sie nicht los, selbst als sie die nächste Person umarmte.

Mir war klar, dass Amma wollte, dass ich etwas sagte. Ich sagte: „Amma, du bist Kṛiṣhṇa !“ Amma schenkte mir einen strahlenden Blick voller Liebe und Mitgefühl. Dann bat ich Amma, mich die Bhagavad Gītā zu lehren und Amma lächelte. Amma lehrt uns durch Erfahrung. Diese Lehren dauern bis heute an – manchmal auf ganz unerwartete Weise. Durch dieses besondere Erlebnis wurde mir klar: Amma kennt all unsere Gedanken. Wie kann das sein? Weil Amma Ātmā ist – das höchste Selbst, die Essenz unseres eigenen Wesens. Sie ist das Bewusstsein, das den Mind erleuchtet.

In Kapitel 10, Vers 20 der Bhagavad Gītā sagt Kṛiṣhṇa zu seinem Devotee Arjuna:

aham ātmā guḍākēśha sarva-bhūtāśhaya-sthitaḥ aham ādiśh cha madhyaṁ cha bhūtānām anta ēva cha

> „Ich bin das Selbst, oh Arjuna, das im Herzen aller Wesen ist; ich bin der Anfang, die Mitte und auch das Ende Aller."

Amma gibt oft das Beispiel der Sonne, die sich in vielen mit Wasser gefüllten Krügen spiegelt. Auch wenn es viele Spiegelbilder gibt - die Sonne selbst ist nur eine. Genauso spiegelt sich das Bewusstsein in jedem Mind als „Ich". In Wirklichkeit aber gibt es nur ein einziges Bewusstsein, nur ein wahres „Ich". Amma sagt, dass dieses Bewusstsein - das keine Geburt und keinen Tod kennt - unsere wahre Natur ist.

***

Eines Abends hier in Amritapuri hatten wir uns alle im Innenhof vor dem Kāḷī-Tempel versammelt. Es war eine wunderschöne Kulisse: Wir saßen in Ammas göttlicher Präsenz, die Sonne ging unter, eine sanfte Brise wehte durch die Bäume um uns herum. Nachdem Amma uns in die Meditation mit der Visualisierung weißer Blüten geleitet hatte, landete eine weiße Substanz in meinem Schoß. Der Vogel, der auf dem Ast über mir saß, meditierte nicht nur gern, sondern ließ während der Meditation auch gern eine weiße Substanz herabfallen.

Am nächsten Tag saß ich zwar an einer anderen Stelle, aber ein anderer Vogel kam auf dieselbe Idee. Diesmal war sein Timing perfekt. Gerade als Swāmī sagte: „Visualisiert weiße Blüten, die sanft vom Himmel fallen", landete die weiße Substanz auf meinem Kopf und auf meiner Kleidung!

Vielleicht wollte mir der Vogel etwas beibringen. Ich schaute nach oben. Der Vogel schien zu sprechen. Er sagte: „Sarvam Brahmamayam - alles ist Brahman (das Absolute)." „Mein Kot ist Brahman. Auch du bist Brahman. Aus Brahman ist Brahman entstanden und auf Brahman gelandet, wo liegt also das Problem?" Ich sagte: „Ich habe die vēdāntischen Lehren noch nicht vollständig verinnerlicht." Der Vogel sagte: „Nun, dann mache weiter mit Śhravaṇam (Zuhören) und Mananam (Kontemplation)."

Der Vogel fuhr fort: „Höre auf die Lehren der Schriften und sinne über ihre Bedeutung nach. Nur dann kannst du Nididhyāsana – die vēdāntischen Lehren – verinnerlichen und sie in jeder Lebenssituation anwenden. Aus einer mehr hingebungsvollen Perspektive: Kennst du das Gebet: „Gott, gib mir die Gelassenheit, Dinge zu akzeptieren, die ich nicht ändern kann, den Mut, Dinge zu ändern, die ich ändern kann, und die Weisheit, den Unterschied zu erkennen?" Ich antwortete: „Ja, das kenne ich."

Der Vogel sagte: „Was den Kot auf deinem Kopf und deiner Kleidung angeht, so kannst du nicht mitten in der Meditation aufstehen, also akzeptiere einfach, was ist. Amma sagt, dass Akzeptanz Hingabe ist. Ist wahre Ergebenheit nicht das Ziel der Hingabe?"

„Ja, das ist es!", antwortete ich. „Du hast mir beigebracht, wie ich dieser Situation mit Jñāna (Wissen) und Bhakti (Hingabe) begegnen kann. Bitte lehre mich auch den Weg des Karma Yōgas (Weg des selbstlosen Handelns)."

Der Vogel sagte: „Sicher. Du bist gekommen und hast dich zur Meditation hingesetzt. Du hast dir vorgestellt, wie weiße Blumen des Friedens überall herabfallen. All das war selbstloses Handeln, das du mit einer ehrfürchtigen Haltung getan hast – Pūjā Manō Bhāva. Ich habe weiße Substanz als Prasād auf dich fallen lassen. Wenn du Handlungen mit Pūjā Manō Bhāva und Prasāda Buddhi ausführst – alles, was kommt, als Geschenk Gottes annimmst –das ist Karma Yōga. Samatvam Yōga Uchyatē – Gleichmut ist Yōga."

Ich verneigte mich mental vor dem Vogel für diese unerwartete Lektion aus der Bhagavad Gītā. Amma sagt, dass Karma Yōga und Bhakti Yōga wie die beiden Flügel eines Vogels sind und Jñāna Yōga wie der Schwanz des Vogels. Ich bete zu Amma, dass ich diese Lehren verinnerliche, damit der Vogel diese Lektion nicht wiederholen muss!

Amma sagt: „Es gibt kein Problem mit der Welt. Das Problem liegt im menschlichen Mind – im Ego." Das grundlegende Problem ist, dass wir uns mit dem Körper-Mind identifizieren und nicht mit dem wahren Selbst. Diese falsche Identifikation mit dem Körper-Mind ist eine sehr tief verwurzelte Konditionierung.

Das Ego entsteht aus Unwissenheit und das Ego erzeugt egozentrische Verlangen. Alle negativen Tendenzen des Minds wie Lust, Wut, Gier, Stolz, Attachment und Eifersucht entspringen dem Ego. Alle Konflikte und Kriege, ob zwischen Individuen oder zwischen Nationen, entstehen nur wegen dem Ego.

***

Bevor ich Amma, die Bezwingerin des Egos, traf, schloss ich mein Studium am IIT Bombay mit einem Bachelor in Ingenieurwesen ab und zog dann nach Kalifornien, um an der UC Irvine zu studieren. Nach meinem Studium bekam ich eine gute Stelle bei einem Software-Technologieunternehmen in Sunnyvale, Kalifornien und heiratete. Meine Frau Padmamālā war spirituell ausgerichtet und liebte es, Bhajans zu singen.

Mein unschuldiger kindlicher Glaube an Gott verschwand jedoch während meiner College-Zeit, und ich hatte viele Fragen, die unbeantwortet waren. Die Schriften kannte ich nicht und fragte mich, ob Gott wirklich existierte oder ob die Menschen an Gott glaubten, um Trost und Geborgenheit zu finden. Mein Gebet zu dieser Zeit lautete: „Gott, wenn du existierst, bitte offenbare dich mir."

Mit dieser Einstellung empfing ich 1996 meinen ersten Darśhan von Amma in ihrem Āśhram in San Ramon, Kalifornien.

Amma überraschte mich sehr. Es war eine Dēvī Bhāva-Nacht. Als ich Amma in ihrer strahlenden Gestalt sah, gekleidet wie eine Göttin mit Sāri und Krone, dachte ich: „Wie seltsam!" Ich bekam ein Zeichen und empfing Ammas Darśhan. Wenig später begannen mehrere Menschen zu den Bhajans zu tanzen. Ich fragte mich, ob sie von den Bhajans high wurden. Auf dem Heimweg dachte ich: „Das ist alles sehr seltsam!"

Wie Swāmī Amṛitaswarūpānandajī sagte: „Wenn du etwas nicht begreifen, nicht verstehen kannst, stempelst du es als seltsam ab." Genau das hatte ich getan. Ich dachte nicht, dass ich wieder hingehen würde, aber Amma hatte andere Pläne. Amma hatte einen Samen der Transformation in mir gesät.

Später tauchte in meinem Mind die Frage auf: „Was ist der Sinn des Lebens?" Diese Frage ließ mich einfach nicht los. Dann in der Stille wurde mir die Antwort offenbart. Ich begann zu erkennen, dass Amma die Liebe Gottes in menschlicher Gestalt ist und dass der Sinn des Lebens darin besteht, mit diesem Zustand des Ein-Seins, diesem Zustand der reinen Liebe, zu verschmelzen.

Amma sagt, dass die spirituelle Reise mit Mitgefühl beginnt und endet. Ich spüre, dass die spirituelle Reise mit dem Mitgefühl des Gurus beginnt, von ihm getragen wird und in ihm gipfelt.

Mit einer einzigen Berührung oder einem einzigen Blick weckt Amma in uns die Suche nach dem wahren Sinn des Lebens. Daher ist Amma Brahmā – der Schöpfer. Die spirituelle Reise ist jedoch voller Fallstricke. In der Kathōpaniṣhad sagt Yama, der Gott des Todes: „Scharf wie eine Rasierklinge ist der [spirituelle] Weg." Nur unser Guru Amma erhält und beschützt uns auf der spirituellen Reise. Deshalb ist Amma Vishnu – der Beschützer.

Ohne ihre Führung und ihren Segen hätte ich diesen Weg schon vor langer Zeit verlassen. Wir können darauf vertrauen, dass Amma letztendlich unsere Unwissenheit vertreibt und uns aus dem Kreislauf von Geburt und Tod befreit. Deshalb ist Amma Shiva, der Zerstörer des Egos, der Zerstörer der Unwissenheit. Und Amma tut all dies mit mütterlichem Mitgefühl.

Als wir das nächste Mal in San Ramon zum Darśhan gingen, bat Amma mich und meine Frau, uns neben sie auf die Bühne zu setzen. Dann fragte Amma uns: „Was wünscht ihr euch?" Ich spürte, dass sie bereit war, uns jeden Wunsch zu erfüllen, aber dass wir diese Gelegenheit nicht verschwenden sollten. Ich betete innerlich zu ihr: „Amma, wenn wir dich um etwas bitten, wird uns das zweifellos glücklich machen. Aber dieses Glück wird schnell vergehen. Bitte schenk uns das Glück, das nicht vergeht."

Als der Darśhan zu Ende war, stand Amma auf, aber bevor sie ging, sagte sie etwas über uns zu Swāmī Ramakrishnānandajī. Swāmījī erzählte uns, dass Amma ein Saṅkalpa – einen göttlichen Entschluss – für uns gefasst hatte. Damals wusste ich weder die Bedeutung noch die Tragweite davon, aber ich vermutete, dass es ein Segen war, da Swāmījī sehr glücklich darüber aussah.

Zweifellos ist es Ammas göttlicher Entschluss, der uns Zuflucht zu ihren göttlichen Füßen gewährt. Einige Jahre später wurden wir Bewohner des Amritapuri-Āśhrams.

Als ich im nächsten Jahr zum Darśhan nach San Ramon ging, spürte ich, dass mein Leben nur dann einen Sinn hat, wenn ich in Ammas Nähe sein und ihr dienen kann. Ich sagte Amma, dass ich gerne nach Indien zurückziehen würde, um bei ihr zu sein. Amma fragte mich, was ich studiert hatte. Ich fühlte mich wie eine winzige Kerze vor der Sonne und schwieg.

Dann fügte Amma hinzu: „Du kannst sofort [nach Indien] kommen oder später. Wenn du jetzt kommen möchtest, dann komm morgen wieder." Nachdem ich nach Hause ging, dachte ich darüber nach, die USA zu verlassen und in Ammas Āśhram zu ziehen, den ich noch nie besucht hatte. Es schien mir nicht ganz realistisch, aber mein Herz war bei Amma. Am nächsten Morgen beschloss ich, einfach ins Büro zu gehen und nicht zum Āśhram in San Ramon. Auf dem Weg zur Arbeit hatte ich das Gefühl, zu kneifen. Obwohl ich ins Büro ging, waren meine Gedanken bei Amma. An diesem Tag las ich zufällig eine von Ammas Geschichten:

Ein Adlerjunges schlüpfte zusammen mit einigen Hühnern und wurde von einer Henne großgezogen. Es lernte, nach Würmern zu scharren und benahm sich wie die anderen Hühner. Eines Tages entdeckte ein Adler, der hoch am Himmel kreiste, das Junge – und wunderte sich, dass sich ein Adler wie ein Huhn verhielt. Er stürzte herab und näherte sich ihm. Das Junge erschrak und rannte davon – zusammen mit den Hühnern. Doch der ältere Adler ließ nicht locker. Er führte das Junge zu einem Teich. Dort sah es sein Spiegelbild – und erkannte sich selbst: ein Adler, genauso majestätisch wie der, vor dem es eben noch Angst gehabt hatte. Von da an hob es ab – und flog frei durch die Lüfte.

Dass ich diese Geschichte ausgerechnet an diesem Tag las, war kein Zufall. Sie gab mir Hoffnung: Amma wird mich eines Tages zu sich rufen. Durch ihren Segen zogen wir einige Jahre später nach Indien und wurden Teil Ammas Universität in Bangalore.

***

Ammas Besuche in Bangalore waren immer unvergessliche Ereignisse. Bei einem dieser Besuche verkündete Amma plötzlich, dass sie vorhabe, unseren Universitätscampus zu besuchen. Einige von uns eilten vom Veranstaltungsort zum Campus, um Ammas Besuch vorzubereiten. Wir informierten auch die

Studenten, dass Amma kommen wird und baten sie, sich in der Aula zu versammeln.

Sobald Amma eintraf, bat sie die Fakultätsmitglieder, den Saal zu verlassen. Sie wollte, dass die Studenten sich frei fühlen konnten, offen zu sprechen. Einer der Studenten beschwerte sich auf sehr unhöfliche Weise und ohne jeglichen Respekt bei Amma über die Qualität der Chapatis, die zu den Mahlzeiten serviert wurden.

Jeder andere hätte sich beleidigt gefühlt und wütend darauf reagiert. Aber nicht Amma! Voller mütterlicher Liebe und mit nichts als Mitgefühl und Sorge um die Studenten, überlegte Amma gemeinsam mit ihnen mögliche Lösungen, wie zum Beispiel die Anschaffung einer Chapati-Maschine.

Amma wird auf der ganzen Welt verehrt, bleibt aber absolut bescheiden und begibt sich auf die Ebene jedes Einzelnen, der mit ihr in Kontakt kommt. Nur Amma kann das. Die Bhagavad Gītā spricht von einem erleuchteten Menschen, der Lob und Beleidigung, Ehre und Schande gleichsieht. Ich habe das mit eigenen Augen gesehen. Amma lehrt nicht nur Vēdānta, Amma lebt Vēdānta.

Während eines weiteren Besuchs von Amma in Bangalore gab Swāmī Amṛitagītānandajī mir und meiner Frau die Gelegenheit, Amma am ersten Tag des Programms mit einer Girlande zu begrüßen. Wir hatten den schönsten Darśhan! Ich bin Swāmījī dankbar, dass er uns diese kostbare Erfahrung ermöglicht hat.

Ammas Leben ist Mitgefühl in Aktion. Mit Hilfe von Swāmī Abhayāmritānandajī und als Sēvā-Koordinator der Ingenieurstudenten nahm ich dreißig Studenten von unserem Campus in Bangalore mit nach Nagapattinam in Tamil Nadu, um dort bei den Tsunami-Hilfsmaßnahmen des Āśhrams mitzuhelfen. Die Arbeit an der Universität war eine ganz neue Erfahrung.

Obwohl wir Lehrer waren, fühlten wir uns wie Schüler – denn alles, was wir taten, stand im Dienst von Amma. Jedes Gespräch, jede Entscheidung, jedes kleine Detail war durchdrungen von dem Wunsch, Ammas Vision zu verwirklichen. Was diese Zeit so besonders machte, war das Gefühl, dass Amma alles lenkte.

Ich war beeindruckt, wie gut die Häuser trotz vieler Herausforderungen geplant und gebaut worden waren. Wir trafen einige einheimische Fischer. Einer von ihnen sagte zu uns: „Ich habe Gott nie gesehen. Aber in Amma sehe ich Gott!"

Im September 2008 kam ich nach Amritapuri und fragte Amma, ob ich eine Wohnung im Ashram kaufen dürfe. Amma schaute mich aufmerksam an und fragte: „Wirst du hierherziehen?" Dann fügte sie hinzu: „Du kannst eine Wohnung kaufen.

Ich war überglücklich. Ich kehrte mit Ammas Worten im Herzen nach Bangalore zurück und erzählte meiner Frau davon. Auch sie wollte unbedingt in Ammas göttliche Residenz nach Amritapuri ziehen. Vier Monate später besuchte ich Amritapuri erneut, begleitet von meiner Frau und unserer sechsjährigen Tochter. Wir gingen zu Ammas Darśhan, und ich fragte: „Amma, sollen wir hierherziehen?" Amma lehnte sich zurück und brach in Gelächter aus. Ich war verwirrt. Hatte ich einen wirklich lustigen Witz erzählt? Aber dann sagte Amma mitfühlend: „Amma ist glücklich." Ich erkannte, dass ich sie missverstanden hatte.

Amma gab uns alle notwendigen Anweisungen, und durch Ammas Segen zogen wir im Mai 2009 in den Āśhram.

Ich möchte mit einer Geschichte enden, die sich nach unserem Umzug in den Āśhram ereignete: Amma sagt: „Seht Amma nicht nur als diesen Körper. Wenn ihr Kinder denkt, dass Amma auf diesen Körper beschränkt ist, wird das zu Leid führen. Seid euch immer bewusst, dass Amma allgegenwärtig ist."

Als Amma auf ihrer Nordindien-Tour war, reisten meine Frau und unsere Tochter nach Bangalore, um dort an Ammas

Programm teilzunehmen. Da ich Amma sehr vermisste, setzte ich mich hin und schrieb ihr einen Brief. Ich begann mit „Liebe Amma", aber dann nahm der Brief die Form eines Gedichts an, in dem ich meine tiefsten Gefühle zum Ausdruck brachte und um ihre Führung und ihren Segen bat.

Ich faltete den Brief zusammen und legte ihn vor Ammas Bild in meinem Zimmer. In dieser Nacht erschien mir Amma im Traum und segnete mich auf höchst mitfühlende Weise. Als Amma nach ihrer Tour nach Amritapuri zurückkehrte, rief sie alle Āśhram-Bewohner zum Darśhan. Sobald ich näherkam, fragte Amma mich, ob ich ihr einen Brief geschrieben hätte. Es dauerte ein paar Sekunden, bis ich mich an den Briefgedicht erinnerte, den ich einige Wochen zuvor geschrieben hatte. Ich hatte niemandem davon erzählt. Erstaunt über Ammas Allwissenheit, sagte ich: „Ja, Amma, aber woher weißt du das?" Amma lächelte mich nur an und gab mir mitfühlend Darśhan!

Amma, bitte vergib mir meine Unwissenheit, obwohl du mir schon so viele Einblicke in deine Göttlichkeit gewährt hast,

Möge ich niemals vergessen, dass du nur auf diese Erde gekommen bist, um uns aus dem Kreislauf von Geburt und Tod zu befreien. Amma, bitte überschütte alle deine Kinder mit deinem Segen, damit wir den wahren Sinn des Lebens erkennen mögen.

Satsang 13

Selbstlosigkeit

Sahaja, Australien

Wir alle sind so gesegnet, dass Ammas unendliches Mitgefühl „Amritapuri“ als eine spirituelle Oase für ihre Kinder erschaffen hat. Amma ist wie eine göttliche Hirtin, die seit Jahren um die ganze Welt reist, um ihre Herde einzusammeln. Amma führt uns und wacht immer über uns, egal, ob wir körperlich bei ihr sind oder nicht. Ihr Körper ist wie ein wandelnder Tempel, der überall dort, wo sie hingeht, Reinheit und Gnade verbreitet.

Ammas Leben ist ein wunderbares Beispiel für die ideale Verbindung von Jñāna (dem wahren Wissen), Bhakti (göttlicher Hingabe) und Karma (selbstlosem Handeln); es ist eine vorbildliche Anleitung, die alle Zeitalter durchwirkt. Amma zeigt uns, dass Kopf, Herz und Hände gemeinsam den Weg zur Selbstverwirklichung ebnen.

Einmal las ich eine schöne Geschichte in einer buddhistischen Zeitschrift: Zwei Männer aus demselben Dorf, der eine geizig, der andere großzügig, starben etwa zur gleichen Zeit. Nach dem Tod traten sie vor Yama (den Gott des Todes), der nun dabei war, ihr vergangenes Handeln zu bewerten und zu beurteilen.

Er sagte zu ihnen: „Ihr werdet beide wieder in der Welt geboren – der eine wird immer geben, der andere immer empfangen. Was wollt ihr sein?“ Der geizige Mann rief sofort: „Ich möchte derjenige sein, der immer empfängt.“ Der andere hatte kein Problem damit, der Gebende zu sein, und nickte zustimmend.

Yama schlug seinen Stab auf den Boden und sprach zu dem geizigen Mann: „Da du immerfort von anderen empfangen möchtest, wirst du als Bettler wiedergeboren, denn so wirst du reichlich Gelegenheit zum Empfangen bekommen." Zum anderen sagte er: „Du wirst mit großem Reichtum geboren. Teile ihn mit denen, die weniger haben, sei großzügig."

Die Lehre dieser Geschichte ist eindeutig, dass die Handlung des Gebens uns weit mehr erfüllt als bloßes Empfangen. Sie ist auch die Einleitung zu dem Thema meines Satsangs: Selbstlosigkeit. Ich möchte nun einige Lehren und Erfahrungen, die ich mit Amma über die Jahre erfahren durfte, teilen.

Amma sagt, wir müssen sehr achtsam mit unserem Mind sein, denn dieser möchte nicht, dass wir selbstlos handeln. Sein einziges Ziel ist es, uns auf dem Weg der Selbstsucht voranzutreiben, einfach, weil dies seine Natur ist.

Der Ganges schenkt reines, kühles Wasser, ohne etwas dafür zu erwarten. Die Sonne strahlt über alle gleichermaßen, ohne nach Belohnung zu fragen. Amma ist die lebendige Verkörperung der Natur, und ihr ganzes Sein ist ein Akt des Gebens. Wir haben oft von ihr gehört, wie sehr sie sich sehnt, ihren Kindern zu dienen; und sie tut dies, ohne je Anerkennung oder Lob dafür zu erwarten.

In der Bhagavad Gītā, Kapitel 2, Vers 47, sagt Śhrī Kṛiṣhṇa :

> „Deine Pflicht ist das Handeln allein, nicht das Resultat davon. Lass nicht das Ergebnis der Handlung dein Motiv sein und hafte auch nicht am Nicht-Handeln an."

Ein Erlebnis zeigt, wie mein Ego eine kleine Lektion erhielt, als ich zu sehr auf das Ergebnis meiner Handlung fixiert war:

Während eines Retreats an der Gold Coast in Australien hatte meine Zimmernachbarin sich am Rücken verletzt, sie konnte während des ganzen Retreats nur noch flach auf dem Boden liegen. Trotz starker Schmerzen wollte sie jedoch das Retreat nicht unterbrechen, um in Ammas Nähe zu bleiben.

Während dieser Zeit kümmerte ich mich um sie und brachte ihr regelmäßig ihre Mahlzeiten. Beim Darśhan erzählte ich

Amma von ihrem Zustand. Ohne zu zögern holte Amma eine Wärmflasche hinter ihrem Rücken hervor, reichte sie mir und sagte, ich solle sie auf den Rücken meiner Zimmernachbarin legen.

Überwältigt von Ammas mitfühlender Geste ging ich sofort ins Zimmer zurück, um Ammas Rat zu befolgen. Auch meine Zimmernachbarin war sehr berührt davon, dass Amma so etwas für sie getan hatte. Ich war sehr zufrieden mit mir und dachte daran, dass ich etwas sehr Gutes für sie getan hatte. Doch dieser Zustand hielt nicht lange an. Wenige Minuten später klopfte es heftig an der Tür. Als ich öffnete, stand da eine Frau, die ich noch nie zuvor gesehen hatte und forderte, dass ich die Wärmflasche sofort zurückgebe!

Zu meinem Entsetzen merkte ich, dass sie glaubte, ich hätte sie einfach an mich genommen. Ich versuchte, ihr zu erklären, was passiert war und was Amma zu mir gesagt hatte, doch sie bestand weiterhin darauf, dass ich sie zurückgebe. Mir wurde das Ganze zunehmend peinlich, ich dachte dann, dass ich sie ihr gebe und dann die ganze Sache vor Ort klären könnte. Das Missverständnis war schnell behoben und wir bekamen eine andere Wärmflasche. Aber das unwohle Gefühl, das dieses Erlebnis in mir ausgelöste, blieb, und ich dachte, dass meine Handlungen meiner Zimmernachbarin am Ende mehr Probleme bereitet als Hilfe bedeutet hatten.

Am nächsten Tag kam zu unserer großen Überraschung unsere allwissende und mitfühlende Amma nach dem Dēvī Bhāva persönlich in unser Zimmer, um nach ihr zu sehen und ihr Darśhan zu geben. Dadurch zeigte sie uns, dass ihr bewusst war, was sie durchmachte.

Das Leben schenkt uns jeden Tag Gelegenheiten, die Kunst des Gebens zu üben. Dafür muss man nicht reich sein. Amma sagt, dass wir auf dem spirituellen Weg durch das Geben Fortschritte machen. Kleine Gesten wie am Wohle anderer interessiert sein, jemandem helfen, der krank ist oder Dankbarkeit ausdrücken; all das sind Formen der Güte, die nichts kosten, aber für andere einen klaren Unterschied ausmachen.

Sie sind wie kleine Samen, die zu riesigen Bäumen heranwachsen und unsere Umgebung mit kühlendem, angenehmem Schatten segnen. Wenn man mit einer brennenden Kerze andere Kerzen anzündet, entsteht ein einheitlicher Glanz, der den Raum viel heller erleuchtet. Das Geben ist genauso wie diese brennende Kerze.

Amma sagt, dass sie jedes Lebewesen als Manifestation des Göttlichen verehrt und wir auf einer bestimmten Stufe der Meditation Erkenntnisse über die wesentlichen Prinzipien eines jeden Objekts in der Natur erhalten werden.

Wie im Buch ‚The Untethered Soul' beschrieben, können wir innerlich nur wachsen, wenn wir erkennen: Zufriedenheit und Frieden finden wir nur, wenn wir aufhören, ständig um uns selbst zu kreisen. Bevor unsere jetzigen Probleme in unser Leben traten, gab es andere. Es ist ein ewiger Kreislauf. Wann können wir ehrlich sagen, dass es eine Zeit gab, in der uns nichts belastet hat? Wie Amma sagt: Unser Mind ist wie das Pendel einer Uhr, das unaufhörlich zwischen Freude und Leid hin- und herschwingt.

Während eines Darśhans erzählte mir Amma folgende Geschichte über Śhrī Kṛiṣhṇa :

Eines Tages schickte Kṛiṣhṇa einen Boten zurück nach Vṛindāvan, dem Dorf, in dem er aufgewachsen war, mit vielen Geschenken für alle dort lebenden Gōpis. Die Gōpis waren überglücklich, als sie den Boten sahen. Jede Gōpi erhielt ihr persönliches Geschenk von Kṛiṣhṇa . Freudenschreie waren zu hören, als sie ihre Pakete öffneten.

Nachdem der Bote alle Geschenke verteilt hatte, bemerkte er, dass Kṛiṣhṇa für Rādhā[22] nichts geschickt hatte. Als er sich umschaute, sah er Rādhā, die allein unter einem Baum saß. Er ging auf sie zu und fragte sie, ob sie traurig sei, weil sie kein Geschenk von Kṛiṣhṇa erhalten habe. Rādhās Gesicht begann zu strahlen und sie sagte: „Oh nein! Zu sehen, wie meine Schwestern ihre Geschenke von meinem Geliebten erhalten, erfüllt mich mit so viel Freude."

Aus dieser Geschichte wird für mich deutlich, dass Amma den Wert der Selbstlosigkeit zeigen wollte – und ich lernen sollte, mich mit allen um mich herum verbunden zu fühlen. Ich denke oft über diese Geschichte nach, besonders dann, wenn sich mein Mind in sich selbst verstrickt – vor allem, wenn sich die Dinge nicht so entwickeln, wie ich es mir wünsche.

Große Seelen wie Amma verbergen im Allgemeinen ihre Kraft, weil sie niemandem etwas beweisen müssen oder darstellen wollen. Alles, was auf sie zukommt, nehmen sie bereitwillig an und sind auf natürliche Weise sehr demütig. Das folgende Ereignis zeigt, wie Amma mit einer sehr herausfordernden Situation auf wunderschöne Weise umging:

Vor einigen Jahren fand die Meditation und Frage-Antwort-Sitzung beim Gold-Coast-Retreat draußen auf einem Tennisplatz statt, der sehr nahe am Hotel lag. Während der Fragerunde kam ein Mann, der in einem dieser Hotelzimmer wohnte, auf seinen Balkon und rief zu uns hinunter, dass wir die Lautstärke leiser stellen sollten, da es ihm zu laut sei. Dann ging er wieder in sein Zimmer.

Einige von uns, die weiter hinten saßen, hatten ihn gehört, entschieden sich aber, seine Aufforderung zu ignorieren und weiter zuzuhören. Kurz danach kam er wieder auf den Balkon

[22] Die Gopī, die die höchste Form der Hingabe verkörpert, wird auch als ewige Gefährtin von Lord Kṛiṣhṇa verehrt.

und stellte nun sicher, dass jeder ihn hörte. Mit deutlich lauterem und aggressiverem Ton benutzte er nun auch obszöne Sprache, um sich Gehör zu verschaffen; er brüllte uns an, die Lautstärke herunterzudrehen.

Wir alle saßen wie erstarrt da, schockiert, dass dieser Mann so in Ammas Gegenwart sprach. Ammas Reaktion war ein unmittelbarer Ausdruck ihrer göttlichen Natur. Sie begann, das Verhalten des Mannes zu verteidigen und sagte, dass wir diejenigen seien, die im Unrecht waren, denn er hatte ja zunächst höflich darum gebeten, die Lautstärke zu verringern; aber da niemand auf ihn hörte, ist er sehr wütend geworden. Innerhalb von Sekunden verwandelte Amma diese unangenehme Situation in eine Lehre für uns alle, und gleichzeitig machte sie auch den Mann glücklich, indem sie seiner Bitte, nachkam.

Amma sagt: „Liebe ist Ammas Natur. Sie kann nicht anders sein. So wie Egoismus unsere derzeitige Natur ist, ist Selbstlosigkeit die Natur eines Mahātmas. Aus diesem Grund kann Amma auf unseren Zorn, Hass oder unsere Beschimpfungen nicht auf gleiche Weise reagieren. Sie kann nur grenzenlose Liebe und Mitgefühl schenken."

***

Einmal während einer Australienreise zeigte mir Amma, dass sie bedingungslos für uns da sein wird, sobald wir bereit sind, Opfer zu bringen. Da ich aus der Gegend um Brisbane komme, lud mich die örtliche Koordinatorin ein, zu ihr nach Hause zu kommen, wenn Amma dort eine Hauspūjā durchführen würde, um ihr Zuhause zu segnen. Die Pūjā[23] sollte um die Mittagszeit stattfinden, kurz bevor Amma zur Gold Coast weiterfuhr.

An diesem Morgen ging ich zur Programmhalle, um zu schauen, wie es mit dem Aufräumen nach dem Programm aussah.

---

[23] Pūjā ist eine rituelle oder zeremonielle Verehrung.

Zu meiner Überraschung war noch unglaublich viel zu tun. Ich entschied mich, nicht zum Haus der Koordinatorin zu gehen, sondern in der Halle zu bleiben und beim Aufräumen zu helfen.

Plötzlich bekam ich einen Anruf von der Koordinatorin. Sie sagte mir, dass Amma nach einem Amrita-TV-Kameramann fragte, damit dieser die Pūjā filmen könne. Ich informierte den Kameramann und organisierte, dass ihn ein paar Devotees dorthin fahren würden. Wir einigten uns auf eine Uhrzeit, zu der sich alle treffen sollten. Der Kameramann meinte, er wolle vorher noch auf dem Gelände spazieren gehen und ein paar Fotos machen, sei aber rechtzeitig zurück. Ich stimmte zu und machte mit dem Putzen weiter. Zur vereinbarten Zeit kamen die anderen Devotees zu mir und sagten, dass der Kameramann nicht auffindbar sei – und ich hatte keine Möglichkeit, ihn zu erreichen. Ich bat sie, noch etwas zu warten und sich keine Sorgen zu machen.

Doch auch nach einiger Zeit war er nicht zu sehen. Schließlich sagten die Devotees, dass sie nicht länger warten könnten und fuhren los. Ich war innerlich sehr aufgewühlt. Ich hatte versucht, Ammas Wunsch umzusetzen, aber es hatte nicht geklappt. Also machte ich mich wieder ans Aufräumen, behielt aber den Kameramann im Auge und bereitete mich innerlich schon auf einen Sturm von Vorwürfen vor, die ich ihm entgegenschleudern wollte. Dann tauchte er plötzlich auf.

Ich stürmte auf ihn zu und fragte, warum er nicht erschienen sei. Doch sein völlig überraschter und unschuldiger Gesichtsausdruck entwaffnete mich vollkommen. Er sagte einfach, dass er die Zeit komplett vergessen habe. In diesem Moment wurde mir klar, dass es sinnlos war, wütend auf ihn zu sein – und doch sagte ich in leicht gereiztem Ton: „Gut, dann muss ich dich wohl selbst hinbringen."

Ich hatte keine Ahnung, ob wir noch rechtzeitig ankommen würden. Die Fahrt zu dem Haus, in dem Amma war, dauerte etwa eine halbe Stunde – doch zum Glück war kaum Verkehr. Als wir dort ankamen, konnte ich aufatmen: Die Pūjā hatte noch nicht begonnen. Wenige Augenblicke später kam Amma wie eine strahlende Blume die Treppe herunter und begann mit der Hauspūjā.

Danach kam sie zu mir, erkundigte sich nach der Tourgruppe und ging noch durch den Garten, um sich die Pflanzen anzuschauen, bevor sie weiterfuhr. Trotz all der kleinen Dramen hatte Ammas unendliche Gnade es mir ermöglicht, doch noch bei ihr zu sein.

Śhrī Nārāyaṇa Guru[24] sagte einmal, dass die Schwierigkeiten im Leben sich oft als verborgene Segnungen herausstellen. Sie haben das Potenzial, unseren Mind zur Spiritualität zu führen und die Ketten der Illusion zu durchbrechen. Für mich war das ganz gewiss so.

Bis ich zwölf Jahre alt war, hatte ich eine sehr privilegierte und glückliche Kindheit. Dann veränderte sich mein Leben grundlegend. Aus den unbeschwerten, fröhlichen Tagen wurde eine Zeit voller familiärer Unruhe, unter der ich viele Jahre litt. Heute erkenne ich, dass all die Schwierigkeiten im Leben uns helfen wollen, innerlich zu wachsen – mitfühlender und verständnisvoller zu werden. Voraussetzung ist, dass wir bereit sind, sie aus einer positiven Perspektive zu betrachten.

Seit ich fünfzehn bin, habe ich den Wunsch, nach Indien zu reisen. Ich konnte nicht akzeptieren, dass das Leben nur aus Familie und Arbeit bestehen soll und spürte, dass es etwas Tieferes geben muss. Ich war nie eine religiöse Person im

---

[24] Sozialreformer, Philosoph und spiritueller Führer (1856–1928) aus Kerala.

traditionellen Sinn, aber ich fühlte mich Gott nahe – besonders durch die Natur und durch Tiere.

Während meines Studiums hatte ich einen schweren Autounfall und zog mir ernsthafte Verletzungen zu. Dieser Unfall wurde zum Wendepunkt in meinem Leben: Ich erhielt eine Entschädigungszahlung, wurde dadurch finanziell unabhängig – und konnte mir endlich ein Flugticket nach Indien leisten.

Es war das Jahr 1994, ich war neunzehn. In meiner jugendlichen Arroganz kam ich gar nicht auf die Idee, mich auf meine Ankunft in Indien vorzubereiten. Die Erinnerungen sind in mr noch sehr lebhaft, wie ich beim Landeanflug aus dem Fenster sah – und schockiert feststellte, dass ich über die riesige Stadt unter mir überhaupt nichts wusste.

Es fühlte sich an, als würde ich in einer anderen Welt landen. Doch – meine innere Sehnsucht wurde erhört und alles fügte sich. Eine erstaunliche Reise begann, die mich sieben Monate später – durch göttliche Führung – zu den Lotosfüßen unserer geliebten Amma nach Amritapuri brachte.

Als ich ankam, war es Nacht. Dēvī Bhāva war im Gange. Der Kāḷī-Tempel, in dem das Programm stattfand, pulsierte wie von einer anderen Welt – erfüllt vom Klang der seelenberührenden Bhajans, die gesungen wurden. Nie zuvor hatte ich von der Idee gehört, dem Göttlichen in menschlicher Form zu begegnen – und war überrascht, Amma in einem wunderschönen Sāri und mit Krone zu sehen, wie eine lebendige Göttin. Je näher ich in der Darśhan-Schlange zu ihr kam, desto mehr erfüllte mich ein Gefühl tiefer Ergriffenheit. Plötzlich blickte Amma zu mir – mit dem schönsten Ausdruck von Liebe, Mitgefühl und tiefem Verstehen. All meine Angst verflog.

Kurz darauf kniete ich vor ihr, und sie umarmte mich auf großartige und wunderschöne Weise. Ihre göttliche Liebe war so überwältigend, dass mir Tränen in die Augen stiegen. In diesem

Moment wusste ich: Amma kennt mich vollkommen. Sie liebt und akzeptiert mich ganz.

Es fühlte sich an wie ein Wiedersehen mit einem innig geliebten Menschen, den ich lange nicht gesehen hatte. Ich war verzaubert von ihr. Amma erkannte meinen verzweifelten inneren Zustand und deutete mir an, mich neben sie zu setzen. Ich saß dort und beobachtete sie beim Darśhan Geben. Es war faszinierend – und ich freute mich über jeden Seitenblick, den ich von ihr bekam.

Eine Zeit lang lebte ich in den Hütten bei den Brahmachāriṇīs. Ich erinnere mich daran, wie ich zum ersten Mal meine Wäsche waschen wollte – auf einem der sogenannten „Waschsteine", einer hüfthohen Betonsäule. Ich hatte keine Ahnung, wie das gehen sollte. Um mich herum wuschen die Brahmachāriṇīs ihre Kleidung mit großer Geschicklichkeit, und ich war zu verlegen, sie um Hilfe zu bitten.

Genau in diesem Moment kam eine westliche Frau vorbei. Sie hatte ein nettes Lächeln und strahlte etwas ganz Besonderes aus. Außerdem schien sie bei den Brahmachāriṇīs sehr beliebt zu sein – also fasste ich mir mein Herz und bat sie um Hilfe. Mit fröhlicher Leichtigkeit zeigte sie mir, wie es geht und gab mir ihre besten Tipps.

Später erfuhr ich, dass diese Frau Lakṣhmī war – heute bekannt als Swāminī Śhrī Lakṣhmī Prāṇā – und Sēvā in Ammas Zimmer machte. Das überraschte mich sehr. Sie musste ständig beschäftigt sein – und doch hatte sie mir mit so viel Geduld geholfen.

Solche kleinen freundlichen Gesten, die uns selbst vielleicht unbedeutend erscheinen, können für den Empfangenden von großem Wert sein. Die großartigsten Menschen sind oft auch die demütigsten. Amma ist dafür in allem, was sie tut, ein leuchtendes Beispiel. Einmal sagte sie, dass es für sie nichts

Besonderes ist, wenn jemand ihr gegenüber Respekt zeigt. Was sie sich wünscht, ist, dass ihre Kinder selbstlos handeln, Demut zeigen und einander mit Respekt begegnen und behandeln.

***

Bald darauf begann die Nordindien-Tour, was wie eine göttliche Campingreise war. Es war ein echtes Erlebnis, Ammas verspielte Seite mit all den Schwimmpausen, Chai-Stops und gemeinsamen Mahlzeiten zu erleben. Manchmal stieg sie sogar in unseren Bus und fuhr ein Stück mit uns mit.

Ich erinnere mich an ein Ereignis während dieser Nordindien-Tour 1995, das mir zeigte, wie Ammas Gegenwart uns helfen kann, über das hinauszuwachsen, was wir als unsere physischen und mentalen Grenzen wahrnehmen.

Als wir in Delhi ankamen, hatten wir gerade eine äußerst anstrengende Nachtfahrt mit dem Bus hinter uns. Viele von uns, mich eingeschlossen, wurden nach dem Abendessen an einem Straßenrand plötzlich krank. Der Bus musste ständig anhalten, weil viele unter heftigen Magenproblemen litten und verzweifelt baten, aussteigen zu dürfen. Dazu kam noch ein intensiver Verkehrsstau vor Delhi, der die Fahrt zusätzlich in die Länge zog.

Es war schon spät am Morgen, als wir schließlich den Delhi-Āśhram erreichten und kaum ausgestiegen, standen wir auch schon mitten auf einer Baustelle. Am nächsten Tag sollte die Einweihung des Delhi Brahmasthānam-Tempels stattfinden. Es gab noch viel zu tun, bevor alles fertig war.

Ehe ich mich versah, stand ich in einer Reihe und reichte Eimer mit Sand von einer Person zur nächsten weiter. Bald kam Amma dazu, um sich die Arbeiten anzusehen. Ich erinnere mich, wie sie uns beim Weiterreichen der Eimer zulächelte.

Alle Gefühle von Übelkeit und Erschöpfung verschwanden plötzlich und wurden durch die Freude ersetzt, in Ammas

Gegenwart zu sein. Amma bleibt niemals untätig, also begann auch sie, bei der Arbeit zu helfen. Ihre schöne, strahlende Gestalt erhob und energetisierte uns und jetzt weiß ich, wie besonders dieser Moment war, neben der Göttlichen Mutter selbst am Bau des Brahmasthānam-Tempels mitzuwirken.

Mir wurde klar, dass Amma uns durch solche Erfahrungen lehrt, dass wir zu viel mehr fähig sind als wir meinen, sobald wir aufhören, uns mit den Begrenzungen von Körper und Mind zu identifizieren.

Während unseres Aufenthalts in Delhi sagte Amma plötzlich die nächste Station der Tour, Rishikesh, ab. Einige der westlichen Tour-Teilnehmer waren darüber sehr enttäuscht und beschlossen, allein dorthin zu fahren. Am Abend nach unserer Abfahrt aus Delhi hielten wir für eine Essens- und Schwimmpause mit Amma an. Dabei sagte sie, wie traurig es sie mache, dass einige ihrer Kinder die Tour verlassen hätten, um nach Rishikesh zu gehen. Dann sagte sie, dass wir im Ganges mit ihr baden, wo auch immer wir mit Amma sind.

Dieser Satz hinterließ einen tiefen Eindruck in meinem Mind. Genau jetzt, in diesem Moment, sind wir alle im Ganges mit Amma und werden durch ihre göttliche Liebe und Gegenwart gereinigt. Entfernung stellt kein Hindernis dar, und die Selbstlosigkeit in unseren Handlungen wird Ammas Gnade immer zu uns bringen.

Satsang 14

Vom Bankenwesen zu Ammas Welt

Daya Chandrahas – Indien

Während meiner Kindheit in Vijayawādā, Andhra Pradesh, feierte meine Familie alle Hindu Feste wie Gaṇēśh Chaturthī, Kṛiṣhṇa Jayantī, Hōlī, Śhivarātrī und viele andere. Ohne jedoch einen spirituellen Hintergrund zu haben, hatten diese Feste keinen großen Einfluss auf mich.

Dennoch hatte ich mit etwa zwölf Jahren das Glück, von Sathya Sai Baba, der das Haus meiner Tante in Chennai besuchte, Vibhūti – heilige Asche – zu erhalten. Dank seinem Segen nahm ich an den Bhajans im Sathya Sai Samithi in der Nähe unseres Hauses teil. Als Baba einmal nach Vijayawādā kam, durfte ich zusammen mit anderen Kindern in der ersten Reihe sitzen und für ihn Bhajans singen.

Dann zog ich nach Mumbai, um dort zu studieren. Der Teil von Mumbai, den Baba besuchte, war für mich als Teenager zu weit weg, um alleine hinzufahren, sodass ich meine Besuche bei Baba und seine Programme aufgeben musste.

Stattdessen widmete ich mich nicht nur meinem Studium, sondern begann auch zu arbeiten, hatte alle Hände voll zu tun und dachte nicht viel über Spiritualität nach. Ich hatte gute Jobs im Bankwesen und das Leben ging seinen Gang. Dann heiratete ich und wir bekamen eine Tochter. Plötzlich erlitt ich einen schrecklichen Schlag – mein Mann kam bei einem Autounfall ums Leben. Das war, gelinde gesagt, ein schwerer Schock. Es waren nicht nur die finanziellen Schwierigkeiten, die mich so sehr belasteten, sondern auch mein Ego war verletzt. Ich fühlte mich verlassen und ich war voller Sorgen, dass meine Tochter nie die Liebe ihres Vaters erfahren kann.

Doch wir schafften es. Meine Mutter zog zu uns und kümmerte sich um meine Tochter, während ich arbeiten ging.

Während meiner gesamten 40-Jahre andauernden Karriere arbeitete ich regelmäßig zwölf Stunden am Tag. Das Ganze hatte jedoch auch etwas Gutes: Ich liebte meine Arbeit. Das Betriebsklima in der Bank war sehr angenehm und ich wurde regelmäßig befördert und konnte im Rahmen meiner Tätigkeit auch international reisen.

Im Juni 1998 traf mich ein zweiter Schlag: Bei meiner Mutter wurde ein bösartiger Gehirntumor diagnostiziert. Die Ärzte gaben ihr noch sechs bis sieben Monate. Nach der Operation und der Bestrahlung (eine Chemotherapie wurde nicht empfohlen) schien sie sich zu erholen und hatte keine Schmerzen mehr.

Allerdings wurde sie immer schwächer und langsamer. Einige Monate nach der Operation stürzte sie im Badezimmer und war fortan bettlägerig. Erst da begann ich, die Ernsthaftigkeit der Lage zu begreifen.

Ich betete zum ersten Mal. Ein Astrologe riet mir, zu Durgā Mātā zu beten. Ich begann mit der Göttlichen Mutter um das Leben meiner Mutter zu verhandeln, ich betete, dass ich alles tun würde, was sie von mir verlangte, wenn sie meine Mutter retten würde.

Ohne ein Mantra von einem Guru war mein spontanes Mantra „Jai mātā ki“ – Ehrerbietung der Göttlichen Mutter. Dieses Mantra sang ich den ganzen Tag lang fast ununterbrochen und schlief nur sehr wenig. Ich war äußerst besorgt.

Mir war klar, dass ich ohne meine Mutter nicht in der Lage bin, weiterhin zwölf Stunden am Tag zu arbeiten, da meine Tochter damals erst dreizehn Jahre alt war. Sie weigerte sich, in eine Kindertagesstätte zu gehen und ich wollte nicht, dass sie nach der Schule so viele Stunden allein zu Hause war, bis ich endlich von der Arbeit zurückkomme. Ich bereitete mich darauf vor, einen schlechteren Job in der Nähe anzunehmen, mit einem deutlich geringeren Gehalt und viel weniger beruflicher Erfüllung.

Meine Mutter starb im Januar 1999. Einen Monat später schlug mir eine Nachbarin vor, mit ihr zu Amma zu gehen – sie hatte mir während der Krankheit meiner Mutter sehr geholfen. Ich lehnte entschieden ab und sagte: „Wird sie meine Mutter zurückbringen?" Doch meine Nachbarin blieb hartnäckig. Ich dachte mir schließlich, dass ich ihr diesen Gefallen schuldig war – immerhin hatte sie mich in einer schweren Zeit unterstützt.

Amma sagt, dass im Kali Yuga (dem gegenwärtigen Zeitalter, in dem Ungerechtigkeit vorherrscht) nicht der Schüler auf der Suche nach dem Guru ist, sondern der Guru auf der Suche nach dem Schüler.

So war es auch in meinem Fall.

Als ich Amma zum ersten Mal in ihrem Āśhram in Mumbai sah, konnte ich nicht verstehen, wie sie die Energie aufbrachte, stundenlang so viele Menschen zu umarmen! Als ich meinen Darśhan erhielt, sagte Amma in klarem Hindi: „Mērī bēti, chintā mat karō", was bedeutet: „Meine Tochter, mach dir keine Sorgen." Ich verstand damals nicht, warum sie das sagte, da sie mich ja gar nicht kannte.

Tränen liefen über mein Gesicht – und auch meine Nachbarin begann zu weinen. Verwundert fragte ich sie, warum sie denn weine. Sie antwortete: „Allen kommen die Tränen, wenn sie Amma begegnen."

Mein Leben ging wie gewohnt weiter und ich vergaß meinen Darśhan. Ich hatte vor, meinen Job ein paar Monate später, mit Beginn der Schulferien, zu kündigen.

Zu meiner großen Überraschung erhielt ich eine Woche nach Ammas Darśhan eine Beförderung, die ich eindeutig nicht verdient hatte, da ich in den letzten drei Monaten kaum gearbeitet hatte. Außerdem wurde ich in das Büro in Pune versetzt. Das Tolle an diesem Büro war, dass sich das Büro und die Wohnräume auf demselben Grundstück befanden. Ich brauchte nun nicht mehr dreieinhalb Stunden, sondern nur dreieinhalb Minuten zur Arbeit!

Es war, als hätte ich jeden Tag dreieinhalb Stunden mehr Zeit. Meine Tochter bekam einen Platz in einer guten Schule, und unser Leben wurde viel schöner als zuvor, da wir zum ersten Mal Zeit füreinander hatten. Unsere Schul- und Arbeitszeiten passten wie ein Puzzle zusammen. Mir wurde klar, dass dies wirklich Ammas unendlicher Gnade zu verdanken war!

Da begann ich, jeden Tag das Archana - die 1000 Namen der Göttlichen Mutter - zu rezitieren, wie es mir Swāmī Vidyāmṛitajī aus dem Āśhram in Pune empfohlen hatte. Im Februar 2000 besuchte Amma den Pune-Āśhram. Während der Bhajans bei Ammas Programm saß ich in der ersten Reihe und mir flossen unaufhörlich Tränen über die Wangen.

Ich erinnere mich, dass ich Amma einmal in Gedanken sagte, dass in der Singapur-Niederlassung meiner Bank eine Stelle frei sei und sie mir bitte ihren Segen geben möge, diese Stelle zu bekommen. Durch Ammas Segen wurden alle in unserem Büro auch ich, überrascht, als ich für die Stelle der Regionalleiterin der Singapur-Niederlassung ausgewählt wurde. Bereits vier Jahre zuvor hatte ich mich um diese Stelle beworben, wurde allerdings als ungeeignet erachtet, da ich alleinstehend war.

Als Amma 2001 Singapur besuchte, war ich in Hochstimmung. An den Tagen des Programms konnte ich weder essen noch trinken. Während des Dēvī Bhāva sah Amma mich an, während sie alle mit Blütenblättern überschüttete, und ich war völlig überwältigt. Die wunderschönen, farbenfrohen Strahlen leuchtenden Lichts aus ihren Augen flossen zu meinen Augen und verschwanden dann. Das wiederholte sich eine Zeit lang, und ich sagte unter Tränen immer wieder: „Oh Amma, du bist nicht nur Amma, du bist Dēvī, du bist Durgā Mātā!"

Mein Vertrauen in Amma wuchs, da ich nun überzeugt war, dass Amma kein gewöhnlicher Mensch war. Aber die Frage war: Wer war Amma? Ich hatte mehrere Bücher über das Leben verschiedener Heiliger gelesen, aber ich hätte nie gedacht, dass ich jemals einen selbstverwirklichten Meister treffen würde, besonders in diesen Zeiten, in denen die Menschen so egoistisch sind.

An einem anderen Tag, als ich vor einem Bild von Durgā Mātā, das über dem Altar in meinem Haus in Singapur hing, betete, öffnete ich meine Augen und sah, wie die Krone auf dem Bild in wunderschönem Licht erstrahlte und auf eine Weise funkelte, wie ich es noch nie zuvor gesehen hatte. So hat mir Amma klargemacht, dass sie allein Durgā Mātā ist.

Als ich aus Singapur nach Indien zurückkehrte, besuchte ich Amritapuri, wie man so schön sagt, „ohne Umschweife". Amma war zu meinem Wunschbaum geworden. Alle anderen Unternehmungen mit Freunden gab ich zugunsten von Besuchen in Amritapuri auf.

Amma, die göttliche Mutter, die auch Lord Dhanvantari – der Gott der Medizin – ist, hat mich mit ihrem unermesslichen Segen überschüttet. Im Jahr 2003, während AmṛitaVarṣham50, Ammas Feier zu ihrem fünfzigsten Geburtstag, hatte ich schwere gynäkologische Probleme. An einem der Programmtage schaffte ich es gerade noch, die Bühne zu erreichen, bevor Amma anfing Darśhan zu geben.

Amma begab sich zu ihrem Pīṭham in die Mitte der Bühne, und ich stellte mich leise an ihre rechte Seite. Niemand bat mich zu gehen, also saß ich neben Amma und rezitierte mein Mantra. Amma begann mit dem Darśhan, und nach jeder Umarmung zeigte sie mir ihre Handfläche und deutete mir klar an, dass ich etwas hineinlegen sollte. Ich fand einen Apfel, hob ihn auf und legte ihn in Ammas Hand. Das wiederholte sich ein zweites Mal, ein drittes Mal und so weiter.

Ich war begeistert und bat die Helfer auf der Bühne, die Körbe mit Äpfeln wieder aufzufüllen. Irgendwie müssen alle gedacht haben, dass ich für dieses Sēvā ausgewählt worden war, denn niemand bat mich zu gehen. Die nächsten drei Stunden saß ich neben unserer geliebten Amma, überglücklich und alle meine Freunde in Singapur, die online zuschauten, beneideten mich! Amma schenkte mir ihren unermesslichen Segen. Von diesem Tag an ließen meine gynäkologischen Beschwerden nach und verschwanden später vollständig.

Im Jahr 2007 wurde bei einer jährlichen Vorsorgeuntersuchung ein Knoten in meiner Brust entdeckt. Ich konsultierte zwei führende Onkologen in Mumbai, die beide bestätigten, dass er entfernt werden müsse. Sie waren sich jedoch nicht sicher, ob er bösartig war oder nicht. Der Knoten war durch die Haut tastbar. Ich war am Boden zerstört. Ich ging zu Amma und sagte nur: „Amma, mir geht es nicht gut."

Amma antwortete: „Geh nach AIMS" (Ammas hochspezialisiertes Krankenhaus in Kochi). Ich ging nach AIMS und wurde dort von den Ärzten untersucht. Sie sagten, dass nur der leitende Chirurg eine Entscheidung treffen könne, aber da er gerade operierte, waren sie sich nicht sicher, ob er später verfügbar sein würde.

***

So kehrte ich nach Amritapuri zurück. Als Amma nach dem Darśhan auf dem Weg in ihr Zimmer war, sagte ich ihr, dass ich am nächsten Tag nach Mumbai zurückfliege. Sie sagte wieder: „Geh nach AIMS." Ich fragte mich, warum Amma mich wieder nach AIMS schickte. Auf dem Weg zum Flughafen machte ich einen Stopp in AIMS.

Diesmal konnte ich den leitenden Chirurgen treffen. Er führte eine Nadelbiopsie durch, sah sich die Scans an und sagte: „Ich glaube, wir sollten im Moment nichts unternehmen, ich denke, sie brauchen sich keine Sorgen zu machen. Kommen sie wieder, wenn es ein Problem gibt. Ansonsten warten wir drei Monate ab und sehen dann weiter."

Voller Erleichterung kehrte ich nach Mumbai zurück. Zu meiner Überraschung verschwand der Knoten nur wenige Tage nach meinem Besuch in AIMS. Ich tastete die Stelle immer wieder ab, konnte aber nichts mehr fühlen. Kurz darauf ließ ich noch einmal einen Scan machen, aber es war nichts zu sehen. Es war kaum zu glauben! Was für ein Segen von unserer geliebten Amma! Der Knoten kam nie wieder zurück.

Kein Wunder, dass der Name Nummer 326 im *Lalitā Sahasranāma* lautet:

> *ōm karuṇā rasa sāgarāyai namaḥ*
>
> „Sie, die der Ozean des Mitgefühls ist."

Habe ich das verdient? Natürlich nicht. Aber kann die Göttliche Mutter anders handeln?

***

Amma zu begegnen ist wie eine Goldmine zu finden; man sollte sie niemals aus den Augen lassen. Das empfinde ich immer noch so gegenüber Amma – dass ich sie niemals aus den Augen lassen sollte, aber leider ist das nicht immer möglich. Deshalb versuche ich, mich auf die innere Amma zu besinnen, wie Amma uns rät.

Im Juni 2016 ging ich in den Ruhestand und bat Amma um weitere Führung. Sie antwortete schnell: „Komm her, komm her!“, als könne sie es kaum erwarten, dass ich hierherziehe. Überglücklich war ich, denn zuvor war ich mir nicht sicher, ob Amma mir erlauben würde, hier dauerhaft zu bleiben. Seit viereinhalb Jahren lebe ich nun im Āśhram.

Mein Leben im Āśhram bestand hauptsächlich aus Ammas Touren – sowohl in Indien als auch im Ausland. Wenn ich in Amritapuri bin, mache ich Sēvā bei Matruvani (Ammas monatlicher spiritueller Zeitschrift) und verteile auch Darśhan-Token.

Durch Ammas Segen konnte ich in den letzten drei Jahren fast alle ihre Touren mitmachen. Mir wurde gesagt, dass die Touren der schnellste Weg sind, um spirituell zu wachsen. Für mich war alles, was ich auf den Indienreisen erlebt habe eine neue Erfahrung: lange Fahrten in Bussen ohne Klimaanlage, auf Feldern pinkeln, Mittagspausen an der Autobahn, auf Isomatten in neu gebauten oder ungenutzten Klassenzimmern von Ammas Schulen schlafen, in einem Raum baden, der gleichzeitig als Toilette dient, Kleidung auf einem Stein auf der Terrasse waschen, heißes Essen in einer heißen Küche ohne Ventilatoren essen – und die Liste geht noch weiter.

Auch auf den internationalen Touren habe ich viele neue Erfahrungen gemacht: in verschiedenen Ländern Europas in Schlafsäcken auf kalten Böden schlafen, in Zelten in der Kälte Gemüse schneiden, achtzehn oder neunzehn Stunden am Stück mit dem Bus fahren, um unser nächstes Ziel zu erreichen, usw.

Inspiriert von Ammas unendlicher, bedingungsloser Liebe nehmen wir diese Herausforderungen begeistert an. Ihre grenzenlose Liebe, ihr zärtliches Gesicht, ihre selbstlose Art und ihr Mitgefühl für alle Menschen lassen in meinem Kopf keinen Platz für Ausreden, nicht auf Tour zu gehen. Ich werde einfach von diesem Strom der Liebe mitgerissen und es gibt kein Halt!

***

Das Leben im Āśhram hat mich tief geprägt. Ich möchte gerne mit euch teilen, wie viel Klarheit ich im Vergleich zu meinen Besuchen in den ersten Jahren über bestimmte Dinge gewonnen habe, seitdem ich im Āśhram lebe. Ich danke Amma von ganzem Herzen, dass sie mir erlaubt hat, an diesem heiligen Ort zu verweilen:

Sēvā: Für Haushälter-Devotees, die in ihre familiären Pflichten eingebunden sind, erfordert die Teilnahme an Sēvā-Aktivitäten sicherlich viel zusätzliche Mühe und Gelegenheiten dafür sind rar. Ammas Āśhrams bieten Haushältern zahlreiche Möglichkeiten für Sēvā, was zu einer positiven Veränderung im Leben führen kann.

Gītā-Diskurs: Obwohl ich die Bhagavad Gītā bereits in der Vergangenheit gelesen hatte, hatte sie nach dem Besuch der Scripture-Kurse im Āśhram eine tiefgreifende Wirkung auf mich. Ich bin sicher, dass dies auch für viele andere Haushälter gilt. Da Amma über dieselben Themen wie die Gītā spricht, beispielsweise Entsagung, Erkenntnis, Hingabe, Vertrauen, Hingabe usw., können wir Ammas Worte durch das Studium der Gītā auf einer tieferen Ebene verstehen.

Amma hält nicht nur Satsangs zu diesen Themen, sie lebt auch nach dem, was sie sagt. Mit Amma als Vorbild und dem Wissen sowohl über die Gītā als auch über Ammas Satsangs fällt es mir leichter, diese Prinzipien zu verstehen und zu versuchen, sie in die Praxis umzusetzen.

Satsang: Die spirituellen Vorträge der Āśhram-Bewohner haben mir die Augen geöffnet. Anstatt darauf beschränkt zu sein, was ich aus meinen eigenen Erfahrungen und denen meiner Freunde über Amma gelernt habe, höre ich aus einer Vielzahl von Quellen von Erfahrungen mit Amma: Geschichten von Krisen und Freuden, Geschichten, in denen Amma spirituelle

Führung gibt, sogar Geschichten, in denen Amma Leben rettet oder verlängert. Wir müssen uns all diese Geschichten merken und versuchen, unseren Glauben und unsere Hingabe zu vertiefen, indem wir uns Amma vollständig hingeben und genau das tun, was sie uns rät.

Kenntniss der Upaniṣaden: Es gibt eine große Kluft zwischen dem Wissen der Upaniṣaden und dem weltlichen Wissen, das ich im Leben erwarb. Einige haben diese Schriften auswendig gelernt, aber das reicht nicht aus. Wir müssen Śhravaṇam (Zuhören), Mananam (Reflektieren) und Nididhyāsanam (Verinnerlichen) dieser Lehren praktizieren. Das ist eine lebenslange Aufgabe.

Amma hilft uns dabei, denn ihre Satsangs bringen viel mehr Klarheit in diese Lehren der Schriften. Ich selbst hatte zuvor keinerlei nennenswerte Kenntnisse. Das Tiefgründigste, was ich aus den Schriften gelernt habe und was ich jeden Tag zu wiederholen versuche, ist, dass ich nicht der Körper, der Mind oder der Intellekt bin, sondern das ewige, unsterbliche Selbst. Schon das bloße intellektuelle Verstehen löst einen tiefgreifenden Wandel in unserem Denken aus.

Obwohl ich die vollkommene Selbsterkenntnis noch nicht erreicht habe, hat mir allein schon die Möglichkeit, dass dies dank Ammas Segen möglich ist, unermessliches Selbstvertrauen verliehen und meine Einstellung grundlegend verändert. Allerdings sind ständige Bemühungen erforderlich.

Dass wir nicht der Körper, der Mind oder der Intellekt sind, sondern das ewige Selbst, ist der Kerngedanke aller Lehren der Upanishaden. Unsere Wünsche und Ängste sind die Ursache all unserer Probleme und Leiden. Dieses Verlangen und Leiden sind untrennbar mit der Vorstellung verbunden, dass „ich der Körper und der Mind bin" sind. „Bedürfnisse" hingegen sind von Natur aus notwendig und verursachen daher nicht dasselbe Leiden.

Amma sagt, dass der Sinn dieses menschliche Leben darin besteht, zu erkennen, dass wir Gott oder das Selbst sind, aber wir sind durch die Ereignisse in unserem Leben und um uns herum so verwirrt, dass wir nicht wissen, wie wir vorangehen sollen. Dieser unruhige Zustand des Minds, gepaart mit unseren latenten Neigungen, die sich über mehrere Leben hinweg angesammelt haben, verursacht viel Unruhe in unserem Leben.

Einen solchen Mind zu überwinden, ist keine leichte Aufgabe. Den Mind zum Schweigen zu bringen, ist der einzige Weg, aber das ist leichter gesagt als getan. Amma zeigt uns den Weg jedem entsprechend der eigenen Neigungen.

Ammas göttliche Werkzeuge wie Archana, Mantra Japa, Sēvā, Rezitation der Veden, Gītā Studium und Meditation zielen alle darauf ab, unseren Mind zu zähmen. Darüber hinaus habe ich persönlich festgestellt, dass uns die Praxis von Nēti, Nēti – „nicht dies, nicht das" – hilft, den Frieden zu erfahren, der jenseits der vorübergehenden Unruhen unseres Minds liegt, die die Ursache all unserer Leiden sind.

Amma ist von den Höhen und Tiefen des Lebens unberührt, weil sie immer in dieser Glückseligkeit weilt. Aus ihrem überwältigenden Mitgefühl heraus arbeitet sie unermüdlich daran, der Welt zu helfen, aus ihrem Leid herauszufinden.

Die Aufgabe, die vor uns liegt, ist ein Abenteuer der höchsten Ordnung. Es mag mühsam erscheinen, aber vor allem haben wir unsere geliebte Amma, die uns an der Hand nimmt und uns vorwärtsführt.

Amma sagt, verlorenes Geld kann immer wieder verdient werden, aber verschwendete Zeit ist für immer verloren. Zeit ist kostbar, und Amma hat das richtige Umfeld geschaffen, dass wir in Sādhanā und Sēvā eintauchen können. Wir müssen aufstehen und erwachen und diese einmalige Gelegenheit nutzen, um auf unserem spirituellen Weg fortzuschreiten.

Ich bete zu unserer geliebten Amma, dass sie all ihre Kinder mit ihrem Segen überschütten möge, damit wir in diesem Leben Selbsterkenntnis erlangen können.

Ich möchte mit einem Auszug aus einem Bhajan abschließen:

dar dar mē bhaṭaktā rahā
manzil kahā nahī thā patā
arth milā is jīvan kō
jab mā tērē charaṇa āyā

koṭi praṇām, koṭi praṇām, śhata koṭi praṇām, amma.
kitna kuch hai diyā tū nē
tujhe dēnē kō mā kuch bhī nahī
hai arpit ye mērā jīvan
śhrī charaṇō mē mā amṛitēśhvarī

„Ich wanderte von Tür zu Tür,
kannte nicht mein Ziel.

Mein Leben erlangte einen Sinn,
als ich deine Lotusfüße berührte

Millionen Verbeugungen, Millionen Verbeugungen,
Millionen Verbeugungen, Amma.

Du hast mir so viel gegeben.
Ich habe nichts, was ich dir zurückgeben kann.

Dieses mein Leben bringe ich deinen strahlenden Lotusfüßen dar.

Meine segensreiche Zufluchtsstätte,
Mutter Amṛitēśhwarī“.

Satsang 15

Dieses kostbare Leben

Tejasvini – USA

Die teilweise Übersetzung von Ammas Bhajan ‚Janmam' lautet:

> „Oh Kṛiṣhṇa , bitte schenke mir kein weiteres Leben, nur um noch tiefer in die Verstrickung der Täuschung zu fallen. Gibst du mir eins, dann gewähre mir den Segen, für immer als dein Diener zu leben."

Und weiter heißt es:

> „Sollte ich noch einmal geboren werden, lass dies Leben der Welt zugutekommen, indem auch ich anderen die ewige Glückseligkeit schenke. Ini Oru, gewährst du mir das, so gib mir bitte eine beliebige Anzahl von Leben als Mensch."

Da Ammas Bhajans an sich schon wie eine Art musikalische Schrift sind und angesichts dessen, dass ich mich in den Shāstras (den vedischen Schriften) nicht auskenne und mich nur wie ein Kind an Ammas Worten entlangtaste, möchte ich meinen Satsang locker um diesen und zwei weitere Bhajans herum gestalten. Ich bete zu Amma, dass ich in diesem gewagten Versuch nicht allzu viele Fehler mache und bitte euch um Geduld, während ich einige meiner Fragen auf diesem Weg zum Ziel entwirre.

Vor etwa einem Jahr überkam mich eine plötzliche Angst; nicht so sehr vor dem Tod, sondern vor der Wiedergeburt.

Eines Tages traf mich die Erkenntnis wie ein Schlag, dass ich irgendwann erneut all die traumatischen Ereignisse des

Eintritts in diese Welt durchleben müsste. Meine erste Reaktion darauf war eher oberflächlich: Ich zog innerlich eine meiner besten sarkastischen Masken heraus, um die düstere Wahrheit zu kaschieren, die sich mir offenbarte.

Ich sagte trocken zu mir selbst: „He, Moment mal! Du willst mir sagen, ich muss das alles nochmal machen? Ganz allein? Weinend und schreiend in diese raue Welt geworfen, ausgeliefert an Kultur, Gesellschaft und... Familie!

Oh Gott, hab Mitgefühl... die Familie! Mutter... Vater... Wieder hineingeworfen in diesen endlosen Abgrund der Verzweiflung, ausgeliefert an zwei Menschen und ihre eigenen Schmerzen und Traumata. Ich meine, also echt jetzt!

Bin ich wirklich meinem Prārabdha-Karma (den Auswirkungen vergangener Taten) gegenüber so machtlos, dass ich wieder in eine Familie hineingeschleudert werde und mich erneut durch all diesen Schmerz zwängen muss?"

Solch ein Schmerz. Als die Tage vergingen, wurde mir klar, dass dieser an der Wurzel meiner Angst saß. Der Schmerz, in diese Welt hineingeboren zu werden. Der Schmerz, unschuldig zu sein und doch ausgeliefert an andere, die selbst voller Schmerzen sind. Der Schmerz, sich in dieser Welt selbst zu finden. Der Schmerz, sich in dieser Welt zu verlieren. Der Schmerz... dieser Welt.

Bald schon schmolz die sarkastische Fassade dahin und machte einer ernsthaften und ehrlichen Innenschau Platz. Ich konnte den Gedanken einfach nicht ertragen, erneut diese Art von Traurigkeit auf mich zu nehmen, die ich als Kind erlebt hatte.

Natürlich ist es genau das, was unsere Shāstras lehren: dass der Zyklus des Lebens unendlich weitergeht, dass das menschliche Leiden sich fortsetzt, bis jeder Einzelne von uns die innere Wandlung vollzogen hat und nach dem Eins-Sein mit dem ewigen Brahman strebt.

Obwohl ich all dies intellektuell durchdrang, war ich über meine innere Abwehr gegen diesen Gedanken des Leidens überrascht. So lange hat es gedauert und so viel Schmerz gebraucht, um dort anzukommen, wo ich heute bin: geborgen in Ammas göttlichem Schoß.

Der Gedanke, all das noch einmal durchleben zu müssen, war zu viel für mich. „Bitte, lieber Gott“, betete ich plötzlich, „lass mich nicht noch einmal so sehr kämpfen!“

Aber, sind das nicht genau die Regeln in diesem Spiel namens Leben? Es gibt wunderschöne Geschenke und herzzerreißende Verluste. Momente voller Magie und Schönheit und schneidende Schmerzen, die uns bis ins Mark erschüttern. Das alles gibt es. Wer von uns trägt nicht seine eigenen schmerzhaften Erinnerungen mit sich herum?

Oft ist es unser Schmerz, der als Katalysator für unsere Suche nach dem Göttlichen wirkt und uns letztlich dazu bringt, bei Amma Zuflucht zu suchen. Schließlich tauchte ein Gedanke in meinem Inneren auf, der mich aus irgendeinem Grund beruhigte:

„Sogar Mahātmās erleben diesen Schmerz, den du zu vermeiden suchst.“ Dieser einfache Gedanke, obwohl ein wenig traurig, veränderte tatsächlich etwas in mir.

Ich erinnerte mich, dass Kṛiṣhṇa ja in einer Gefängniszelle geboren wurde, und Rāma (eine weitere göttliche Inkarnation) für vierzehn Jahre in einen wilden, ungezähmten Wald verbannt wurde.

Das menschliche Dasein, die diese Mahātmās geführt haben, waren nicht weniger von Leid durchzogen als das, was wir heute um uns herum wahrnehmen.

Wenn sie den Schmerz des Mensch-Seins aushalten konnten, warum sollte es mir nicht möglich sein?

Die erste Zeile von Ammas Bhajan ‚Tapta Mānasam' übersetzt sich so:

„In diesem Herzen liegt ein weites Meer aus Kummer. Oh Königin grenzenloser und bedingungsloser Liebe, Herrin der ganzen Welt, bitte sag mir nicht, dass du nicht meine Mutter bist."

Vielleicht ist dieses vergängliche, traumähnliche Leben einfach mein Schicksal.

Vielleicht ist dieses tiefe Sehnen und die Traurigkeit in mir, dieses weite Meer der Sorgen in meinem Herzen, in Wahrheit ein Ausdruck des tiefen Schmerzes der Trennung zwischen meiner umherwandernden Seele und Gott?

Und wenn das so ist, gibt es dann überhaupt etwas Schöneres als das Leben?

Es ist mutig zu sagen, dass das Leben schön ist, angesichts der unvorstellbaren Schrecken des Krieges und der immensen Unruhe in der Welt. Hätte ich in meinen frühen Jahren so viel über die Schönheit des Lebens nachgedacht, als ich noch ziellos durch diese Welt stolperte?

Lass mich noch einmal auf das Leben zurückblicken, das hinter mir liegt. Die schwierigsten Jahre meiner Kindheit, die ich bereits erwähnt habe, waren eng mit meiner Mutter verbunden. Statt ihr die Schuld für meine Traumata zu geben, weiß ich es heute besser, aber ein großer Teil meiner Angst vor einem erneuten Leben stammt aus jener Zeit, und vieles auf meinem spirituellen Weg drehte sich darum, diese Ereignisse aus der Vergangenheit zu akzeptieren und zu vergeben.

Die Einzelheiten sind dabei nicht so wichtig, aber meine Mutter kam selbst mit einer Menge innerem Aufruhr in diese Welt. Sie war geplagt von Wut, Misstrauen gegenüber anderen und einer Unfähigkeit, den Kompass des inneren Friedens zu finden. Nach meiner Geburt fiel sie in eine postpartale Depression und es war niemand da, um ihr herauszuhelfen. Die ersten Lebensjahre mit ihr waren voll emotionaler Spannungen, und es hat mich viele Jahre gekostet, diesen Schmerz zu entwirren und hinter mir zu lassen. Aber meine Geschichte steht nicht alleine da. Ich bin nicht die Einzige hier, die einen schweren Start ins Leben hatte; wie also versöhnt man sich mit einer solchen Vergangenheit und erwacht zur Akzeptanz?

Dank Ammas unermesslicher Gnade hat sie mir gezeigt, dass die Herausforderungen des Lebens nicht verdrängt oder aus der Erinnerung gelöscht werden müssen. Sie gehören zum Leben dazu. Und weißt du was? Die Vergebung und sogar Dankbarkeit meiner Mutter gegenüber entspringen einem einfachen Gedanken:

Meine Mutter hat mir das größte Geschenk gegeben, das möglich ist: das Geschenk des Lebens. Allein dieses Geschenk reicht aus, eine ganze Lebenszeit voller Bitterkeit aufzulösen. Alles, was ich heute habe, verdanke ich diesem menschlichen Leben. Es gibt wirklich kein größeres Geschenk, als genau jetzt geboren zu sein; in einer Zeit, in der die Mutter des Universums selbst verkörpert auf der Erde lebt. Jeder von uns hier hat dieses kostbarste aller Geschenke erhalten, und wir sollten unseren Müttern dafür zu danken.

***

Ammas Allwissen über mein Leben geht zurück bis zu meinen ersten Tagen in Amritapuri vor fast zehn Jahren.

Ich hatte meine Reise damit gerechtfertigt, dass ich meinen Geburtstag mit Amma verbringen wollte. Da mein Geburtstag Ende August ist, musste ich dafür eben nach Indien reisen. Ich verabschiedete mich von Freunden und Familie: „Ich plane, meinen Geburtstag mit Amma zu verbringen! Zu Weihnachten bin ich zurück!", und packte meine Tasche.

Doch während ich im Flugzeug saß, kamen Zweifel auf: „Kennt Amma mich überhaupt? Wird sie sich an mich erinnern? Ich bin nur eine Frau unter Millionen, und sie hat mich seit Monaten nicht gesehen." Ach, was der Mind nicht alles anstellen kann, wenn er ein paar Stunden Leerlauf hat! Trotz dieser Ängste kam ich mit großer Freude im Āśhram an und verspürte das unbeschreibliche Gefühl: Ich bin zu Hause. Dann erfuhr ich auch noch, dass der 28. August nicht nur mein Geburtstag war, sondern gleichzeitig der von Kṛiṣhṇa !

Mit der wenigen Zeit, die mir blieb, bereitete ich mich auf mein allererstes Kṛiṣhṇa Jayanthi in Amritapuri vor. Ich hatte um eine Party gebeten und Amma gab eine Party!

Schon im Morgengrauen erfüllten Freude und Feststimmung die Luft. Ich hörte das angenehme Muhen der Kühe und Tamburine unten im Hof, während ich mit Hilfe meiner Freundin Shashi verzweifelt versuchte, mich in einen Sari zu wickeln.

Alles war von einer unsichtbaren Süße durchzogen. Die Menschen waren herzlich und freundlich, eine Feststimmung lag in der Luft. Ein paar Ammamārs (ältere indische Frauen) zogen mich zur Seite am Tempel, um meinen furchtbar drapierten Sari richtig herzurichten, und dann bekam ich endlich meinen lang ersehnten Darśhan-Token. In der Darśhan-Schlange zweifelte mein listiger Mind immer noch: „Kennt Amma mich wirklich?"

Dann kam ich an ihrem Pīṭham (Sitz) an. Es war der langersehnte Moment. Man sagte Amma, dass ich Geburtstag hätte, und auf ihrem Gesicht breitete sich ein strahlendes Lächeln aus. Sie überschüttete mich mit allem möglichen Prasād, von dem man nur träumen konnte; dann hielt sie inne und schaute mich mit einem so liebevollen und wissenden Lächeln an.

„Mōlē", seufzte sie. „Tochter."

Oh, sie kannte mich. Und wie! Sie kannte mich besser, als ich mich selbst. Als ich die Rampe nach dem Darśhan hinunterlief, kam der Pūjārī (Tempelpriester) zu mir und fragte freundlich: „Möchtest du Ammas Pādukās tragen?" Natürlich sagte ich ja.

Er bat mich, in fünf Minuten beim Kaḷari[25]-Tempel zu sein. Ich rannte voller Freude hinter ihm her. Angekommen, überreichte er mir Ammas silberne Pādukās, die auf einem wunderschön gefertigten Teller lagen. Eine Freundin, die mitgekommen war, bekam einen großen, festlichen Schirm, den sie über die Sandalen und somit auch über mir, halten sollte.

Was als Nächstes geschah, hätte ich mir selbst in meinen kühnsten Träumen nicht ausgemalt. Ich sah den festlich geschmückte Elefanten Lakṣhmī, von Trommlern und Kindern umgeben, die als Rādhā, Kṛiṣhṇa , Gōpīs und Gōpās verkleidet waren und die Tamburine, Glöckchen und andere Instrumente trugen.

Mit Ammas Pādukās in der Hand war ich ganz vorne und führte die Prozession an! Wir gingen zur Halle, um Ammas Segnung zu bekommen. Daraufhin gingen wir dann durch den Āśhram und das Dorf am Meer! Ammas Sandalen, Lakṣhmī der Elefant, vierzig Trommler, achtzig Āśhram-Bewohner und die Kinder...

Aus dem Nordtor heraus bogen wir alle links ab, und es fühlte sich an, als würden wir nie zurückkehren.

Doch am Ende kehrte die Parade gerade rechtzeitig zurück, um die Zeremonie zu sehen, bei der die Uriyaḍi-Töpfe zerschlagen werden. Dann gab es Ammas Bhajans auf den Stufen des Kāḷī-Tempels. Am Ende des Tages, nach dem Abendessen und den abendlichen Bhajans, als Amma voller Energie um Mitternacht wiederkam, um erneut zu singen und Prasād zu verteilen, wurde

[25] Ursprünglicher kleiner Tempel im Āśhrām, in dem Amma früher Kṛiṣhṇa Bhāva und Dēvī Bhāva Darśhans abhielt.

mir klar, dass ich mit Amma beim Feiern nicht mithalten kann. Ich habe oft über diese Geschichte nachgedacht, und vielleicht ist es das, was man bekommt, wenn man die Göttin des Universums um eine Geburtstagsfeier bittet.

Jeder von uns trägt solche kostbaren Geschichten mit Amma in sich, und durch dieses ebenso kostbaren Leben können wir sie miteinander teilen.

Dank meiner Mutter konnte ich meine wahre Mutter finden. Dank dieses Körpers und dieser Füße war ich in der Lage, Ammas Pādukās durch das Dorf zu tragen. Dieses Leben selbst und seine Kostbarkeit ist das, wofür wir leben sollten.

Der erste Vers aus dem Bhajan 'Aridu Aridu' lautet:

> „Es ist sehr selten, als Mensch geboren zu werden. Noch seltener ist es, Interesse an Befreiung zu haben.
> Und extrem selten ist es, eine Beziehung zu Gott in Form eines Gurus zu haben. Vergeuden wir unser Leben, selbst wenn wir diese drei erlangt haben, ist es wie eine pechschwarze Nacht."

***

Erlaube mir, noch ein wenig mehr über meine Begrenzungen zu sprechen, wenn es darum geht, das Beste aus diesem kostbaren Geschenk des Lebens zu machen. Trotz der existenziellen Angst vor einer Wiedergeburt, die ich letztes Jahr verspürte, habe ich keinen wirklich starken inneren Antrieb, Verwirklichung zu erlangen, denn ich fühle in gewisser Weise: Warum die Eile?

Nun, das ist nicht so gemeint, wie es vielleicht klingt. Ich will damit nicht sagen, dass wir in den Tag hineinleben und Gott vergessen sollen. Doch mein Mind konnte nie wirklich mit diesem Gedanken Frieden schließen: Wenn wir zu irgendeiner Art von „Ziellinie" rennen, die sich „Befreiung" nennt (und wir sie durch ein Wunder eines Tages erreichen!), was soll dann sein?

Was passiert, nachdem wir vom Rad des Saṁsāras (dem Kreislauf der Wiedergeburten) abspringen? Rennen wir dorthin, um uns dann auf ewig ins All-Eine aufzulösen?

Ist Befreiung etwas, das ich für mich selbst suche, nur damit ich nicht mehr leiden muss? „Puh! Ich hab's geschafft, raus aus diesem schrecklichen Ort! Wie schade für all die anderen, die es noch nicht geschafft haben."

Oder gehe ich auf diesen Zustand aus einem anderen Grund zu? Wenn ich dieses göttlichste Wesen hier sitzen sehe, erkenne ich, dass sie zu einem höheren Sinn hindeutet, einen Sinn, der nicht so sehr für uns selbst ist, sondern dem selbstlosen Dienst an anderen gewidmet ist.

Was nützt meine individuelle Befreiung, wenn andere noch im Morast des weltlichen Leidens stecken? Wohin geht der Uhrzeiger, wenn er auf Zwölf steht? Zurück zur Eins.

Lass mich eine letzte Frage in dieser langen Reihe von Überlegungen stellen: Wenn Amma in menschlicher Form zur Erde zurückkehren würde und wir hätten bereits Verwirklichung erlangt, würden wir dann nicht auch zurückkommen wollen, um bei ihr zu sein?

Wird Amma nicht weiterhin in diese Welt kommen, um jeden von uns zu dem Eins-Sein zurückzuholen? So oft ich auch höre, dass Befreiung das Ziel ist, so kann ich doch nicht anders als zu denken, dass ich Amma folgen möchte, wohin auch immer sie geht; auf welchen Planeten, in welche Welt, in welches Lokah, auch immer. Ihr zu folgen und in irgendeiner kleinen Weise zu dienen, danach sehne ich mich.

Vor Jahren, als ich in Los Angeles Auto fuhr, hatte ich diesen Gedanken: „Die Mutter des Universums ist in einem menschlichen Körper inkarniert. Sie lebt jetzt. Würde ich ihr nicht folgen, wohin auch immer sie geht, selbst bis ans Ende der Welt?" Heute, während ich hier sitze, weite ich diesen Gedanken aus:

„Würde ich ihr nicht durch Lebenszeiten hindurch folgen, wenn ich könnte?"

Also denke ich weiter: „Warum die Eile auf dieser scheinbar ewigen, endlosen Reise?" Alles, worum ich bitten kann, ist: „Wenn du mir ein weiteres Leben gewährst das anderen dient, so gib mir bitte eine beliebige Anzahl von Leben als Mensch."

Für jemanden wie mich, mit eher schlechter Bilanz, was spirituelle Disziplin betrifft, ist es schwer zu begreifen, was es heißt, der Welt von Nutzen zu sein. Ich habe es immer so verstanden, dass man der ganzen Welt von Nutzen sein sollte, so als müsste man persönlich das Leben von Millionen Menschen berühren, was ja tatsächlich nur Amma erfüllen kann.

Doch durch diese Jahre hindurch, in denen mir nicht mehr gelingt, als das Leben einen Tag nach dem anderen zu leben, erkenne ich, dass Amma mir genug innere Stärke und Feingefühl gegeben hat, um (manchmal!) für die Menschen um mich herum da zu sein.

Die Erfahrung, Mutter zu werden, zum Beispiel hat mich aus meiner Eigenwilligkeit herausgezogen und meinen Fokus daraufgelegt, einem anderen Wesen zu dienen. Anderen um mich herum zu dienen ist vielleicht an sich schon eine Art Sādhana und vielleicht sogar eine geheimnisvolle Alchemie, die der ganzen Familienlinie zugutekommt.

Man muss nicht die ganze Welt verändern. Einigen Wenigen Gutes zu tun, kann schon ein Anfang sein und wir können erkennen, wie Ammas unendliche Gnade jedes Wesen auf Erden berührt, manchmal sogar durch uns selbst.

Als ich zum Beispiel im letzten Oktober in die Vereinigten Staaten zurückkehrte, hatte ich den spontanen Impuls, meine Mutter zu sehen. Ich hatte das Gefühl, dass ich sie dringend persönlich treffen muss. Als ich sie schließlich traf, vertraute sie mir an, dass sie ihren einzigen kleinen Job verloren und nur noch zehn Dollar auf dem Konto hatte. Auch mit ihrer Wohnung gab es Schwierigkeiten und es schien an der Zeit, nach einem neuen Zuhause für sie zu suchen.

Das schien eine Aufgabe zu sein, die in der kurzen Zeit unmöglich zu bewältigen war und doch spürte ich eine klare innere Gewissheit, dass Amma sich um sie kümmerte.

Stell dir meine Überraschung vor, als sich herausstellte, dass die erste Wohnung, die ich im Internet fand, nur wenige Häuserblocks von ihrem jetzigen Wohnort entfernt war. Ich bewarb mich und sah es als „Testlauf“ an. Doch wenige Tage später bekam ich diese Nachricht:

„Ihre Mutter ist genau die Art von Mieterin, die ich suche. Ich habe hier 75 andere E-Mails, aber ich würde lieber direkt an sie vermieten, dann muss ich mich mit den anderen nicht mehr auseinandersetzen. Wann können sie zur Besichtigung der Wohnung vorbeikommen?“

Am nächsten Tag unterschrieb sie den Mietvertrag.

Es brauchte viele unendlich detaillierte Fügungen, damit dieses Wunder des Timings geschehen konnte. Doch das, was mich am tiefsten berührte, und was Ammas grenzenloses und allwissendes Mitgefühl für alle Wesen widerspiegelt, war das, was meine Mutter im Auto zu mir sagte, als wir von der neuen Wohnung wegfuhren:

„Oh, ich danke dir so sehr, Lani. Ich bin einfach so glücklich darüber, wie warm die Wohnung ist.“

„Warm, Mama?“

„Ja, meine jetzige Wohnung war im Winter kalt.“

Ich war sprachlos. Hier war eine Frau, die im modernen Westen lebt, und im Winter in einem kalten Apartment in Pennsylvania schläft! Die meisten in der Familie konnten ihr ihr Versagen und die Vergangenheit nicht verzeihen, aber nicht die Mutter des Universums, deren immenses und grenzenloses

Mitgefühl und deren Liebe sich bis in jeden Winkel dieser Erde erstreckt; nicht die Prēma Sāgara Rājñī (die Königin des Ozeans der Liebe), die wusste, dass eine ihrer Töchter nachts friert.

Nur die wahre Mutter des Universums kann solch tiefe Heilung zwischen gebrochenen Herzen bewirken. Wie eine zarte Brise frischen Blumendufts reinigt Ammas Gegenwart selbst die schmerzvollsten Erinnerungen unserer Vergangenheit. Sie heilt jeden einzelnen unserer Ozeane von Trauer einen nach dem anderen und zeigt uns, dass ihre Liebe uns selbst durch die undurchdringlichsten Wasser des Saṁsāras tragen kann.

Vielleicht ist es also wahr: „Das Leben ist schön." Durch dieses vergängliche, traumhafte Lebensmysterium als ihr Nimitta-Mātram (ihr Instrument) zu gehen, damit sie die Generationen von Schmerz in unseren Familien und in unseren Leben heilen kann, ist wunderschön.

Wenn Amma das Gewicht jeder einzelnen Familienlinie auf Erden tragen kann, dann werde ich es auch bestimmt ertragen können, wieder in eine von ihnen hineingeboren zu werden, um ihr zu dienen.

Vor einigen Jahren saß ich in Hörweite von Ammas Pīṭham. Amma tröstete jemanden in seinem Leid und sagte, dass selbst wenn unsere weltlichen Gebete erhört werden, Gott es einem oftmals trotzdem schwer macht, so dass wir diese Dinge dann gar nicht mehr wollen. Dann lachte sie liebevoll und sagte:

„Und manchmal bindet Amma das Seil direkt durch die Nase der Kuh, damit sie sich nicht zu weit von ihr entfernt."

Geliebte Amma, bitte binde dein Seil fest durch die Nase dieses kleinen Kälbchens und halte mich nah bei dir, ganz gleich, welche Grasweiden du durchstreifst oder welche Leben du wählst.

Satsang 16

Mit Ammas Liebe Leiden überwinden

Purnima - Deutschland

Amma opfert jede Sekunde ihres Lebens, um jedem die wertvolle Möglichkeit zu geben, das Ziel des Lebens zu erreichen.

Ammas Liebe bewegt das Unbewegliche.

Amma sieht das Unsichtbare.

Amma kennt das Unbekannte.

Ammas Liebe ist in der Lage, das Unheilbare sofort zu heilen und macht das Unmögliche möglich - sie segnet unser Leben.

Das Thema meines Satsangs lautet: Nur mit Ammas Liebe und unseren eigenen begrenzten Bemühungen können wir Leiden überwinden, sogar das Leiden, das dadurch entsteht, dass ich im Rollstuhl sitze.

Amma, deine Gnade kann jede Behinderung in Ganzheit verwandeln. Zu jeder Zeit ist sich Amma bewusst, dass wir weder der Mind noch der Körper sind. Wir sind der unzerstörbare, unveränderliche Ātmān - das ewige Selbst.

Erlaube Amma, dein wahres inneres Selbst mit ihrer ewigen Weisheit zu erwecken; mit ihren selbstlosen, reinen Handlungen; mit ihren glückseligen Bhajans und friedlichen Meditationen; ihren Tänzen; ihren Überraschungen; ihrem glückseligen Lächeln; und durch ihre erhebende, umarmende Liebe.

Wo auch immer wir in dieser Welt sind und leiden, Amma wird uns finden... unser Schrei wird gehört. Amma, unsere Göttliche Mutter und keine andere wird uns helfen, wenn wir uns allein fühlen...

Ich war vierundzwanzig Jahre alt, als bei mir eine unheilbare, sehr schmerzhafte Knochenkrankheit diagnostiziert wurde. Die Krankheit wurde schnell schlimmer. Bald war ich bettlägerig, konnte mich nicht mehr bewegen – nicht einmal eine Tasse anheben – und war auf einen Rollstuhl angewiesen. Meine tiefste Sehnsucht war es, am Meer unter der Sonne zu leben. Hilflos und einsam schrie ich auf und flehte den Himmel an: „Bitte! Ich will heilen und wieder leben!"

Amma deine Gnade erscheint unverdient, glorreich
Du kommst strahlend wie das Licht, spontan
Amma, Du kommst aus dem Nichts, zu jeder Zeit,
von jedem Ort
Du nimmst unser Leid, Du badest uns tief in Deiner Gnade.

Während der Zeit, in der ich bettlägerig war, versuchte meine Mutter, einen Yōga-Lehrer zu finden, um meine Gesundheit zu verbessern. Außerdem suchte ich zwei Pflegekräfte, denn ich war auf Hilfe angewiesen.

Im Jahr 2004, nach Jahren der Isolation, brachte Ammas Gnade drei neue Menschen zu mir. Sie kamen alle im selben Monat und alle drei kannten Amma. Einer war ein deutscher Yōga-Lehrer und die beiden anderen waren Pflegekräfte, die in Deutschland studierten, aber ursprünglich nicht nur aus Kerala in Indien kamen, sondern aus Vallikavu, Ammas Geburtsort!

Als ich von der indischen Heiligen hörte, die Menschen umarmt, erschien in meinem Inneren ein weißes Licht – genau beim dritten Auge.

Mein siebenunddreißigster Geburtstag wurde zu einem göttlichen Geburtstag, denn auch ohne Amma zu kennen, gab mir mein Yōga-Lehrer Ammas Biografie „Mutter der unsterblichen Glückseligkeit", die ich in einer Nacht las. Stundenlang weinte ich über die schwierige Kindheit von Sudhāmani (Ammas

Geburtsname). Als ich Ammas Foto zum ersten Mal sah, war ich überglücklich. Ich hatte das Gefühl, rückwärts aus meinem Rollstuhl zu fallen! Ich küsste Ammas Foto wieder und wieder.

Dann geschah Ammas nächstes Wunder. Ich bekam ein Flugblatt über Ammas Besuch in Deutschland im Jahr 2004. Zum Glück boten mir meine indischen Betreuer an, mich zu Amma zu bringen.

Amma dein Mitgefühl beseitigt alle Hindernisse, die sich uns in den Weg stellen, Du offenbarst uns den heiligen Weg, zu dienen und zu beten

Die Göttliche Mutter ließ meinen Wunsch, sie zu treffen, stärker werden als jeden Schmerz in meinem Körper. Sie gab mir den Mut, zum ersten Mal mit dem Rollstuhl mit dem Zug zu reisen. Eine Rampe und ein rollstuhlgerechtes Taxi halfen mir, meinen ersten Darśhan zu erhalten.

Amma streichelte immer wieder meine Knie, liebkoste vorsichtig meine Füße, küsste zärtlich jede meiner Hände, streichelte meinen Rücken und küsste wiederholt meinen Kopf. Ich verschmolz mit Ammas Augen - Sterne des Mitgefühls, die über den Körper hinaus in mein Inneres blickten. Amma segnete mich mit einem Apfel, einer Schokolade und ihrem Mantra.

Amma deine Ausstrahlung erweckt jedes Leben,das wahre Selbst zu finden, ist unser Ziel - wir müssen uns bemühen

Nach meinem ersten Darśhan sehnte ich mich von ganzem Herzen danach, bei Amma zu sein. Das Einzige, was ich dafür tun konnte, war, mich in der örtlichen Online-Satsang-Gruppe anzumelden:

Eine Frau im Rollstuhl braucht Hilfe, um an der Amma Europa Tour 2005 teil zu nehmen.

Amma hört alle Gebete, und ihre Gnade wird stets darauf antworten. Ein Devotee, den ich noch nie zuvor getroffen hatte, bot mir an, mich auf der Europatournee 2005 zu betreuen. Ich weinte Tränen der Dankbarkeit.

Beschäftige dich mit deinen eigenen Bemühungen, gute Dinge zu tun
Amma wird uns immer auf ihren Flügeln tragen
Amma, für jeden Schmerz bist du das Heilmittel
Amma, ich erkenne jetzt, dass ich nicht der Handelnde bin

Amma ist die größte Heilerin im Universum. Sie brachte einen Pfleger mit und holte mich aus meinem bettlägerigen Zustand in Deutschland heraus. Von vier Männern wurde ich auf einer Decke sitzend getragen, damit ich das Flugzeug besteigen konnte. Dreißig Stunden lang unter starken Schmerzen reiste ich bis nach Kalifornien. Nach dem 9.000 km langen Flug kam ich glücklich in Ammas liebevoller Umarmung an.

Strebe mit Optimismus, Mut und Glauben voran,
Das wird dein Leben in Ammas Umarmung verändern

Während meines Darśhan in Ammas Āśhram in San Ramon, Kalifornien, akzeptierte ich Amma als meine Mutter, mein Ein und Alles. Amma küsste mich wieder und wieder. Sie hielt mich ganz fest in ihren Armen.

Ammas Mitgefühl erlaubte mir sogar, ohne einen Assistenten nach Amritapuri zu kommen.

Amma fragte mich: „Amritapuri?"

„Ja, bitte, Amma", antwortete ich.

Amma antwortete mit: „Amritapuri OK!"

Mit Ammas Saṅkalpa - ihrem göttlichen Entschluss- flog ich die 7.000 km nach Indien und kam in Amritapuri an. Mein Körper fühlte sich an, als wäre ein Lastwagen über ihn gefahren.

Müde und voller Schmerzen musste ich unbekannte Menschen um jegliche Hilfe bitten.

Amma nur Du. Die Seele unserer Seelen ist immer achtsam, mütterlich antwortest Du mit erfüllender Liebe und Fürsorge

Bei Amma habe ich nie das Gefühl, dass ich im Rollstuhl sitze oder dass ich anders bin als die anderen. Amma kümmert sich um mich, als wäre ich ein neugeborenes Baby. Viele Male sagte Amma in Darśhan laut auf Englisch zu meinen Pflegern: „Vorsicht, Vorsicht! Pain."

Obwohl ich am ganzen Körper Schmerzen hatte, erfüllte mein Sēvā mein Herz mit Freude. Mein Sēvā war im Kuhstall, wo ich die kleinen, springenden Kälber mit einem Gartenschlauch abspritzte. All die Jahre an der Universität konnten mir nie diesen Frieden im Mind und diese Zufriedenheit schenken.

***

2009 fand ich mich in Deutschland wieder. Ich vermisste Amma sehr. Am Karfreitag sah ich einen Film über das Leben von Jesus. Als er gekreuzigt wurde, weinte ich die ganze Nacht bis in die Morgenstunden. Mir wurde klar, dass dieses wertvollste Geschenk an die Welt durch Selbstsucht getötet wurde.

Ich stellte mir vor, wie sehr es Mutter Maria geschmerzt haben muss, ihren Sohn zu verlieren. Ich weinte und weinte und dachte an Amma – dass sie das Wertvollste für mich ist und ich sie niemals verlieren möchte.

Am nächsten Tag, dem Tag vor Ostern, wachte ich auf und stellte fest, dass ich zum ersten Mal seit sechzehn Jahren völlig schmerzfrei war. Ich fühlte mich, als würde ich in weißem Licht schwimmen. In den nächsten zwei Monaten hatte ich meine Schmerzmittel immer in der Nähe und erwartete, dass die Schmerzen zurückkommen würden. Das taten sie nie.

Amma hat diese unheilbare, alles zerstörende Krankheit in einer einzigen Nacht geheilt. Das ist Ammas unbeschreibliches Wunder, das sie zum Wohle von mir und meinen Ärzten vollbrachte.

Amma Du bewegst alles in diesem Universum, aber wir Menschen müssen uns ergeben und uns zur Erde hin verbeugen

Voller Dankbarkeit sitze ich oft vor Amma und rezitiere das Archana[26] und Ammas 108 Namen – immer und immer wieder, während ich sie anschaue, während sie Darśhan gibt. Jeder Blick von Amma schenkt mir die geistige Kraft, die ich brauche, um viele Herausforderungen zu überwinden, Lösungen für meine Probleme zu finden und vorwärts zu kommen.

Eines Tages nach dem Darśhan kam Amma auf mich zu, umarmte mich und flüsterte mir eine wunderschöne Wahrheit ins Ohr. Amma sagte: „Ich habe deine Archanas gehört." Zur Erklärung: Zur gleichen Zeit, als Amma an diesem Tag Darśhan in der Haupthalle gab, war ich im Kāḷī-Tempel und sang das Archana. Alles geschieht im Inneren von Amma.

Einige Devotees boten mir ihre Hilfe an, nachdem sie gesehen hatten, dass ich den ganzen Tag vor Amma saß – so konnte ich bis zum Ende des Darśhan bleiben, bis Amma ging.

Amma sagt: „In jedem Menschen dem wir begegnen, müssen wir Gott sehen." Viele aufrichtige Pfleger geben ein lebendiges Beispiel von Ammas reinster Liebe durch ihren selbstlosen Dienst. Ihre Hilfe fühlt sich für mich an wie Ammas Darśhan.

Amma, die Bezwingerin des Minds, die über unendliche, göttliche Qualitäten verfügt, hat mich gelehrt, wie ich damit umgehen kann, dass ich im Rollstuhl sitze, während ich mich auf das Ziel des Lebens konzentriere.

---

[26] Das Rezitieren der Namen Gottes, z. B. die Lalitā Sahasranāma, die 1.000 Namen der Göttlichen Mutter.

Amma hat mir geholfen, wenn auch nur in geringem Maße, die Eigenschaften Dankbarkeit, Demut, Geduld, Flexibilität und Losgelöstheit zu entwickeln. Außerdem habe ich gelernt, praktisch zu sein, mich jeder Situation anzupassen, die Zeit für einen höheren Zweck zu nutzen, klar zu kommunizieren, mir selbst und anderen ihre Fehler zu verzeihen, jeden Schritt meines Tagesablaufs im Voraus mit Achtsamkeit zu organisieren und alles mit meinen Bezugspersonen zu teilen.

Ich glaube nur noch an Amma. Ich sehe Amma als die Quelle von allem. Durch Amma wurde ich frei von Scham. Meistens lächle und lache ich, und ich bin in der Lage, Achtsamkeit zu bewahren, wenn ich meine neuen Betreuer unterrichte.

Amma, unsere liebste beste Freundin, unsere göttliche Mutter.
Du bist der wertvollste Schatz in diesem Universum, Mātā Amritānandamayī Dēvī,
Du bist der größte Diener für die Menschheit und Mutter Erde.
Du erhebst den ganzen Kosmos mit deinen eigenen dienenden Händen, um uns daran zu erinnern, wie wir als Menschen in unserem Gnadenland leben können.

In den letzten fünfzehn Jahren habe ich gnädig in Amritapuri gelebt, einem Paradies aus Mutter Natur und Ammas bedingungsloser Liebe.

Amma selbst serviert uns Prasād und erhebt alle ihre Kinder in ihrer ewigen überfließenden Liebe - das ist jenseits des Himmels.

Ihre erstaunlichen, selbstlosen Kinder kommen dreimal täglich, um mich auf mein Bett zu heben, mich liebevoll und respektvoll zu baden und mir bei jedem Detail zu helfen, das ich für mein tägliches Leben brauche. Meinen tiefsten, unendlichen Dank an all diese wunderbaren Menschen. In diesem Kali Yuga-Zeitalter, in dem es an Werten und Glauben mangelt, helfen uns nicht einmal unsere eigenen Familienmitglieder, so wie es Ammas Kinder tun.

Amma, Du machst jeden zu einem Gewinner
Du gibst endlose Liebe, es gibt keinen Sünder
Mit deinem Mitgefühl erreichen wir alle das Ziel
Hand in Hand ein Sieg in Gelassenheit

Am Tag des vollständigen Lockdowns hier im Oktober 2020 betete ich um Hilfe. Ammas mütterliche Gnade umarmte mich zutiefst, indem sie sofort drei Pflegekräfte schickte, die äußerst vorsichtig waren, um sich nicht mit dem Virus anzustecken. Während dem Darśhan sagte mir Amma: „Nur Gnade hat dich davor bewahrt, dich mit Covid anzustecken." Amma beschützt uns alle in diesen Zeiten. Alles, was wir tun müssen, ist, ihren Worten zu folgen.

Amma, mit dir können wir jedes Gesetz des Karmas überwinden,
müssen wir anderen helfen, dies ist unser kostbares Dharma

Amma möchte, dass ihre Kinder mehr geben als nehmen. Im Jahr 2010 segnete Amma mich mit dem Sēvā, die Token für ihren göttlichen Darśhan zu verteilen. Zu sehen, dass Amma niemanden zurückweist, erfüllt mein Herz mit Mitgefühl.

Wenn wir unser Herz öffnen, trägt uns Ammas Liebe über alle Grenzen hinweg.

Ammas Liebe ist jenseits jeder Logik
Amma ist die absolute Macht hinter allem
Amma allein arrangiert unser Leben für uns
Amma ist die Geberin des absolut perfekten Glaubens

***

2014 buchte eine Gruppe von uns Flüge, um als Gruppe zu Ammas US-Tour zu reisen und dann gemeinsam nach Amritapuri zurückzukehren.

Vor der Abreise erfuhr ich jedoch von einem Tourkoordinator, dass das Busunternehmen, das uns zum Flughafen bringen sollte, keine Menschen im Rollstuhl mitnimmt. Dann gab es noch eine weitere Prüfung: Keiner der Betreuer, die ich kontaktierte, konnte mich begleiten. Eine Nadel im Ozean zu finden, schien möglicher zu sein, als auf Tour zu gehen.

Zehn Tage vor der Tour ging ich zu Ammas Darśhan. Ich überreichte ihr den folgenden Brief: Liebste Amma, ich habe all meine Flüge gebucht, um mit dir von Cochin nach Seattle, San Francisco, Toronto und wieder zurück nach Cochin zu reisen.

Ich konnte weder einen Betreuer noch eine Unterkunft oder eine Transportmöglichkeit finden. Soll ich mit auf die US-Tour kommen oder dieses Jahr in Amritapuri bleiben? Ich verneige mich vor deinen heiligen Lotusfüßen.

Die Menschen in der Nähe von Ammas Pīṭham (Sitz) waren von dieser Frage überrascht. Ich kam mir so dumm vor, diese Frage zu stellen, hilflos in einem Rollstuhl vor der Göttlichen Mutter. Ich fühlte mich kleiner als ein Wurm.

Amma zog meinen Rollstuhl näher an sich heran und streichelte immer wieder meine Arme, schaute mir tief in die Augen, badete mich in ihrem Wasserfall aus Lebenskraft und schickte mir Ozeane aus mütterlichem Vertrauen und Liebe.

Amma sprach auf die süßeste Weise zu mir. Alles, was ich verstand, war: „Hilfe, Hilfe.“ Dann übersetzte die Swāmīni, die Darśhan-Assistentin, ihre Antwort: „Versuche zu kommen, du solltest kommen, Amma wird dir helfen.“

In dieser Nacht schaltete ich den Computer ein und öffnete meine E-Mails. Die erste Nachricht, die ich las, war von einer Devotee, die schrieb: „In Seattle warte ich auf dich und werde dich während der Tour zu unterstützen." Dann boten andere Devotees ihre Hilfe und eine gemeinsame Unterkunft für die gesamte Tour an.

Mit Ammas Hilfe flog ich mit ihr nach Seattle. Am Flughafen von Seattle rannten alle eilig zum Tourbus um auch die letzte Strecke mit Amma zu reisen. Ich konnte nicht in den Bus, weil mein elektrischer Rollstuhl kaputt war - keinen Zentimeter konnte ich mich bewegen. Durch Ammas Gnade nahm mich ein Devotee in seinem Auto mit, da wir im selben Hotel wohnten. Doch als wir auf dem Hotelparkplatz ankamen, erhielt er einen Anruf und musste dringend weg.

Da saß ich nach einem vierzehnstündigen Flug mit Amma auf dem Parkplatz in der Mittagssonne. Ich hatte Gepäck für sechs Wochen und einen total beschädigten Rollstuhl.

Ich betete: „Amma, bitte, ich brauche jetzt wirklich deine Hilfe!" Einen Moment später fuhr ein Auto mit einer Frau vor, die ein rotes T-Shirt trug, auf dem „Ich bin eine Betreuerin" stand. Sie fragte mich: „Was brauchst du?" Mir fiel vor Schreck die Kinnlade herunter. Sie half mir, und im Gegenzug erzählte ich ihr Geschichten über Amma.

Das bewies, dass Amma die ganze Zeit bei mir war und ich fühlte mich ihr nie näher. Seitdem spreche ich immer innerlich mit Amma und teile ihr genau die Situationen mit, in denen ich mich befinde.

Der Flug meiner Hauptbetreuerin verspätete sich. Wieder bat ich Amma, das alles durchdringende, allwissende Bewusstsein, um Hilfe. Sofort schickte Amma eine andere Frau, die ich noch nie zuvor gesehen hatte, um mir zu helfen. Die Tatsache, dass ich Hilfe brauchte, veranlasste diese neue Betreuerin dazu, mich während der gesamten USA-Tournee zu unterstützen.

Die Frau mit dem Betreuer-T-Shirt war tief beeindruckt, dass wir die ganze Tour zusammen machen wollten. Sie bot mir an, meine dritte Tour-Betreuerin zu sein. Ammas Gnade ist meine liebste, alles beschützende, immer hilfsbereite Begleiterin geworden, näher als mein eigener Gedanke, näher als mein eigener Herzschlag. Amma allein ist meine unfehlbare, unsichtbare beste Freundin, die immer bei mir ist.

Am vierten Tag der Tour vervollständigte Amma mein erstaunliches Betreuerteam, indem sie einen weiteren Devotee dazu ermutigte, die gesamte Tour mit uns zu fahren.

Während dieser Tour schrieb ich das Buch The Book of Amma‘s Grace (Das Buch von Ammas Gnade) und machte viele Stunden Sēvā, indem ich jeden Tag Darśhan-Token verteilte.

Finde nur das wahre Selbst in dir
Die Wahrheit des Eins-Seins wird leuchten, nicht zwei
Löse deinen Mind, dein Herz und deinen Atem in Ammas überfließender Liebe auf
Dein Körper, Mind und deine Seele werden heilen und aufsteigen wie eine weiße Taube

Ammas Herz wurde zu der strahlenden Sonne und dem immer fließenden Ozean, nach denen ich mich mein ganzes Leben lang gesehnt hatte. Ammas Liebe verwandelte mein Leben von einem bettlägerigen Zustand in ein aufregendes, dharmisches Leben voller freudiger Feste in Ammas bezaubernder Gegenwart.

Ammas strahlendes Lächeln, ihr nachdrückliches „Ja! Tour, Tour!“, wenn ich sie frage, ob ich mitfahren kann und die unendliche Liebe, mit der sie mich überschüttet, haben mich in den letzten dreizehn Jahren zu mehr als fünfzig Touren ermutigt. Ich habe an allen Welttouren von Amma teilgenommen und auch an allen Touren durch Süd- und Nordindien. Wenn ich mit dem Bus über die holprigen Straßen fahre, fühle ich mich wie ein Kind in Ammas Schoß gewogen.

Ich fühle mich gesegnet, dass ich die Möglichkeit hatte, Tausenden von Menschen auf der ganzen Welt Darśhan-Token zu geben. Dank Ammas starkem Saṅkalpa konnte ich auf dem Boden schlafen und über 800.000 km mit dem Flugzeug oder Bus reisen... und das ohne Schmerzen!

Dank Ammas ständigem Schutz habe ich viele Beinaheunfälle überstanden, ohne auch nur einen Kratzer abzubekommen, und ich habe auf keiner der Touren einen einzigen Gegenstand verloren.

Indem ich entschlossen war, mit Amma zu reisen, hat sie die Auswirkungen meiner schmerzhaften Vergangenheit vollständig beseitigt und mir mehrfach das Leben gerettet.

Dafür das ich mit Amma so oft um die Welt gereist bin und so viele Orte besucht habe, empfinde ich große Dankbarkeit für Mutter Erde und Mutter Natur.

Respektiere Mutter Erde, korrigiere deinen Fehler,
schenke Mutter Natur Liebe, endlich wach

Ich möchte mit einem Lied, das ich geschrieben habe, für Mutter Erde beten:

Oh Dēvī, Bhumi Dēvī, Pacha Mama, Mutter Gaṅgā
Amma nimm unsere Selbstsucht.
Das ist unsere Krankheit.
Mit gefalteten Händen zu Dir beten, oh Amma
Mit gefalteten Händen zu Dir beten
Heile unser Mutterland.

In dem Buch Amma's Perlen der Weisheit sagt Amma: „Schau dir den Optimismus der Natur an. Nichts kann ihn aufhalten. Jeder Aspekt der Natur trägt unermüdlich seinen Teil zum Leben bei."

Auf der Australien-Tour fuhren alle Busse, die die Tour-Teilnehmer transportierten, durch die üppige australische

Landschaft und erreichten schließlich das Meer. Dort hielten die Busse für eine Mittagspause mit Amma. Amma stand allein im weichen Sand. Die Wellen küssten sanft ihre heiligen Füße.

Amma stand dort in ihrem weißen Sāri und sah so sanft aus wie eine Wolke unter dem blauen Himmel. Amma fragte uns: „Wer möchte ein Regenbogen sein?"

Dann erzählte Amma eine Geschichte von einem kleinen Mädchen, das im Rollstuhl saß. Sie hatte keine Freunde und war sehr traurig. Eines Tages sah das Mädchen einen wunderschönen Regenbogen. Sie war so glücklich, als sie all diese schönen Farben sah. Nach einer kurzen Weile verschwand der Regenbogen und das Mädchen war wieder sehr traurig.

Am nächsten Regentag fuhr die Mutter des Mädchens mit dem kleinen Mädchen auf den Gipfel eines Berges. Nachdem der Regen aufgehört hatte, erschien ein wunderschöner, hell leuchtender Regenbogen.

„Wie bist du so schön und glücklich geworden?", fragte das Mädchen den Regenbogen.

„Sieh mich genauer an. Ich war einst nur ein Regentropfen mit einer sehr kurzen Lebensdauer, was mich immer traurig machte. Dann beschloss ich, andere Menschen glücklich zu machen, und all die Farben in mir begannen zu strahlen." Als er dies sagte, verschwand der Regenbogen.

Nachdem sie diese Geschichte erzählt hatte, fügte Amma hinzu: „Wenn wir das Ziel haben, andere Menschen glücklich zu machen, dann kann das Licht Gottes völlig durch uns scheinen. Im weltlichen Leben ist jeder so egoistisch und strebt nur danach, seine eigenen Wünsche zu erfüllen. Das Mantra ist: ‚Ich und meins'. Aber Ammas Kinder sind nicht so, sie versuchen, andere glücklich zu machen." Ein paar Sekunden nachdem Amma dies sagte, erstrahlte ein großer, bunter Regenbogen am Himmel.

Als Amma darauf zeigte, erschienen am Horizont zwei noch größere Regenbögen, die noch heller waren. Die bunten Regenbögen, der Himmel, die Spiegelung des Wassers, die Wellen, der Sand und Ammas unbeschreibliche Schönheit verschmolzen uns alle mit der reinsten, magischen, farbenfrohen, friedlichen Einheit von Gottes Schöpfung.

Die Regentropfen begannen, wie Frieden auf den Ozean, den Sand, uns und Amma zu verbreiten. Amma sang den Bhajan „Sṛiṣhṭium Nīyē“ – „Oh Dēvī, Du bist die Schöpfung!“ - und vertiefte sich darin. Wir alle sangen mit Amma. Ammas weißer Sāri war völlig durchnässt, doch sie hörte nicht auf zu singen.

Wir waren so glücklich mit Amma in diesem starken Regen, aber sie wollte nicht, dass sich ihre Kinder erkälten, also schickte sie uns zu den Bussen. Lachend fragten wir uns gegenseitig: „Hat Amma diese Regenbögen aus ihrer Fingerspitze erschaffen?“ Amma ist unser wahrer Regenbogen, das Wunder, das unser Leben verwandelt.

Mein innigstes Gebet ist, dass ich weiterhin in der Lage bin, überall dorthin zu gehen, wo Amma hingeht. Mögen all unsere Herzen in der Freude von Ammas glückseliger Liebe schwimmen.

Oh Dēvī, ohne Dich gibt es kein Leben
Bhumi Dēvī ohne Dich kann nichts überleben
Ōm Lokāḥ Samastāḥ Sukhinō Bhavantu -

Mögen alle Lebewesen in allen Welten glücklich ihr wahres Selbst entdecken.

Satsang 17

Schöpfung und Schöpfer sind nicht zweierlei, sondern eins

Prasadini, Deutschland

Ich möchte über Ammas Lehre reflektieren, dass Schöpfung und Schöpfer nicht voneinander verschieden, sondern eins sind. Über diese Vorstellung meditiere ich, weil sie ein Heilmittel gegen das Gefühl sein kann, vom Göttlichen, von der Natur und von anderen Menschen getrennt zu sein, wenn wir sie wirklich verinnerlichen. Die Schriften zu studieren, hatte ich bisher nur wenig Gelegenheit, doch sie inspirieren mich tief, und sie sind für mich so weit wie der Ozean; beinhalten die gesamte Schöpfung.

Während wir die Schöpfung erleben, sollten wir uns stets an den Schöpfer erinnern. Als Menschen neigen die meisten von uns dazu, Gott zu vergessen, der die unveränderliche Essenz hinter allem ist, was existiert.

In der Bhagavad Gītā, Kapitel 15, Verse 12 und 13, sagt Śhrī Kṛiṣhṇa zu seinem Schüler Arjuna:

yad āditya-gataṁ tējō jagad bhāsayatē'khilam
yachchandramasi yachchāgnau tat tējō viddhi māmakam

„Das Licht der Sonne, das das ganze Universum erleuchtet, das im Mond und im Feuer gegenwärtig ist – wisse, dieser Glanz ist von mir."

gām āviśhya ca bhūtāni dhārayāmyaham ōjasā
puṣhṇāmi chauṣadhīḥ sarvāḥ sōmō bhūtvā rasātmakah

„Indem ich die Erde mit meiner spirituellen Energie durchdringe, erhalte ich alle Wesen, die in ihr leben. Als der Mond nähre ich alle Pflanzen mit dem Lebenssaft."

In diesen beiden Versen sagt Śhrī Kṛiṣhṇa , dass die gesamte Schöpfung ein Ausdruck seiner Energie ist.

Als ich ein Kind war, sang meine Mutter oft hingebungsvolle Lieder für mich. Eines davon handelte von Kṛiṣhṇa und Rādhā, die das höchste Selbst und die ursprüngliche Natur verkörpern und miteinander im Eins-Sein tanzen.

Wenn wir die Augen hätten, dies wirklich zu sehen, würden wir nicht nur die äußere Form der Natur wahrnehmen, sondern auch ihre Göttlichkeit.

Wir könnten die gesamte Schöpfung als ein wunderschönes Spiel des Bewusstseins erkennen.

Wenn Amma Darśhan gibt, können wir diese Wahrheit erfahren. Amma ist das stille Zentrum des Bewusstseins inmitten aller Bewegung.

Sie ist wie ein Fels inmitten eines wilden Ozeans: unbeweglich, geduldig, stets aufmerksam und liebevoll gegenüber allen, die zu ihr kommen. Amma verweilt ständig in dieser Präsenz, nimmt sich Zeit für jeden Einzelnen und sagt ihnen: „Du bist mein geliebtes Kind, du bist göttlich."

Andere als Ammas Kinder zu sehen, kann helfen, uns mit dem Göttlichen verbunden zu fühlen.

All unsere negativen Neigungen wie Hass, Eifersucht und Zorn entstehen aus dem Gefühl des Getrenntseins. Amma erzählt eine Geschichte, die mir gezeigt hat, wie sinnlos es ist, ein Problem außerhalb von sich selbst zu sehen:

Eines Tages fuhr ein Seemann mit seinem Boot einen Fluss hinunter. Aus der Ferne sah er ein anderes Boot auf sich zukommen. Zur Sicherheit gab er Leuchtsignale, um die andere

Besatzung aufzufordern auszuweichen, doch das andere Boot änderte seinen Kurs nicht.

Fast wären beide Boote kollidiert, und nur durch ein radikales Manöver konnte der Seemann einen Unfall verhindern.

Wütend sprang er auf das andere Boot, um dem anderen Seemann eine Lektion zu erteilen. Doch er entdeckte bald, dass niemand an Bord war. Das Boot war leer und trieb dahin, da verflog sofort seine Wut. Wenn wir erkennen, dass da niemand ist außer uns selbst, auf wen können wir dann noch wütend sein?

***

Ich möchte gerne erzählen, wie ich in Ammas göttliche Gegenwart gekommen bin, und was ich über die Einheit von Natur, Gott und Ammas Devotees gelernt habe. Auch werde ich ein paar Beispiele teilen, die mir geholfen haben, das Gefühl der Trennung zu überwinden und mich mit dem Göttlichen zu verbinden.

Mit Eltern gesegnet zu sein, die auf der Suche nach einem spirituellen Weg sind, und in einer solchen Familie auch aufzuwachsen, erkenne ich als großes Glück an. Meine Mutter hatte eine lebensverändernde Erfahrung, als sie zum ersten Mal von Paramahansa Yogananda hörte. Als junges Mädchen gerade achtzehn Jahre alt versuchte sie, den tieferen Sinn des Lebens mit Hilfe von Drogen zu verstehen. Eines Tages kam ein junger Mann auf sie und ihre Freunde zu und begann, zu ihnen über Yogananda zu sprechen. Er schenkte ihr das Buch Meditationen zur Selbstverwirklichung, was sie sehr dazu inspirierte, Meditation zu lernen. Innerhalb von nur einer Woche konnte sie schlechte Gewohnheiten ablegen, den schädlichen Umgang hinter sich lassen und ein spirituelles Leben beginnen. Dass der Guru sie durch seine Lehre sogar inmitten von Drogenkonsumenten erreicht hat, zeigt das bedingungslose Mitgefühl, das einen wahren Meister auszeichnet. Wir können den Meister auch wie eine Mutter sehen, die genau im richtigen Moment kommt, um ihr Kind vor einer zerstörerischen Laufbahn zu bewahren.

Meine Eltern versuchten stets, im Einklang mit der Natur zu leben. Wir wohnten auf dem Land und teilten uns einen Garten mit einer anderen Familie. Ich erinnere mich, wie ich mit meinen Freunden auf Bäume kletterte und ihnen Geschichten von Śhrī Kṛiṣhṇa erzählte.

Dabei empfand ich eine stille Freude, während ich unter den schützenden Blättern des Baumes saß. Meine große Schwester baute gerade ein kleines Haus in einem anderen Baum, und als ich hoch hinaufkletterte, konnte ich von dort oben alles beobachten, ohne mich dabei einzubringen. Wir lebten in einem kleinen Dorf und hatten nie viel Geld, aber meine Eltern hatten Ideale, die sie uns vermittelten. Sie schickten uns auf eine Waldorfschule, wo wir eine werteorientierte Bildung erhielten und viel über Handwerk, Kunst und Musik lernten. Der Gründer der Waldorfschulen, Rudolf Steiner, war tief inspiriert vom Gesang Gottes (der spirituellen Unterweisung von Śhrī Kṛiṣhṇa an seinen Schüler Arjuna).

Wir hatten keinen Fernseher, und der einzige Film, den ich als Kind sehen durfte, war das Leben des Heiligen Franziskus von Assisi. Franziskus ist ein sehr bekannter Heiliger in Europa.

Er sah Gott in der Natur und liebte die Schöpfung aufrichtig. Sonne, Mond, die Elemente der Natur und sogar den Tod sprach er als seinen Bruder an. Das zeigt, wie sehr er das Eins-Sein der gesamten Schöpfung erlebte. Demut zeichnete ihn aus und er sprach mit großer Ehrfurcht über Gott, den Schöpfer. Amma sagt: „Wenn du Gott in allem erkennst, ist dein Mind ständig von Hingabe erfüllt. Wenn es kein Gefühl von Trennung gibt, wird dein ganzes Leben zu einem Akt der Verehrung, zu einem Gebet und zu einem Lobgesang."

Ich war sieben Jahre alt, als ich Amma zum ersten Mal begegnete.Meine Mutter verbrachte die Sommerferien mit mir und meinem kleinen Bruder an einem Ort namens Schweibenalp hoch oben in den Schweizer Alpen. Dieser Ort war von Devotees des Haidakhan Babaji gegründet, um Menschen aus verschiedenen Kulturen zusammenzubringen. Täglich verehrten sie dort Śiva und die göttliche Mutter. Eines Tages kam Amma. Die Menschen dort sagten: „Die göttliche Mutter ist hier!"

Um sie zu empfangen, ließ man Amma sich auf einen schönen Stuhl niedersetzen und brachte ihr viele Blumen dar. Das war während Ammas erster Welttournee im Jahr 1987. Im darauffolgenden Jahr, als ich Amma und ihre Devotees in ihren reinen weißen Gewändern ankommen sah, lief ich auf sie zu, denn ich fühlte mich willkommen durch ihre freundlichen Gesichter und ihre Licht und Liebe ausstrahlende Präsenz. Einmal rief mich jemand aus ihrer Gruppe zu sich, nahm mich an der Hand und wir gingen gemeinsam zur Darśhan-Halle. In den Dēvī-Bhāva-Nächten saß ich oft ganz in der Nähe der Musiker und vergaß dabei sogar meine Familie. Am letzten der Programmtage in der Schweibenalp fasste ich eigenständig den Entschluss, dass ich ein Mantra von Amma möchte.

Da war ich erst acht Jahre alt. Meine Mutter versuchte, mich davon abzubringen. Sie dachte, Mantras seien nur für Erwachsene. Doch ich hörte nicht auf ihre Einwände und blieb standfest. Schließlich musste meine Mutter nachgeben und Amma gab mir ein Mantra. Von Herzen hatte ich mir ein Mantra zu Kṛiṣhṇa gewünscht. Ich erinnere mich noch genau an meine Freude, als meine Mutter mir später zu Hause ein schönes Bild von ihm neben mein Bett stellte und mir Geschichten von Kṛiṣhṇa und seiner großen Devotee Mīrabai erzählte. Mit liebevoller Hingabe setzte ich mich jeden Morgen und Abend für ein paar Minuten hin, um mein Mantra im meditativen Zustand zu wiederholen.

Es heißt, ein Mantra ist wie ein Seil, das uns rettet. Es schafft eine tiefe Verbindung zum Meister. Vielleicht war es genau dieses Mantra, das Amma später dazu veranlasste, mich zu sich zurückzurufen.

***

Als Amma zu ihrer dritten Europatour kam, beschloss meine Mutter, allein zu ihr zu reisen. Während dieses Besuchs sagte Amma zu ihr, dass sie ein Devotee von Sai Baba sei. Zunächst verstanden wir Ammas Līlā (göttliches Spiel) diesbezüglich nicht. Wie konnte meine Mutter ein Devotee von jemandem sein, dem sie nie begegnet war?

Doch nach einiger Zeit erfüllten sich Ammas Worte, und meine Mutter wurde tatsächlich ein Sai-Devotee. Die lokale Sai-Gruppe traf sich regelmäßig bei uns zu Hause. Meine Mutter erfüllte ihr gesellschaftliches Dharma[27], indem sie Kindergruppen leitete und ihnen Werte wie Satya (Wahrhaftigkeit), Dharma (wahre Pflicht), Śhānti (Friedfertigkeit) und Prēma (Liebe) vermittelte.

Dadurch sahen wir Amma nun viele Jahre lang nicht mehr. Ich vergaß sogar mein Mantra. Anfangs fühlte ich mich traurig und allein. Später versuchte ich, im materiellen Leben mein Glück zu finden, doch etwas fehlte.

Wenn andere voller Begeisterung etwas nachgingen, spürte ich nur Leere. Ich vermisste etwas, wusste jedoch nicht was. Von meiner Mutter lernte ich, dass ein wahrer Devotee immer unter dem Schutz der Gnade Gottes steht. Sie machte sich nie Sorgen, und wir wurden Zeugen von Wundern, die sich in ihrem Leben ereigneten.

[27] Wörtlich „das, was (die Schöpfung) aufrechterhält" bezieht sich im Allgemeinen auf die Harmonie des Universums, einen gerechten Verhaltenskodex, eine heilige Pflicht oder ein ewiges Gesetz.

Mein Vater, der keinen starken Glauben besaß, verstand ihren Optimismus nicht. Doch durch seinen eigenen inneren Antrieb, Gutes zu bewirken, widmete er viele Jahre seine Zeit und Energie einer Gemeinschaft für Menschen mit besonderen Bedürfnissen. Als ich siebzehn war, stand ich eines Tages in unserem Meditationsraum. Plötzlich begann eines der Bilder zu leuchten und lebendig zu wirken. Es war das Foto einer jungen indischen Frau mit langen schwarzen Haaren. Sie lächelte mich mit einem Ausdruck tiefer Freude an, als wollte sie sagen:

„Mein liebes Kind! Ich bin so glücklich, dass du zu mir zurückkommst!"

Zuerst erkannte ich Amma nicht. Dann erinnerte mich meine Mutter:

„Weißt du noch, als du als Kind bei Amma warst, und jemand aus ihrer Gruppe dich fragte: ‚Wirst du nach Indien kommen, wenn du erwachsen bist?'

Und du mit ‚Ja!', geantwortet und es versprochen hast?"

Ich musste noch ein weiteres Jahr warten, bis ich Amma wiedersehen konnte, als sie erneut nach Europa kam. Nach dem Abitur reiste ich nach London, um Amma zu treffen. Ich fragte sie, ob ich in ihren Āśhram kommen und sechs Monate dortbleiben dürfe. Amma antwortete mit nur einem einzigen Wort: „Ja." Das machte mich sehr glücklich, denn es bestätigte, dass mein inneres Gefühl mit Ammas Willen übereinstimmte. Als ich 1998 zum ersten Mal in Amritapuri ankam, wohnte ich im Frauenschlafsaal oberhalb des Kālī-Tempels. Amma kam jeden Dienstag auf ihrem Weg zur Gruppenmeditation durch unseren Schlafsaal, und oft schwamm sie mit uns im Āśhram-Swimmingpool. Ich war tief berührt davon, wie Amma uns Erstbesucher so selbstverständlich in ihre große spirituelle Familie aufnahm.

Dann entwickelte ich auch eine starke Bindung an Ammas physische Gegenwart. Mein Sēvā in den Dēvī-Bhāva-Nächten war es, in der Küche Chapatis anzufertigen. Manchmal wurde ich sehr traurig, weil ich Amma vermisste. Dann rannte ich zum Kālī-Tempel, wo Dēvī Bhāva stattfand und tauchte für ein paar Minuten in die wunderschöne Atmosphäre ein, bevor ich wieder in die Küche zurückging. Die Erinnerungen an diese wundervolle Zeit mit Amma nährten mich durch all die Jahre, in denen ich weit entfernt von ihr war.

Während meiner jährlichen Besuche durfte ich oft im Tempelgebäude bei den Āśhram-Bewohnern wohnen. Das gab mir immer das Gefühl, nach Hause zu kommen. Amma sagt:

„Egal, wie weit ein Vogel fliegt, er wird sich immer an sein Nest erinnern.“ So lebte ich mit den Erinnerungen an Amritapuri draußen in der Welt und es war so, als sei ich längst Teil der Āśhram-Familie, noch bevor ich tatsächlich hierhin zog.

Zurück in Deutschland kreisten meine Gedanken ständig um Amma, und meine Familie verstand die Veränderungen nicht, die sich in mir vollzogen hatten. Als ich Amma das nächste Mal während der Europatour begegnete, erklärte sie mir vieles über die Natur dieser Welt. Sie sagte:

„Alle wollen Liebe empfangen, aber niemand ist bereit, Liebe zu geben! So kann man niemals wirklich glücklich werden.“ Ich kontemplierte darüber. „Wenn niemand bereit ist, Liebe zu geben – wie kann ich dann selbst zu jemandem werden, der fähig ist, selbstlos zu lieben?“ Während ich in einer großen Stadt arbeitete, begann ich, in einer Suppenküche zu helfen, die von den Nonnen der Mutter Teresa geleitet wurde. Dort konnte ich Ammas Lehren in die Praxis umsetzen, und ich erlebte eine Freude, die nicht von Objekten oder Personen herrührte. Als ich Amma davon erzählte, war sie sehr glücklich und sah mich mit so viel Liebe und sagte dabei: „Tu das, was du wirklich willst und lebe danach!“ So traf ich die Entscheidung, Amma zu folgen und ihre gemeinnützigen Projekte zu unterstützen.

***

Im Jahr 2003 fand Swāmī Śhubhāmṛitānandajīs erstes Retreat in einer Scheune in Deutschland statt, ein Teil des heutigen deutschen Āśhrams. Während des Retreats brach ein Sturm los, es regnete stark. Die Scheune wurde nass, und ein Teil des Altars fiel um. Der Sturm verzog sich schnell, und alle halfen beim Aufräumen und bauten den Altar an einem anderen Ort wieder auf. Ammas Bild wurde nun gegenüber der Eingangstür aufgehängt. Als die Sonne wieder schien, sagte Swāmī ganz liebevoll: „Amma wollte die Schönheit der Natur auch sehen!“ Als er das sagte, fühlten wir Ammas unsichtbare Gegenwart.

Im Jahr 2004 gründeten einige von Ammas Schülern und Devotees dann den deutschen Āśhram. Ich wollte mithelfen und zog deshalb in die Nähe. Von da an verbrachte ich jedes Wochenende im Āśhram und engagierte mich in Sēvā-Aktivitäten. Im folgenden Jahr informierte uns der Leiter des Āśhrams, dass Amma nach der Europa-Tour den Āśhram besuchen würde. Wir waren überrascht und fühlten uns tief gesegnet.

Früher war der deutsche Āśhram ein Gestüt, welches in einer wunderschönen und natürlichen Naturlandschaft lag. Pferde sind auch heute noch dort untergebracht; und während Ammas Aufenthalten besucht sie die Tiere, fütterte sie oder führte sie spazieren. Amma ist überall zu Hause. Als sie den Āśhram besuchte, führte sie eines der Pferde am Seil, als hätte sie das schon ihr ganzes Leben lang getan.

Da spürten wir umso mehr, dass Amma wirklich zu uns gehört. Die Erinnerung an diese besondere Erfahrung inspirierte uns das ganze Jahr, unser Sēvā mit großem Enthusiasmus zu verrichten, ohne je zu ermüden. Viele Jahre später dann wurde im deutschen Āśhram eine große Halle für Ammas Programme gebaut, und seither kommen Menschen aus aller Welt. Im Westen neigen wir oft dazu, den äußeren Aspekten unseres Sēvās zu viel Bedeutung beizumessen. Wir vergessen während der Arbeit oft das Göttliche.

***

Als Swāminī Amṛitajyōti Prānājī einmal zu Besuch kam, sagte sie zu mir: „Wenn wir der Welt dienen wollen, brauchen wir innere Stärke, und die bekommen wir durch spirituelle Praxis." Später erkannte ich, wie wahr das ist. Sādhanā hilft mir, den Mind von äußeren Ablenkungen zu befreien und mich daran zu erinnern, warum ich tatsächlich im Āśhram lebte.

Als ich das verstand, bemühte ich mich, meine spirituelle Praxis stets an erste Stelle zu setzen. Einmal pro Woche zog ich mich an einen Ort zurück, an dem ich alleine sein und einen halben Tag in Stille verbringen konnte.

Viele Jahre hatte ich den tiefen Herzenswunsch, nach Amritapuri zu ziehen. Doch da es im deutschen Āśhram so viel zu tun gab, blieb ich vierzehn Jahre lang dort. Als ich Amma sagte, dass ich Gott durch meine Arbeit dienen möchte, ermutigte sie mich, im deutschen Āśhram zu bleiben, sie sagte: „Alles, was du brauchst, wird hierher kommen."

So lehrte sie mich, darauf zu vertrauen, dass Gott durch die ihm gewidmete Arbeit für alles sorgen wird. Anderen zu dienen – mit dem Gefühl, dass alle Teil von Ammas großer Familie sind; im Garten zu arbeiten, beim Schmücken des Altars an Gott zu denken und Bhajans zu singen – in all dem fand ich ein tiefes inneres Glück.

Vor der Europa-Tour kamen oft einige aus Ammas Tourgruppe früher zum deutschen Āśhram, um bei den Vorbereitungen zu helfen. Wenn sie dann abreisten, um Amma zu folgen, war ich immer sehr traurig. Ich fragte mich: „Werde ich die wertvolle Gelegenheit verpassen, in diesem Leben bei Amma zu sein?“ So lernte ich, die Gefühle, die in meinem Mind aufstiegen, zu beobachten; sah sie kommen und gehen.

Einmal, als ich traurig zu Amma kam, sagte sie, dass ich Geld verdienen und nach Indien kommen sollte. Denn diese Traurigkeit kam jedes Jahr wieder auf, wenn die Tourgruppe aufbrach. Doch ich lernte, diese negativen Gefühle zu überwinden, indem ich Amma in jedem Einzelnen sah. Heute bin ich einfach nur dankbar, da sie mich mit ihrem unermüdlichen Einsatz und ihrer Hingabe inspirieren.

Neben meinem Sēvā fing ich an, gegen Bezahlung zu arbeiten, sodass ich schließlich in den Āśhram nach Amritapuri ziehen konnte.

In dem Bhajan *Bhaktavatsalē Dēvī* singt Amma:

„Oh Ozean des Mitgefühls,
lass mich einer jener Devotees sein,
die dafür leben, deinen heiligen Lotosfüßen zu dienen.
Oh Dēvī, Göttin der drei Welten, wohin muss ich gehen,
um Erlösung von meinem Leid zu finden?“

Einige Zeit, nachdem ich in den Āśhram als Renunciate eingetreten war, fragte ich Amma, wie ich die Trennung, die ich noch zwischen mir und anderen spüre, überwinden kann, sowie das Gefühl, vom Göttlichen getrennt zu sein. Amma riet mir, all meine vorgefassten Vorstellungen loszulassen und anstelle auf äußere Unterschiede, mich mehr auf die wahre Essenz der Spiritualität zu fokussieren und darin tief einzutauchen.

Als tägliche Praxis sollte ich die anderen so lieben wie mich selbst.

Zum Schluss möchte ich eine Erfahrung teilen, die sich vor Kurzem zugetragen hat. Es geht darum, wie ich eine Situation überwinden konnte, in der ich mich völlig in meinen Begrenzungen, in Körper und Mind gefangen fühlte. Das war während meiner ersten Covid-Quarantäne. Dabei war das Gefühl von allem getrennt zu sein sehr stark, getrennt von: der Natur, anderen Menschen, Amma; ich fühlte mich als säße ich im Gefängnis.

Gerade dann begann Amma nach langer Zeit wieder Darśhan zu geben, ich konnte nicht hingehen, was mich sehr traurig machte. Als ich schließlich die Quarantäne verließ, fühlte ich mich von allem abgeschnitten. Mit Achtsamkeit in der Natur zu sein, mit anderen über meine Erfahrung zu sprechen und natürlich Ammas Gegenwart halfen mir dann, diesen negativen Zustand zu überwinden. Drei Monate später wurde ich gebeten, einen sehr inspirierenden Text über die Natur ins Deutsche zu übersetzen. Da ich zu dieser Zeit sehr beschäftigt mit meinen verschiedenen Sēvās war, antwortete ich: „Ich hätte nur dann Zeit zum Übersetzen, wenn ich wieder in Quarantäne wäre!" Am nächsten Tag musste ich erneut in Quarantäne, da ich Kontakt zu einer positiv getesteten Person hatte. So konnte ich tatsächlich mit der Übersetzung beginnen. Es war Ammas göttliches Spiel. Der Text war ihre Lehre für mich:

„Wir sind nicht allein. Wenn wir uns mit der Natur verbinden, können wir das Gefühl des Getrenntseins überwinden. Wenn wir uns umsehen und die gesamte Schöpfung lieben, öffnet sich eine höhere Frequenz der Liebe in unserem Herzen."

Ich versuchte, diese Verbindung zur Natur zu üben, indem ich die Kokospalme vor meinem Fenster betrachtete und die Vögel, die sich in der Nähe niederließen; das Streifenhörnchen, das am Stamm auf-, und ab- und herum sprang, die Sonnenstrahlen, die zwischen den Zweigen tanzten, und ich war in Frieden. Sofort fühlte ich mich mit allem verbunden und dachte:

„Ich bin nicht hilflos und gefangen, nicht begrenzt auf Körper und Mind. Mein Selbst reicht weit darüber hinaus. Diese Zeit kann ich auf die bestmöglichste Weise nutzen."

Fast fing ich an, meine Zeit in diesem Raum zu genießen. Sie war nun für mich wie ein Retreat, und ich war voller Dankbarkeit gegenüber meinen Schwestern, die mir jeden Tag das Essen brachten. Es wurde klar, dass der Mind alles erschuf, sowohl das Gefängnis als auch das Retreat.

Erst durch Ammas Gnade wurde es mir möglich, meine innere Haltung gegenüber der Situation zu verändern. Wenn ich jemals wieder in Quarantäne gehen müsste, würde ich vielleicht erneut traurig werden, aber nun weiß ich, wie ich aus dem Gefühl der Trennung herausfinden kann. Amma hat mir die Schritte gezeigt, ich muss ihnen nur folgen.

Möge es uns allen gelingen, uns auch in schwierigen Situationen mit Amma zu verbinden.

Mögen wir uns an das ewige Band mit Gott erinnern und unser wahres Selbst verwirklichen.

Satsang 18

Von der Unwahrheit zur Wahrheit, von der Dunkelheit zum Licht, vom Tod zur Unsterblichkeit

Varenya - Spanien

Im Spanischen gibt es eine Redewendung, die meine Situation gut beschreibt.: „*Por la puerta grande*“, was wörtlich bedeutet: „Geh durch die große Tür“. Damit ist gemeint: „Ich habe keine Ahnung, was ich tue, aber hier sitze ich neben der Göttlichen Mutter persönlich und vor einem Publikum, das viel mehr über spirituelle Themen weiß als ich einschließlich der kleinen Kinder.

Mein heutiger Satsang basiert auf dem folgenden vedischem-Mantra - einem heiligen Sanskrit-Vers mit tiefer spiritueller Bedeutung aus den alten Schriften, den Vēden:

asatō mā sadgamaya,
tamasō mā jyōtirgamaya,
mṛityōrmā'mṛtam gamaya

Dieses Pavamāna, oder reinigendes Mantra, findet sich in der Bṛihadāraṇyaka Upaniṣhad. Es bedeutet:

Führe uns von der Unwahrheit zur Wahrheit,
Von der Dunkelheit zum Licht,
Vom Tod zur Unsterblichkeit

asatō mā sadgamaya - ‚Führe uns von der Unwahrheit zur Wahrheit'

Im Zusammenhang mit dieser Mantra-Zeile möchte ich euch erzählen, wie ich Amma kennengelernt habe.

Ich wurde in eine aufgeschlossene Familie hineingeboren, in der viel Wert auf geistige Bildung gelegt wurde. Man erzog mich dazu, logisch zu denken, unabhängig zu sein und meine Entscheidungen auf der Grundlage von Vernunft zu treffen Die jüngere Schwester meiner Mutter interessierte sich schon früh für Meditation und Spiritualität, und schon bald kam sie zur Transzendentalen Meditation™.

Meine Mutter, obwohl sie sich nicht so sehr zu einem vollständig spirituellen Leben oder einem Leben in einem Āśhram hingezogen fühlte, begann ebenfalls zu meditieren, gefolgt von meiner Großmutter. Wie Perlen an einem goldenen Faden kam so die Spiritualität nach und nach in meine Familie.

Ich erhielt mein persönliches Mantra, als ich sechs Jahre alt war, und wurde auch in die Meditation eingeweiht. Obwohl ich gerne meditierte, konnte ich nie wirklich tief in TM eintauchen oder sie oft praktizieren. An der Technik gibt es nichts auszusetzen, aber ich hatte das tiefe Gefühl, dass es einfach nicht der richtige Zeitpunkt für mich war. Stattdessen fühlte ich mich sehr zur Natur hingezogen, zum Alleinsein und zum Lesen von Büchern, anstatt fernzusehen. Ich war kein konventionelles Kind.

Erst viele Jahre später verstand ich, wie das TM-Mantra einen Samen in mir säte, wie es mich vor vielen Gefahren schützte und wie es meinen Mind darauf vorbereitete, meinen Guru - meine Amma - zu empfangen, sobald die Zeit reif war.

Ich hörte von Amma, als ich ein Teenager war. Meine Mutter besuchte sie jedes Jahr in Barcelona, und meine Tante und meine Cousins engagierten sich sehr für die Organisation ihrer jährlichen Besuche in Spanien. Oft wurde ich eingeladen, mitzukommen, aber ich war ein Teenager... Was? Eine Frau, die Umarmungen verteilt?!? Willst du mich veräppeln?!? Auf keinen Fall! Ich will nicht, dass mich jemand anfasst!

Die Jahre vergingen wie im Flug. Ich beendete meinen Bachelor-Abschluss in Journalismus, dann ein Aufbaustudium in Unternehmenskommunikation, bekam einen Traumjob in einer Werbefirma, schöne Kleider, ein Motorrad, ein aktives, soziales und kulturelles Leben in Barcelona, eine schöne Wohnung mit eigener Terrasse ... und ich war erst fünfundzwanzig. Doch dann begann mich plötzlich etwas zu stören. Ich war nicht glücklich. Es gab keinen Grund dafür. Ich hatte alles, was man haben sollte, um glücklich zu sein.

Als ich mit meinem engen Freundeskreis darüber sprach, sagten sie alle dasselbe: „Glück ist etwas, das nicht von Dauer ist, es ist nicht dafür gedacht! Es kommt und geht. Du kaufst ein neues Auto und bist eine Zeit lang glücklich, aber dann ist es weg und du musst etwas anderes tun oder finden. Das ist die Natur von Glück."

Aber irgendwie war da eine winzige, aber sehr beständige Stimme in mir, eine Intuition, die stärker war als jede Logik, die mir sagte: Ewiges Glück existiert.

Ich bin sehr wissbegierig und habe Journalismus studiert, also begann ich zu recherchieren: Bücher lesen, neue Freunde finden, zu buddhistischen Veranstaltungen gehen, meine Meditationspraxis wiederaufnehmen, Yōga-Kurse besuchen, homöopathische anstatt allopathische Medikamente einnehmen, mich biologisch ernähren, Mutter Natur pflegen, recyceln... kurzum, ich begann, mein Herz zu öffnen und meinen Lebensstil zu ändern.

Nachdem ich ein paar spirituelle Bücher gelesen hatte, war ich überzeugt, dass ich einen Guru brauchte. Wie ein Blitz tauchte Amma in meinem Mind auf. Sie nutzt jede Gelegenheit. Sie weiß sehr gut, wann sie auftauchen muss.

Ich dachte: „Eigentlich hat Amma schon einen Teil meiner Familie adoptiert, warum also nicht auch mich?“ Am selben Tag setzte ich mich zur Meditation hin, schloss meine Augen und rief sie an... und Amma kam. Ich sah sie so perfekt, wie ich sie jetzt in physischer Form sehe. Sie saß mit gekreuzten Beinen im Lotussitz vor mir, strahlte in goldenem Licht, hatte die Augen geschlossen und meditierte. Sie sah so friedlich und gleichzeitig so glücklich aus. So strahlend. Amma gewann mich völlig für sich, ohne ein Wort zu sagen. Also sagte ich zu ihr: „Ok, tu, was du tun musst.“

Jetzt verstehe ich, was es bedeutet, Amma einen Blankoscheck zu geben. In diesem Moment hatte ich keine Ahnung, was ich da tat. Nachdem ich ihr das in meiner Meditation sagte, konnte ich nicht mehr all die Dinge tun, die ich früher tat, an die Orte gehen, an die ich früher ging, die gleichen Freunde haben wie früher, in der gleichen Firma arbeiten, mich auf die gleiche Art und Weise kleiden ... Sehr schnell brach die Welt, die ich kannte, um mich herum zusammen. Ich wollte eine Veränderung... aber musste es denn so schnell gehen?

Innerhalb eines Jahres war das Leben, das ich vorher hatte, vorbei. Ich kündigte meinen Job, verschenkte meine Klamotten (an ein paar sehr glückliche Mädchen), verließ meine schöne Wohnung, verkaufte meine Möbel, behielt nur ein paar Dinge in einigen Kisten im Haus meiner Großeltern und flog nach Amritapuri.

Das war vor mehr als zehn Jahren und durch Ammas immense Gnade habe ich diesen Ort seitdem kaum verlassen. Die wenigen Dinge, die ich in Spanien gelassen hatte, bevor ich hierherkam, habe ich schließlich auch weggegeben. Sie bedeuteten mir nichts mehr. Wenn ich zurückblicke, wird mir klar, dass nur Ammas

Gnade es mir ermöglichte, mich zusammenzureißen und nicht überwältigt zu sein, während sich in so kurzer Zeit so große Veränderungen in mir vollzogen.

Tatsache war, dass ich eine Lüge gelebt hatte; ein völlig materialistisches Leben ohne Grundlage oder Ziel. Es machte keinen Sinn mehr.

Umgekehrt wies Amma auf die Wahrheit hin, die unveränderliche Wahrheit, die ewige Schönheit, die wir wirklich sind. So hat mich Amma zum ersten Mal von der Unwahrheit zur Wahrheit geführt... von Barcelona nach Amritapuri.

tamasō mā jyōtirgamaya -„Führe uns von der Dunkelheit zum Licht‘

Was ist Dunkelheit? Dunkelheit ist Unwissenheit. Wenn wir nicht wissen, wer wir sind, leben wir in Unwissenheit und verstehen die Natur der Welt nicht, was wiederum Leiden verursacht. Amma sagt, dass wir in unserer Unwissenheit das, was falsch ist, für richtig und das, was richtig ist, für falsch halten. Schauen wir mal, wie das auf mich zutrifft:

Nachdem ich ein paar Jahre lang immer wieder in Ammas Amritapuri Āśhram war und ein paar Touren mit Amma unternommen hatte, wurde mir klar, dass dies das einzige Leben ist, das ich wollte. Es gab keine Möglichkeit, in die Welt zurückzukehren.

Bevor ich jedoch vollständig in den Āśhram zog, wollte ich Amma um Erlaubnis bitten, da ich auch viele gesundheitliche Probleme hatte. Während der Europatour sammelte ich in Mailand genug Mut, Amma um diese Erlaubnis zu bitten. Mailand ist meine Lieblingsstation auf Ammas Europatour. Es ist sehr voll, aber die Menschen zeigen viel Liebe und Bhakti (Hingabe) gegenüber Amma. Die Programme in Mailand erinnern mich am meisten an die Programme in Indien. Aus meiner Sicht war Mailand also der beste Ort, um nach dem Umzug in den Āśhram zu fragen. Es stellte sich jedoch heraus, dass ich von meinem Ego geblendet war.

Ich erkundigte mich bei Swāmī Amṛitaswarūpānandajī, der an diesem Tag für Amma übersetzte, ob ich meine Frage stellen könne, aber er antwortete: „Heute keine Fragen... vielleicht morgen." Ich nickte enttäuscht und ging auf die Bühne, um mich zu setzen. Amma hatte gerade begonnen, Darśhan zu geben. Nach einer Weile sah ich Swāmījī neben Amma stehen und er gab mir ein Zeichen, zu ihm zu eilen. Ich ging sofort hin und setzte mich neben Ammas Stuhl neben Swāmījī. An diesem Tag gab es keine Menschenschlange, die darauf warteten, Fragen zu stellen und so saß ich dort und dachte: „Ich habe so ein Glück!"

Aber dann beobachtete ich, wie Amma Darśhan gab, und mir wurde schnell klar, warum es weder ein guter Tag noch eine gute Stadt war, um meine Frage zu stellen. Mailand ist eine der belebtesten Stationen auf der Tour, und obendrein war es ein Wochenend-Darśhan, an dem noch mehr Menschen kommen. Der Darśhan war von einer schnellen, hektischen Dynamik geprägt. Amma sah mich nicht einmal an - auch nicht Swāmījī. Ich sank hinter Ammas Stuhl, nur meine beiden Augen lugten ein wenig hervor. Aber was konnte ich tun? Ich war bereits dort und konnte nicht mehr zurück.

Swāmījī versuchte, Ammas Aufmerksamkeit zu erhalten. „Amme", sagte er ... und wieder: „Ammeeee". Er bemühte sich wirklich, aber Amma sah ihn nicht an. Auch verlangsamte Amma das Darśhan-Tempo nicht. Schließlich drehte sich Amma wegen Swāmījīs Hartnäckigkeit um und sah ihn mit einem grimmigen Blick an. Sie schien mit ihren Augen zu fragen: „Was ist so wichtig?"

In dem Augenblick war meine Frage nicht mehr relevant oder wichtig.

Ich dachte: „Vielleicht kann ich einfach ganz unter Ammas Stuhl rutschen und verschwinden und Swāmījī kann das selbst regeln..."

Dann wandte Amma ihren Blick zu mir. In einem Augenblick veränderte sich ihr Gesichtsausdruck völlig, als hätte sie das schönste kleine Kätzchen der Welt gesehen, ein Kätzchen, das sich unter ihrem Stuhl zu verstecken versuchte! Amma warf mir einen mitfühlenden Blick zu, und Swāmījī nutzte diesen Moment, um meine Frage zu übersetzen: „Soll sie in Amritapuri leben?"

Amma strahlte und gab ein sehr großes und glückliches „JA!" von sich.

Wir neigen dazu, unsere Unzulänglichkeiten und verblendeten Zustände des Minds auf den Guru zu übertragen. Dabei verstehen wir sie überhaupt nicht. Amma ist reines Licht, wir sind in der Dunkelheit. Und genau das war es, was ich tat. Erstens zeigte ich keinerlei Unterscheidungsvermögen bei der Wahl des richtigen Tages, um zu fragen. Zweitens nahm ich an, dass Amma sich angesichts der vielen Menschen, die ihr in die Arme strömten, darunter viele Neuankömmlinge, nicht die Zeit nehmen wird, meine Frage zu beantworten.

Wie oft hat Amma schon gesagt, dass ihre Kinder alles für sie sind? Ihre Kinder sind das Wichtigste für sie. Sie sind der Grund, warum sie hier ist. Für Amma ist jeder einzelne von uns wie ein Tropfen ihres eigenen Blutes.

Nachdem ich meine Frage gestellt hatte, stand ich schnell auf, ekstatisch und voller Dankbarkeit für Amma und für Swāmījī, der in meinen Augen sein Leben riskiert hatte, um meine Frage zu übersetzen!

Später am selben Tag kam jedoch eine Person, mit der ich gut befreundet war, wütend auf mich zu und schrie mich grundlos an und beschuldigte mich vieler Dinge, die ich weder getan noch auch nur daran gedacht hatte. Ich war fassungslos.

Ich sah dies als Ammas Lehre: Es gibt kein Glück ohne Leid; es gibt kein Licht ohne Dunkelheit; nichts ist von Dauer in dieser sich ständig verändernden Schöpfung. Du musst beides akzeptieren, auch wenn es am selben Tag kommt.

***

Ich bin ein gutes Beispiel dafür, dass ich nicht nur Ammas Gesichtsausdruck, sondern auch Ammas Worte falsch interpretiere.

Jahre später, bei einem anderen Darśhan mit Amma, schaute sie mir direkt ins Gesicht und sagte: „Du bist sehr jung; deshalb hat dein Mind viele Gedanken und rennt hierhin und dorthin. Aber irgendwann wirst du die Natur der Welt verstehen, und dann wird das kein Problem mehr für dich sein."

Wenn Amma das heute zu mir sagen würde, wäre ich so glücklich, dass ich am Ende etwas verstehen werde... Zumindest etwas!

Damals interpretierte ich ihre Worte wegen meiner Perspektivlosigkeit und Arroganz folgendermaßen: Sie sagte mir, dass ich nicht für das Leben im Āśhram geeignet sei und sie mich schließlich zurück in den Westen schicken und vielleicht sogar dazu bringen wird zu heiraten! Das ist es, was die Dunkelheit tun kann. Sie kann Freude in Kummer verwandeln.

Śhravaṇam zu praktizieren – den Worten des Gurus mit offenem Herzen zuzuhören – ist der erste Schritt, um die Dunkelheit im Inneren zu vertreiben. Nicht indem wir sie bekämpfen, sondern indem wir Licht hinzufügen. Dafür braucht es Demut. Wir müssen erkennen, dass unser Mind oft falsch liegt, dass unsere Sicht begrenzt ist – und dass Amma immer aus einer höheren Wahrheit heraus spricht. Diese Haltung des Zuhörens, ohne sofort zu urteilen, ohne zu vergleichen oder zu widersprechen, öffnet unser Herz. Nur so können ihre Worte tief eindringen und beginnen, etwas in uns zu verwandeln. Śhravaṇam ist mehr als nur zuhören. Es bedeutet, im Inneren still zu werden, aufmerksam zu bleiben und bereit zu sein, sich selbst zu hinterfragen. Es ist der Anfang von wirklicher Veränderung.

Ammas immense Geduld ist der einzige Grund, wodurch diese Dunkelheit vertrieben wird. Amma hat gesagt, dass der Schüler letztendlich durch die Geduld des Gurus befreit wird. Das trifft hundertprozentig auf mich zu, und ich kann Amma für ihre göttliche Geduld nur dankbar sein.

mṛityōrmā amṛitam gamaya - ‚führe uns vom Tod zur Unsterblichkeit'

Was ist Unsterblichkeit? Die heiligen Schriften sagen uns, dass wir das ewige Selbst sind. In der *Bhagavad Gītā* beschreibt Kṛiṣhṇa dieses Selbst in Kapitel 2, Vers 24 wie folgt:

> *achchhēdyō'yam adāhyō'yam aklēdyō'śhōṣhya ēva cha*
> *nityaḥ sarvagataḥ sthāṇur achalō'yaṁ sanātanaḥ*
>
> Das Selbst ist unzerbrechlich und kann nicht verbrannt werden; es kann weder befeuchtet noch ausgetrocknet werden. Es ist ewig, alles durchdringend, unbeweglich, stabil und uralt.

Wie führt Amma mich und uns alle dazu, dies zu verstehen? Zu Guru Pūrṇimā ging ich frühmorgens zum Kāḷī-Tempel, um die Kāḷī-Statue im inneren Schrein zu besuchen. Als ich am Tempel ankam, bemerkte ich auf dem Boden einen kleinen, trockenen Ast, an dem noch einige Blätter hingen. Es war ein windiger Tag, also dachte ich, er sei von draußen hereingeweht worden. Doch in mir entstand ein starker Impuls – ich sollte diesen Ast zu den Füßen von Kāḷī legen. Ohne zu zögern hob ich ihn auf und nahm ihn mit.

Es war nur ein Stück Holz, das andere vielleicht gar nicht bemerkt hätten. Doch für mich fühlte es sich bedeutungsvoll an. Etwas in mir wusste: Das ist kein Zufall. Es war, als hätte mich dieser einfache Ast gerufen – als wäre er eine stille Botschaft, die nur mein Herz verstand.

Er war ziemlich groß und die Blätter waren noch frisch und fächerten sich so auf, dass er wie ein grober Besen aussah. Der innere Schrein war ziemlich voll, und da es Guru Pūrṇimā war, waren alle dort hübsch gekleidet und in einer betenden Stimmung. Kāḷī war mit vielen schönen Girlanden aus frischen, duftenden Blumen geschmückt, darunter auch Lotosblüten, und alle Öllampen waren angezündet. Sie sah atemberaubend schön aus.

Plötzlich fiel mir auf, dass ich diesen Ast in der Hand hielt, aus dem alle Blätter herausragten und der so viel Platz einnahm. Ich kam mir etwas lächerlich vor und wollte ihn hinter mir verstecken, aber die Blätter waren so weit ausgebreitet, dass das unmöglich war... Ich war mir nicht sicher, wie ich ihn Kāḷī darbringen sollte. Es durch die Türen des inneren Schreins zu schieben, kam nicht in Frage und erschwerend hinzu war, dass sich viele Menschen im Schrein aufhielten, die beteten und Pradakṣhiṇa - die glückverheißende Umrundung der Gottheit - vollzogen.

Als ich dort stand, erinnerte ich mich daran, wie Amma sagte, dass es in einem Āśhram keinen Platz für Stolz oder Scham gibt. Genau in diesem Moment öffnete sich ein Platz zum Sitzen direkt neben den inneren Türen des Schreins. Ich setzte mich dorthin, schaute Kāḷī an und brachte schnell den trockenen Zweig mit all seinen Blättern zu ihren Füßen dar.

Als ich den inneren Schrein verließ und aus der Ferne zurückblickte, sah ich, dass vor dem Schrein eine Reihe von trockenen, belaubten Ästen hing. Mir wurde klar, dass der Zweig, den ich gerade zu Kāḷīs Füßen liegen gelassen hatte, wahrscheinlich einer von denen war, die von dort heruntergefallen waren und nicht von draußen kam. Ich dachte mir: „Vielleicht ist es bei diesem Fest Tradition, die Zweige auf diese Weise aufzuhängen... wer weiß?“ Fröhlich verabschiedete ich mich.

Später am Morgen, als Amma Satsang gab, erklärte sie, wie ein Schüler dem Meister normalerweise einen trockenen Zweig darbringt, als Symbol für den Verzicht auf alle materiellen Anhaftungen. Als ich das hörte, lachte ich darüber, wie albern ich mich benommen hatte, als ich Kāḷī meinen Zweig darbringen wollte. Ich hätte den Moment genießen können; er war ziemlich einzigartig. Doch mein Schamgefühl, meine Individualität blockierten mich, und so brachte ich ihn schließlich ganz schnell dar und schaute mich selbstbewusst um.

Das war eine wichtige Lektion für mich an diesem Tag. Worüber sollte ich mir denn Sorgen machen? Obwohl ich die Symbolik des trockenen Zweigs nicht kannte, tat ich am Ende genau das, was in dieser Situation angemessen war.

Nimitta Mātram Bhāva - mit der Einstellung, nur ein Instrument in Ammas Händen zu sein... Ist das nicht der beste Weg, um vom Tod zur Unsterblichkeit zu gelangen?

***

In einem der Gītā-Kurse im Āśhram erklärte der Lehrer, dass es keine äußeren Veränderungen an einem Menschen gibt, wenn er die Selbstverwirklichung erlangt. Die Veränderungen sind nur innerlich.

Von den Großeltern bis hin zu den Kindern hier im Āśhram erwachen wir alle zu unserem inneren Kind. In diesem Prozess verwandeln wir uns in „Amṛita-Kinder" - die unsterblichen Kinder von Amma, der göttlichen Mutter der unsterblichen Glückseligkeit.

Dieser Prozess kann hart sein. Während wir diesen Weg gehen, lernen wir Geduld. Wie ein Kleinkind, das laufen lernt, lernen wir, es immer wieder zu versuchen, um auf dem spirituellen Weg erfolgreich zu sein und das unschuldige Vertrauen zu kultivieren, das ein Baby in seine Mutter hat. Unsere Herzen öffnen sich, damit wir am Ende Werkzeuge der Gnade werden können. Was passiert, wenn unser inneres Kind endlich erwacht? Unser Körper mag derselbe sein, aber der Spiegel wird uns ein anderes Bild zeigen... die Welt wird ganz anders aussehen. Wenn wir unser inneres Kind wiederentdecken, haben wir einfach Lust zu tanzen. Wir entdecken unsere verlorene Unschuld wieder und sind ohne Grund glücklich. Wir werden trunken vor Liebe.

Der persische Dichter Shams Tabrizi hat es so schön gesagt:

> "Wir glauben, dass Gott uns von oben sieht... aber in Wirklichkeit sieht er uns von innen."

Möge Amma uns dazu führen, ihre unsterblichen Kinder der Liebe zu werden, und möge es uns allen gelingen, in Liebe zu leben, uns in Liebe auszudehnen und schließlich in dieser Liebe zu verschmelzen.

Satsang 19

Erhebe dich, oh Bezwinger der Feinde

Rudran – USA

Gleich zu Beginn der Bhagavad Gītā fragt Śhrī Kṛiṣhṇa Arjuna:

„Was ist mit dir, Arjuna? Woher kommt in diesem entscheidenden Moment diese Schwäche – sie gehört nicht zu einem Menschen von Ehre, sie entehrt dich und führt dich weg vom Göttlichen! Gib dich dieser Mutlosigkeit nicht hin – sie passt nicht zu dir. Wirf diese Ängstlichkeit ab und steh auf, du Bezwinger der Feinde!" (2.2–3)

In diesen Versen spricht Kṛiṣhṇa mit Nachdruck, ja fast scharf, zu Arjuna. Er nennt ihn sogar unmännlich – etwas, das auf den ersten Blick hart wirkt. Doch Kṛiṣhṇa handelt nicht aus Ärger oder Ungeduld, sondern aus tiefstem Mitgefühl. Kṛiṣhṇa spricht um Arjunas geistigen Nebel zu durchdringen und ihn wieder auf den richtigen Weg zu führen.

Das ist mein Thema für diesen Satsang: Wenn wir wirklich Glück haben, richtet Gott seinen Blick auf uns, rüttelt uns wach und stößt uns aus unserer Komfortzone. Er tut das, damit wir uns weiterentwickeln als Ausdruck seiner höchsten Liebe. Ich traf Amma vor achtundzwanzig Jahren beim Retreat in Rhode Island während ihrer US-Tour 1995. Damals gab es keine Token für Ammas Darśhan, man stellte sich einfach zweimal am Tag in die Warteschlange, wenn man innerlich den Ruf nach einer Umarmung spürte. An diesem ersten Abend, als ich Amma endlich gegenüberstand, sagte ich:

„AAAaaarrrrggghhhhhh!"

Sie schaute mir direkt in die Augen und antwortete genau auf die gleiche Weise zurück. Amma begegnete mir genau da, wo ich war, kam auf meine Ebene und teilte meine existenzielle Frustration mit mir.

Jahre später, am Ufer des Kallai-Flusses, gab Amma mir den Namen Rudran, was „Heulender" bedeutet. Es ist ein Name für Lord Śiva in seiner zerstörerischen Form. Aber damals in dieser Programmhalle, wo ich Amma zum ersten Mal traf, hatte ich keinen Namen. Ich war nur eine weitere Person, die erfolgreich und berühmt werden wollte.

In der zweiten Nacht des Retreats, während Amma mit uns meditierte, stürzte ein großer Industrieventilator zu Boden. Er fiel etwa zwei Meter von der Plattform entfernt, auf der er gestanden hatte. Ich sah das Ganze, weil ich, im Gegensatz zu allen anderen, nicht meditierte. Wie ein Falke beobachtete ich Amma mit weit geöffneten Augen, um herauszufinden, ob sie eine echte Meisterin oder eine Scheinheilige war. Als der Ventilator mit dem Lärm und der Wucht einer kleinen Bombenexplosion auf den Boden schlug, zuckten alle im Saal erschrocken zusammen; alle außer Amma. In diesem Moment wusste ich, dass sie eine wahre Meisterin ist.

Am letzten Morgen des Retreats umarmte mich Amma und ich fühlte, wie mich eine unglaubliche Liebe durchströmte. Nach dem Darśhan ließ ich mich an der Wand der Turnhalle nieder, sah mich um und empfand Liebe für all die Devotees, über die ich die letzten drei Tage so viel geurteilt hatte. Für etwa eine halbe Stunde ließ Amma mich mit Augen der Liebe auf diese Welt blicken. Dann ging ich aus irgendeinem Grund nicht zu Amma selbst, sondern zu ihrem Bild auf dem Altar und betete dort: „Amma, ich werde dich so sehr vermissen." Ihre Stimme antwortete klar in meinem Mind: „Sei nicht traurig, mein Sohn; du wirst mich in Indien besuchen." Ich zweifelte an dieser

Stimme. Nach Indien zu reisen erschien mir genauso unmöglich, wie zum Mars oder zur Sonne zu fliegen.

Damals verstand ich noch nicht, dass die Worte eines Satgurus immer wahr werden. Drei Jahre später saß ich in einem kleinen Boot und überquerte die Backwaters Richtung Amritapuri. Damals gab es dort noch keine Brücke. Als das Boot vom Ufer ablegte, wurde die Zeit langsamer, und Frieden und Ruhe durchströmten mich. Es war, als würde ich hunderte Jahre in der Zeit zurückreisen.

Plötzlich wurde die Stille unterbrochen. Menschenmengen drängten sich hin und her, während Bhajans aus einem Lautsprecher dröhnten. Der Grund für dieses Gewusel stand auf einem einfachen Banner, das zwischen zwei Kokospalmen gespannt war.

„Alles Gute zum 45. Geburtstag, Amma." Ich war genau an Ammas Geburtstag angekommen. Dieses verlorene Kind ahnte noch nicht, dass es gerade den Wohnort seines ewigen Gurus betrat.

***

Bevor ich Amma traf, habe ich mich einem großen Heiligen des 19. Jahrhunderts, Śirdi Sai Bābā, hingegeben. Mein Lieblingszitat aus seiner Biografie passt gut an diese Stelle: „Manchmal wurden seine Augen rot und rollten vor Wut. Wer hätte es da gewagt, sich ihm zu nähern?"

Immer wenn ich seine Biografie las, zog es mich zu solchen Zitaten hin und zu der Vorstellung, dem Guru so nahe zu sein, dass er einen herausfordert, die falschen Vorstellungen zerstört, das Ego zerschlägt; bis nur noch das Göttliche übrigbleibt. Amma wusste das natürlich über mich. Deshalb gab sie mir gerade genug Masālā (Würze) in Form von wilden Erfahrungen, um meinen Durst nach dieser Art von Behandlung zu stillen. Sie kennt jeden von uns durch und durch und gestaltet unser spirituelles Training genau passend zu unserem jeweiligen Temperament.

Während mehrerer Nordindien-Reisen mit Amma war meine Aufgabe, die Menschen nach ihrem Darśhan von Ammas Armen zu lösen, um Platz für die Umarmung der nächsten Person zu schaffen. Ich erlebte sehr viel Gnade durch dieses Sēvā. In irgendeiner Weise wurde ich einer der Helfer bei Ammas längstem Darśhan überhaupt, dem historischen Programm in Mangalore.

Dieser Darśhan dauerte volle dreiundzwanzig Stunden. Amma machte keine einzige Pause. Für den Großteil des Programms stand ich nur zwei Personen entfernt von Amma auf der Rampe. Nachdem die Devotees den Darśhan erhalten hatten, half ich dabei, sie aus Ammas Umarmung zu lösen, ein Stück die Rampe hinunterzuleiten und versuchte dann, ihnen Ammas Prasād zu geben (ein gesegneter Umschlag mit heiliger Asche und einem Bonbon darin). Oft ging es viel zu schnell, um das Prasād direkt zu überreichen, also reichte ich es an die Person hinter mir weiter, die es wiederum weiterreichte...und so weiter. Es gab sieben Helfer in der Reihe, um mit dem Tempo von Ammas Umarmungen an diesem Tag Schritt zu halten. Die Kraft und Schönheit von Amma zu beschreiben, als sie in Mangalore Darśhan gab, ist absolut unmöglich: dieses schillernde Lächeln, die leuchtenden Augen, das spürbare Kraftfeld reiner Liebe. Während ich dieses Sēvā ausführte, fühlte ich mich wie ein Teil von Amma wie eine ihrer tausend Hände.

Es heißt, dass an diesem Tag über 80.000 Devotees im voll besetzten Stadion anwesend waren. Vor Beginn des Darśhans zog eine große Parade durch das Stadtzentrum, um Ammas Ankunft zu feiern. Ein Weiser hatte lange vorher prophezeit, dass Mangalores Pech sich zum Guten wenden würde, sobald ein Mahātmā die Stadt besucht. Die gesamte Stadt wusste, dass Amma dieser Mahātmā war.

Der Darśhan ging in übermenschlichem Tempo voran, als plötzlich jemand vom Kamerateam, das ich während dieser Tour betreute, zu mir kam, um mich etwas zu fragen. Ich war unhöflich, abweisend und wies ihn schroff zurück. Der Darśhan stoppte. Amma drehte sich um und feuerte los - mit voller Kraft. Es war wunderschön, wie ein Hagel von Blitzen und Donnerschlägen. Die Brahmachāriṇī neben Amma übersetzte: „Amma sagt, während du mit dem Kameramann gestritten hast, hat ein armer, alter Mann, der zwei Tage gereist war, um Amma zu sehen, sein Prasād nicht erhalten. Sieh in deine rechte Hand." Ich schaute hinunter. Das Prasād des alten Mannes war immer noch in meiner rechten Hand. „Amma sagt, du wirst sein Karma für ein Jahr erleiden, ein ganzes Jahr! GEH!"

Widerwillig schlich ich mich davon und legte mich in den Schlafsaal. Ich konnte nicht schlafen, jede Zelle meines Körpers war elektrisiert und zitterte von der Zurechtweisung. Aber die magnetische Anziehung, wieder in Ammas Nähe zu sein, wurde zunehmend überwältigend. Ich stand von meiner Matte auf, schlich zurück zur Rampe, nahm meinen Platz wieder ein und begann erneut, die Devotees herauszuziehen.

Der Darśhan stoppte wieder. Amma funkelte mich an, ihre Augen voll wunderschönem Feuer:

„One year!", rief sie auf Englisch.

Ich sollte das Karma dieses alten Mannes wirklich für ein Jahr erfahren. Und ich war so stolz, dass Amma sich mir anscheinend verbunden genug fühlte, mit mir auf diese Weise umzugehen, und dass ich auf diesem Niveau mit dem größten aller Satgurus „spielen" durfte. Diese kleine Erfahrung lehrte mich so viel: Sie zeigte Ammas vollkommene Liebe und Fürsorge für diesen alten

Mann und für jede einzelne der 80.000 Seelen, die an diesem Tag ihren Darśhan erhielten.

Sie lehrte mich, Ammas Prasād als eine gewaltige, persönliche Segnung mit einem Saṅkalpa (einer göttlichen Absicht) dahinter zu achten, die auf jeden einzelnen Empfänger abgestimmt ist. Und natürlich zeigte sie mir insbesondere, dass ich viel aufmerksamer werden musste.

Dann änderte sich mein Glück. Ich war zurück in Amerika. Rückblickend wünschte ich, ich hätte mich direkt in den 1990er Jahren wie viele meiner Freunde in Amritapuri niedergelassen, aber ich war noch nicht bereit. In ein normales Leben zurückkehrend, nahm ich eine Stelle als Lehrer an.

Niemand stellte Fragen, als ich ein Bild von Amma auf mein Lehrerpult stellte, oder wenn ich mich jeden Tag um 10 Uhr in den Bücherraum zurückzog, um meine IAM (Integrated Amrita Meditation™) zu machen; auch nicht als ich während vier von dreizehn Schuljahren einfach verschwand, um in Indien bei Amma zu sein.

Amma war in jeder einzelnen Unterrichtsstunde bei mir und segnete meine Schüler auf verschiedenen Wegen oft in unbeschreiblicher Weise. Wie die meisten Devotees auf der Welt spreche ich den ganzen Tag über innerlich mit Amma. Wenn es Probleme mit Kollegen oder Schülern gab, bat ich Amma um Hilfe und konnte dann beobachten, wie der Zauber sich entfaltete. Ich möchte eine Geschichte erzählen:

In meinem letzten Jahr an der Highschool kam ein neues Mädchen namens Kaleigh mitten im Schuljahr in unsere 12. Klasse. Sie war ein Gothic und trug nur Schwarz. Ich merkte, dass sie sich isoliert und allein fühlte. An einem Freitagnachmittag kam sie vor allen anderen Schülern ins Klassenzimmer.

„Geht's dir gut?", fragte ich.

„Nein", antwortete sie kühl.

„Soll ich dir eine Tasse Tee machen?", fragte ich.

Ich möchte klarstellen: Das ist so eigentlich nicht meine Art. Ich bin sonst nicht so fürsorglich. Amma blitzte in meinem Mind auf. Ich ging ins Lehrerzimmer, wo mir eine Kollegin vorschlug, Ingwertee zur Beruhigung von Kaleighs Nerven zu machen. Ich gab ihr den Tee und begann mit dem Unterricht.

Ein paar Minuten später begann Kaleigh nach Luft zu ringen. „Mr. D, da ist doch kein Ingwer drinnen im Tee?" Es stellte sich heraus, dass Kaleigh eine tödliche Ingwerallergie hatte. Zwei Footballspieler aus der Klasse trugen sie zur Krankenpflegerin.

Vom Klassenzimmer aus rief ich die Krankenschwester an. „Geht es ihr gut?", fragte ich.

„Nein, ihr geht es nicht gut", schnappte die Schwester.

„Sie hat einen anaphylaktischen Schock. Ihre Kehle ist zugeschwollen, und sie bekommt keine Luft."

Das Telefonat brach ab. Ich stand vor einer Klasse voller Schüler mit einer wahnsinnigen Angst im Inneren. Ich weiß noch, dass ich innig zu Amma betete, aber sonst erinnere ich mich an kein einziges Wort, das ich zu der Klasse an diesem Tag gesagt habe.

Das ganze Wochenende über versuchte ich mehrmals, die Schwester zu erreichen, aber sie rief nicht zurück. Am Montag wurde ich gleich morgens in ihr Büro gerufen. „Das war's jetzt", sagte ich mir. „Das Mädchen ist tot, und ich bin schuld daran.

Als ich ihr Büro betrat, sah sie mich streng an. „Bitte setzen Sie sich", sagte sie bestimmt „Nachdem Kaleigh ins Krankenhaus gebracht worden war, konnten die Ärzte sie stabilisieren. Nur damit Sie es wissen – es war wirklich in letzter Minute. Bitte geben Sie nie wieder einem der Schüler etwas zu essen oder zu trinken."

Dann sprach sie mit sanfterer Stimme weiter:

„Ihr Vater kam sofort ins Krankenhaus. Das Verhältnis zwischen den beiden war angespannt, seit Kaleigh von ihrer Mutter zu ihm gezogen war. Doch als er seine Tochter in dieser ernsten Situation sah, öffnete sich etwas in ihm. Er zeigte ihr zum ersten Mal offen, wie sehr er sie liebt.

Amma sagt: Für die meisten von uns ist Liebe wie Honig, der in einem Felsen eingeschlossen ist. Manchmal braucht es einen kräftigen Schlag, um diesen Felsen zu sprengen. Die Krankenschwester sah mich an. „Es ist unglaublich, wie das ausgegangen ist. Sie haben großes Glück gehabt." Doch ich wusste, dass es kein Glück war.

Ich wusste, dass das, was als Tragödie bestimmt war, durch Ammas Gnade zu einer Versöhnung und einem Austausch der Herzen verändert wurde. Im Laufe des Schuljahres wurde Kaleigh fröhlicher und ausgeglichener. Sie fand Freunde und dank Amma hatte sie nun die heilende Kraft eines liebenden Vaters in ihrem Leben.

***

Amma ist eine nährende Mutter, aber sie liebt es auch, die Rolle eines strengen Vaters anzunehmen. In den Jahren, in denen ich mich von meiner Stelle als Lehrer vorübergehend „davonstahl", durfte ich während jedem Tour-Darśhan mehrere Stunden damit verbringen, die Devotees aus Ammas Umarmung zu lösen. Durch besondere Gnade hatte Amma meinen Platz jedes Mal für mich bewahrt, wenn ich nach Indien zurückkehrte. Zwanzig Jahre später höre ich immer noch Ammas nektargleiche Worte, wie die eines Vaters in meinen Ohren widerhallen:

„Saipe, (übliches Wort für Ausländer) zu viel Kraft!" Das war Ammas dauernde Bemerkung, wenn ich Devotees aus ihren Armen zog. Meine Unfähigkeit, mich auf Ammas unbegreifliche Balance aus Kraft und federleichter Sanftheit einzustimmen, hätte eines schönen Nachmittags fast in einer Katastrophe geendet.

Wie immer umarmte Amma in atemberaubend schnellem Tempo. Ich tat mein Bestes, die Menschen respektvoll, aber so schnell wie möglich herauszuziehen, um Ammas Körper zu schützen. Ein sehr schwerer Mann, der an die 180 Kilo wiegen musste, beendete seinen Darśhan, und ich zog ihn mit aller Kraft heraus, um Amma für die nächste Umarmung freizumachen. Leider konnte ich die Menschen, die ich herauszog, nicht sehen, weil der Brahmachārī, der vor mir stand, viel größer war als ich. Also streckte ich meinen Arm an ihm vorbei, versuchte anhand der Statur des Arms das Gewicht der Person zu schätzen, zog und hoffte auf das Beste. Nach dem schweren Mann tastete ich den nächsten Arm, und er hatte dieselbe Dicke. Der Stoff des Sāris der Frau war an ihrem linken Arm hochgeschoben, deshalb wirkte dieser so dick. Ich zog mit enormer Kraft, worauf sie die Rampe hinunterflog. Die Rampen auf der Tour sind ziemlich steil, weshalb sie sich ab einem bestimmten Moment mindestens anderthalb Meter in der Luft befand.

Alle waren fassungslos, als die magere, ältere Frau durch die Luft flog wie Lord Hanumān, als er über den Ozean nach Lanka sprang. Wie eine geschickte Athletin landete sie anmutig, drehte sich um 180 Grad und schenkte Amma und mir ein wunderschönes Lächeln. Amma strahlte sie an, zeigte auf mich und zuckte mit den Schultern, als wollte sie sagen:

„Ich entschuldige mich für diesen Sohn."

Dann hob Amma die Hände, lächelte schelmisch in dankbarem Gebet, dass die Katastrophe verhindert worden war. Dies ist eine meiner liebsten Erinnerungen, und diese Frau ist eine der besten Lehrerinnen, die mir je begegnet sind. Sie hat eine unglaublich gefährliche Situation in ein aufregendes Abenteuer verwandelt.

Wenn mich jemand direkt nach dem Darśhan anderthalb Meter durch die Luft geworfen hätte, wäre ich ziemlich wütend geworden. Aber diese Frau zeigte sich geistesgegenwärtig im richtigen Moment und war dabei in vollkommenem Einklang mit Ammas Natur von Freude und Spontaneität.

Nach dieser Tour kehrte ich in die USA zurück, um meine Lehrtätigkeit fortzusetzen, doch meine Zeit als Lehrer ging nun zu Ende. Als ich während Ammas US-Tour 2012 zum Darśhan kam, überraschte Amma mich: „Verrückter Junge", sagte sie, „kündige deinen Job und komm bis Ende dieses Jahres nach Amritapuri." Meine Freunde, die das gesehen hatten, sagten, ich hätte ausgesehen, als hätte mich eine Schaufel im Gesicht getroffen. Ich war völlig schockiert. Irgendwie befolgte ich Ammas Anweisung, kündigte den Job; jedoch nur drei Wochen später, als Amma gesagt hatte. Und dann bin ich nach Śhirdi gefahren und nicht nach Amritapuri, wie Amma es mir aufgetragen hatte; und habe dort drei Wochen verbracht, um Śhirdi Sai Bābā an seinem Grab zu ehren.

Hätte ich auf Amma gehört, wäre ich dabei gewesen, als sie während des nordindischen Kumbha Mēla-Festes im Ganges geschwommen ist. Durch mein Nicht-Hören-Wollen habe ich diese unglaubliche Gelegenheit verpasst, die wohl nie mehr wiederkehren wird. Ich kann niemandem die Schuld dafür geben außer mir selbst. Die Lektion, die ich gelernt habe, ist, immer, aber wirklich immer auf Amma zu hören. Ohne zu wissen, dass Amma oben im Norden im Ganges schwamm, hatte ich in Śhirdi eine wundervolle Zeit. Jeden Morgen rezitierte ich vor einer riesigen Hanumān-Statue einige Hanumān Chālīsās[28]. Den Rest des Tages las ich Shirdi-Sai Bābās Autobiografie. Sein wiederkehrender Vergleich von der Selbstverwirklichung mit einer

[28] Eine Andachtshymne auf Lord Hanumān von Gōswāmī Tulsīdās, bestehend aus 40 Versen. „Gebet aus 40 Versen" = chālīsā.

Salzpuppe, die ins Meer geht und sich darin auflöst, räsonierte tief in meinem Herzen.

Als ich schließlich an einem Freitagnachmittag gegen 17 Uhr nach Amritapuri zurückkam, sagte man mir, dass Amma am Strand meditiert. Ich stellte mein Gepäck in den Sand beim Kāḷī-Tempel ab und rannte zum Meer. Als ich ankam, ging Amma gerade in Meditation.

Danach, als Amma die Augen öffnete, drehte sie sich zu mir und sagte: „Was bringt es, unzählige Hanumān Chālīsās vor einer riesigen Statue von Lord Hanumān zu rezitieren, wenn du nicht einmal weißt, was die Worte bedeuten? Aber was soll's, Selbstverwirklichung ist gerade wie eine Salzpuppe, die ins Meer geht und sich darin auflöst."

Amma hieß mich zu Hause willkommen, indem sie meine gesamte Reise nach Śhirdi in zwei Sätzen zusammenfasste und mir damit erneut ihre Allwissenheit bewies. Mein Herz wusste genau, was sie mit diesen Worten zu mir gesagt hatte: „Saipe, warum bist du zu meinem Grab in Śhirdi gegangen, wenn ich hier in Amritapuri lebendig bin?"

Manchmal sind die Dinge, die uns am nächsten sind, am schwersten zu erkennen. Wir sehen Amma jeden Tag. Sie scherzt auf so demütige, natürliche und unauffällige Weise mit den Kleinen, dass ich es völlig vergesse. Ich vergesse, dass sie Bhagavān (Gott selbst) ist. Ein Brahmachārī sagte mir kürzlich, dass Amma einmal äußerte: „Ich habe Saipe (Rudran) über die Jahre so viel durchmachen lassen." Das machte mich glücklich. Glücklich blicke ich zurück, dass ich auf dieser manchmal rauen, manchmal holprigen, aber stets erhabenen Lebensreise mit Amma durchgehalten habe. Wenn es schwierig wird, fordert sie mich in irgendeiner Weise immer wieder dazu auf durchzuhalten. Sie erinnert mich daran: Wenn wir wirklich Glück haben, richtet Gott seinen Blick auf uns, rüttelt uns wach und stößt uns aus unserer Komfortzone. Sie tut dies, damit wir uns weiterentwickeln. Sie tut dies, um damit ihre höchste Liebe zum Ausdruck zu bringen.

Amma, möge durch deine Gnade der durch unsere Meditation und spirituelle Praxis gewonnene Friede in unseren Alltag überfließen, begleitet von Geduld und Demut; von Loslösung und Unterscheidungskraft; und von Shraddhā (wacher Aufmerksamkeit in Malayalam) und reiner Liebe. So wie jene wunderbare alte Dame, die ich nach ihrem Darśhan durch die Luft warf, mögen auch wir zu spirituellen Höhen aufsteigen und jede Situation, in der wir uns befinden als dein direkt auf uns abgestimmtes Prasād annehmen, das uns helfen wird, spirituell zu wachsen.

Satsang 20

Demut

Malathi - Frankreich

Amma sagt in ihrem Buch Awaken Children: „Wirklich demütig zu sein bedeutet, sich zu verbeugen, nicht nur mit unserem Körper, sondern mit unserem ganzen Wesen. Wir sollten mit unserem ganzen Wesen spüren, dass wir nichts sind, nicht nur vor dem Meister oder ein paar ausgewählten Seelen, sondern vor der ganzen Schöpfung. Demut ist der einzige Weg zu Gott."

Wenn ich heute hier zu Ammas zarten Lotusfüßen sitze, dann nur dank ihrer unendlichen Gnade und ihres Mitgefühls. Wenn ich in der Lage bin, ein paar Worte zu sagen, dann nur dank ihrer grenzenlosen Geduld und bedingungslosen Liebe.

Amma ist die Verkörperung von vollkommener Demut, Einfachheit und Aufopferung. Das ist ihre wahre Schönheit. Sie sagt oft: „Wenn wir wenigstens eine göttliche Eigenschaft in unserem Leben entwickeln, werden alle anderen guten Eigenschaften folgen."

Demut ist die göttliche Eigenschaft, die ich in diesem Satsang zum Thema machen möchte.

Śhrī Kṛiṣhṇa sagt in Kapitel 6, Vers 30 der Bhagavad Gītā:

> Derjenige, der mich in allen Wesen sieht und alle Wesen in mir, für den bin ich nie verloren und er ist auch nicht für mich verloren.

Ein echter Devotee verliert weder Amma noch Gott aus den Augen, noch verlieren Gott oder Amma ihr Kind aus den Augen. Gott oder die Göttliche Mutter in allem und jedem zu sehen und zu verstehen, dass alle Geschöpfe und die gesamte Schöpfung nur dem Göttlichen gehören, ist eine einfache Übung, die uns langsam zur ewigen Freiheit führen kann.

Name 702 des Lalitā Sahasranāma lautet:

ōm sarvagāyai namaḥ

Gegrüßt seist du, die alle Welten und alle Wesen durchdringt, die allgegenwärtig ist.

Amma sagt: „Es ist die Erfahrung des Selbst, die dich in allen Situationen zur natürlichen Demut führt. Wenn du alles als Gott ansiehst, bist du immer in einer anbetungswürdigen Stimmung. Gibt es kein Gefühl des Andersseins, wird dein ganzes Leben ein Akt der Verehrung, eine Form des Gebets, ein Loblied. In diesem Zustand ist nichts mehr unbedeutend für dich; alles hat seinen besonderen Platz. Du erblickst das höchste Licht, das sogar in einem Grashalm leuchtet."

Amma kam im vollen Bewusstsein ihrer wahren Natur als unendlicher Ozean aus reinem Nektar auf die Erde. Sie bringt ihr ganzes Leben, jede Zelle und jeden Atemzug als himmlischen Nektar - Amṛita - dar, um alle Menschen zu erheben.

Name 99 in den 108 Namen von Amma ist:

ōm śhaśhvallōka hitāchāra magna dēhēndriyāsavē namaḥ

Ich verneige mich vor dir, deren Körper und Sinne immer für das Wohl der Welt handeln.

Amma, die göttliche Mutter, schenkt uns das unsterbliche Licht des wahren Wissens und der wahren Weisheit, um uns aus den Fängen unseres eigenen Minds, aus dem endlosen Elend der unbeständigen Welt und aus dem Ozean des Saṁsāras - dem Kreislauf von Geburt und Tod - zu befreien.

Der 993rd Name des Lalitā Sahasranāma ist:

ōm ajñāna dhvānta dīpikāyai namaḥ

Sie ist die helle Lampe, die die Dunkelheit der Unwissenheit vertreibt.

Amma sagt: „Das Leben ist ein Mysterium. Du kannst es nur verstehen, wenn du dich ihm hingibst, denn dein Intellekt kann seine ausgedehnte und unendliche Natur, seine wahre Bedeutung und Fülle nicht erfassen. Verneige dich tief und sei demütig; dann wirst du den Sinn des Lebens erkennen."

***

Als Kind rannte ich gerne um unsere Apfelbäume und sang dabei laut drei Silben - TI-LA-MA.

Diese drei Silben bilden auch den Namen „Mālatī", den mir Amma dreißig Jahre später gab.

Im Reich Gottes existiert keine Zeit. Die Zeit ist Gott selbst. Was jetzt geschieht, wurde bereits geschrieben, doch die Anwesenheit eines Mahātmās in unserem Leben kann unser Schicksal verändern. Wie können wir also mit unseren begrenzten Worten und unserem begrenzten Verständnis den Einfluss von Amma, der universellen Mutter in Menschengestalt, auf unser Leben beschreiben?

Wir müssen uns ständig bemühen, Unterscheidungsvermögen, Wachsamkeit und Achtsamkeit zu entwickeln, um zur richtigen Zeit und mit der richtigen Einstellung die richtigen Handlungen auszuführen, wenn wir unser Ziel erreichen wollen. Nur dann wird die göttliche Gnade zu uns und durch uns fließen.

Meine Mutter besuchte Tamil Nadu zweimal, als ich zehn Jahre alt war. Sie reiste mit ihrer NGO (Nichtregierungsorganisation) dorthin, um Waisenkindern in einigen sehr armen Dörfern materielle Unterstützung zu bringen. Ich beschloss, mein ganzes Taschengeld, das ich jeden Sonntag bekam, diesen armen Kindern zu geben.

Als meine Eltern beschlossen, ein einfacheres Leben näher an der Natur zu führen, da war ich vierzehn. So musste ich die Schule und mein früheres Leben in Belgien hinter mir lassen, um mit meiner Mutter und meinem Bruder nach Südfrankreich zu ziehen. Der Umzug ermöglichte es meiner Mutter, meinem älteren Bruder zu helfen, ein ökologisches Landwirtschaftsprojekt zu starten.

In Frankreich begann ich, Yōga-Kurse zu besuchen und interessierte mich sehr für Meditation. Ich wurde in die Transzendentale Meditation (TM) von Maharishi Mahesh Yogi eingeweiht und verbrachte viel Zeit in einem kleinen TM-Meditationszentrum. Satsangs und Geschichten über die Yōgis und Weisen Indiens hörte ich gerne. Im TM-Zentrum lernte ich einen Musiker kennen und heiratete sehr jung.

Auch nachdem ich Mutter war, stand die Spiritualität weiterhin im Mittelpunkt meines täglichen Lebens. Ich verbrachte meine Freizeit damit, zu meditieren und spirituelle Bücher über Heilige und Weise aus allen Traditionen zu lesen. Auch war ich Teil einer kleinen Gebetsgruppe. Wir verbrachten Zeit in der Stille in Klöstern und besuchten viele heilige Orte, an denen große Seelen ein gesegnetes Leben in der Stille führten.

Wir lebten ein sehr einfaches Leben in einem kleinen Weiler am Fuße der Pyrenäen in der Nähe von Lourdes. Es war im Jahr 1858 in Lourdes, als eine wunderschöne junge Frau in reinem Weiß gekleidet mit einem Rosenkranz in der rechten Hand und einer einzelnen gelben Rose an jedem Fuß einem 14-jährigen Mädchen in einer kleinen Grotte erschien. Sie erschien dem Mädchen insgesamt achtzehn Mal und ermutigte sie zu Gebet und Hingabe für die Welt.

Nach den Besichtigungen floss eine wundersame Quelle reinen, heiligen Wassers aus der gleichen Grotte. Diese fließt auch heute noch reichlich und wird von Tausenden aus der ganzen Welt als heiliges Wasser getrunken.

In dieser friedlichen Atmosphäre, die von der subtilen Gegenwart der geliebten Mutter des Universums durchdrungen war, betete ich eines Tages mit tiefer Sehnsucht im Herzen zu ihr. Auf ein Stück Papier schrieb ich: „In diesem Leben möchte ich dich sehen, ich möchte dich berühren und ich wünsche mir, dass du alle meine Fragen beantwortest.

Ich betete und weinte, um denjenigen zu treffen, der mich führen würde. Ich dachte: „Wo sind all die Heiligen und Weisen? Sind sie alle weg? Gibt es heutzutage auf Erden keine mehr?"

Dann hatte ich einen sehr lebhaften Traum wie eine Vision. Ich ging durch ein Feld voller bunter Blumen, als ich am Rande dieses duftenden Feldes eine wunderschöne Statue der Göttlichen Mutter sah, die ganz in Weiß gekleidet war. Als sie mich sah, wurde sie lebendig. Sie lächelte mich an und bewegte sich mit ausgebreiteten Armen langsam in meine Richtung. Auch ich ging auf sie zu. Als wir einander erreichten, nahm sie mich zärtlich in ihre göttlichen Arme und drückte ihr göttliches Gesicht sanft an meines... Ich wurde zu ihrem...

Kurz nach diesem Traum hörte ich von Amma, einer lebenden Heiligen aus Kerala. Jemand schenkte uns Ammas Biografie, das Archana-Buch, Ammas Bhajan-Kassetten und ein Bild von Amma, auf dem sie lächelt. 1992 traf ich Amma zum ersten Mal physisch in Südfrankreich, an einem Ort, der von natürlicher Schönheit umgeben war.

Alles war so einfach, so klar, ich hatte meine göttliche Mutter gefunden! Jetzt werde ich sie nie mehr loslassen, sie wird mir alles geben, was ich brauche, um meine Suche zu vollenden, und sie wird mich nie mehr loslassen!

Beim ersten Darśhan waren meine vier Töchter an meiner Seite. Nachdem ich ihre göttliche Umarmung empfangen hatte, saß ich unter einem Baum und weinte und weinte...

Ich dachte: „Wie kann ich weiter in der Welt leben, jetzt, wo ich meine Mutter gefunden habe? Also fragte ich Amma: „Kann ich zu dir kommen und mit dir in deinem Āśhram leben?" Amma sah mich mit Sorge und viel Mitgefühl an. Sie stellte mir ein paar praktische Fragen und sagte dann: „Komm und sieh."

Wie sich herausstellte, konnten wir Amma viele Jahre lang nur einmal im Jahr in Frankreich für ein dreitägiges Programm physisch sehen; oft erhielten wir zwei Darśhans pro Tag. Damals gab es noch keine Tokens. Wir saßen einfach still in einer Schlange auf dem Rasen. Das Programm fand unter einem großen Zelt im Freien statt.

Während der abendlichen Bhajans konnten wir hinter Amma den dunkelblauen Sternenhimmel sehen und die ebenfalls zauberhafte Nacht genießen. Nach dem Dēvī Bhāva-Programm zog ein Sturm auf, erfrischte die ganze Atmosphäre und die ganze Natur badete glückselig in Ammas göttlicher Energie.

Amma gab mir ein Mantra. Ich wiederholte es ständig, und die geliebten göttlichen Namen und Formen, die ich von früher kannte, verschmolzen freudig zu einer einzigen.

***

Mit Ammas Segen gründeten wir eine kleine Satsang-Gruppe in unserem Haus, die sich fünfzehn Jahre lang alle zwei Wochen traf. Nach Ammas Anweisungen begannen wir den Satsang mit einem Amma-Video, meditierten dann, lasen ein paar Seiten aus einem von Ammas „Awaken Children"-Büchern, sangen Bhajans und beendeten den Satsang mit dem Ārati und dem Abschlussgebet. Dann verteilten wir Prasād an alle.

Im Jahr 2000 bot mir ein Devotee-Ehepaar an, mich zu Amma nach Belgien zu fahren. Es dauerte zwei Tage, um dorthin zu gelangen. Ich war so bewegt, dass ich vor der Ankunft nichts mehr essen konnte. Als wir ankamen, saß ich in Ammas Gegenwart und konnte meinen Blick nicht von ihr abwenden. Amma machte ein Zeichen in meine Richtung ... geh und iss ... sie wusste es.

An diesem Tag gab mir Amma mit unendlicher Liebe und Zärtlichkeit den Namen Mālatī. Die spirituelle Bedeutung ist „jenseits der Sorgen". Wieder weinte ich und weinte ... Eine Wiedergeburt war geschehen, und das nur fünf Kilometer von meinem ursprünglichen Geburtsort entfernt.

Die wahre Geburt findet statt, wenn wir unsere wahre Natur erkennen, wenn wir begreifen, dass wir nie geboren wurden und nie sterben werden. Erst dann werden all unsere Sorgen verschwinden...

Im Bhajan „Rāga Vairikaḷ Nīṅgiḍum" singt Amma: „Wenn der Mind in Mutter, die alle Sorgen vertreibt, aufgeht, werden all unsere Feinde – unsere Begierden verschwinden und auch alle Sorgen und Nöte. Die sündigen Schatten des Herzens lichten sich und man verweilt in der Wahrheit. Oh Verkörperung des Bewusstseins, mögest du meine Gedanken für immer zum Schweigen bringen. Willst du meinen Sorgen ein Ende setzen und mein Gefühl des Getrenntseins beseitigen? Dann wird mein Leben erfüllt sein. Oh Mutter, du bist die Spenderin der Glückseligkeit in meinem Mind."

Ich erinnere mich an den tiefen Eindruck, den es auf mich machte, als meine Füße den heiligen Boden Indiens berührten - die Mutter von Sanātana Dharma. Ich konnte endlich tief durchatmen; fühlte mich zu Hause. Es war im Juli 2001 und ich blieb für drei Wochen in Amritapuri.

Als ich den Āśhram, den heiligsten Ort der Welt, erreichte, sagte mir jemand, dass Amma im Kāḷī-Tempel Darśhan gebe und ich sofort dorthin hingehen solle.

Ich betrat den überfüllten Tempel. Nach zwei langen Reisetagen ohne Schlaf war ich extrem müde. Plötzlich erfüllte eine Welle von Zweifeln meinen Mind: „Hier sind so viele Menschen... Ich werde nichts verstehen... Kennt sie mich wirklich?... Ist sie meine Mutter?"

Mit diesem dunklen, getrübten Mind erreichte ich Amma. Sie sah mich direkt an, hielt mich freundlich an den Schultern fest und begann mich sanft zu schütteln, während sie mir mit Nachdruck sagte: „Meine Tochter, meine Tochter, meine Tochter... Ok?" Sofort wurde mein Mind ruhig und alle dunklen Wolken verschwanden... Ich bin ihre Tochter, es gibt keinen Raum für Zweifel.

Am nächsten Dienstag schloss ich mich der Prasād[29]-Schlange an. Ich war gerade dabei, mich emotional zu reinigen und hatte wenig Appetit. Als ich mich Amma näherte, griff sie hinter sich und nahm einen kleinen Teller mit Essen, den sie mir gab und damit bewies, dass sie genau wusste, was ich brauchte. Auf diese Weise hat mir Amma oft ihre Allwissenheit deutlich gezeigt. Sie weiß alles und sieht auch unsere Vergangenheit und Zukunft.

Eines Nachmittags schwamm ich im Swimmingpool, betrachtete die sich ständig verändernden weißen Wolken über mir und dachte, dass ich so gerne einmal mit Amma im Pool sein würde...

Mit dieser Sehnsucht im Herzen wollte ich gerade gehen, als ich einen großen Aufruhr hörte und jemand sagte: „Amma kommt." Mein kleiner Traum wurde wahr und ich hatte das

[29] Dienstags veranstaltet Amma im Āśhram traditionell ein Mittagsprogramm für die Āśhram-Bewohner. Teil des Programms ist es, dass Amma Teller mit Essen zum Mittagessen verteilt, das durch ihre Berührung zu Prasād wird.

große Vergnügen, dass Amma mich in den Pool und in das kühle Wasser ihrer herrlichen Gegenwart stieß.

***

Als ich nach Frankreich zurückkehrte, begann ich, das Valmīki Rāmāyaṇa zu lesen - eines der großen Epen Indiens. Ich erfreute mich an der Schönheit jedes einzelnen Verses und lernte das edle spirituelle Prinzip kennen, das Dharma genannt wird - das sehr subtile und ewige Gesetz, das die Harmonie im gesamten Universum aufrechterhält. Um mit ihm in Einklang zu kommen, müssen wir auf unsere Vorlieben und Abneigungen verzichten, allen egoistischen Gedanken, Worten und Taten abschwören, lernen, allen zu dienen und selbstlos zu teilen. Amma ist unser dharmisches Vorbild; ihr ganzes Leben ist ein perfekter Ausdruck von bedingungsloser Liebe und Mitgefühl in Aktion.

Mit Ammas Segen begann ich, mit älteren Menschen zu arbeiten und mich um sie und ihre Bedürfnisse in ihren eigenen Häusern zu kümmern. Oft rezitierte ich während der Fahrt das Archana zusammen mit Swāmījis (Swāmī Amṛitaswarūpānanda) Aufnahme. Ein Tränenstrom floss... Nur Amma weiß, wie ich die Ziele erreichen und die mir gestellten Aufgaben erfüllen konnte. Ich praktizierte auch jeden Abend zu Hause die IAM (Integrated Amrita Meditation™).

„Es ist ein Irrglaube zu denken, dass diejenigen, die wir lieben, uns auch immer lieben, in Wahrheit sind wir immer allein." Diese Aussage von Amma bestätigt meine eigene Erfahrung. Wenn die schwierigsten Zeiten in unserem Leben anbrechen, merken wir, dass wir immer allein sind. Wir träumen von einem ewigen, wahren Gefährten, den wir meist verzweifelt im Außen suchen, obwohl er die ganze Zeit über geduldig in uns wartet.

Die Göttliche Mutter ist der weite Ozean der Glückseligkeit und wir sind die unendlichen Wellen. Wir vergessen unsere enge

Körper-Mind-Identifikation und werden eins mit ihrem seligen Glanz, der unsere wahre Natur, unser wahres Selbst ist.

Amma sagt: „Demut ist das Tor für den wahren Schüler, und der Meister selbst ist ein perfektes Beispiel für Demut."

In den Jahren 2004 und 2008 reiste ich erneut mit meinen Töchtern nach Amritapuri. Seit vielen Jahren war ich am Sēvā beteiligt, Blumengirlanden für Ammas Programm in Toulon herzustellen. 2009 boten mir die örtlichen Organisatoren die wunderbare Gelegenheit, die Pāda Pūjā zu Ammas Füßen auszuführen. Ich durfte ihre weichen, heiligen Füße verehren. Danach setzte ich mich irgendwo hin und beobachtete – mein Mind war ganz ruhig und still. Amma sagt: „Demut bedeutet, den Willen des Höchsten zu akzeptieren. Demut bedeutet, sich selbst hinzugeben – unseren eigenen Willen dem Willen Gottes anzuvertrauen. Wahre Demut entsteht erst, wenn wir erkennen, dass alles, was im Leben geschieht – ob angenehm oder schmerzhaft – sein Wille ist. In diesem Zustand lösen sich alle inneren Reaktionen auf. Es bleibt nichts als Akzeptanz. Deshalb kann man Demut auch als völlige Annahme dessen verstehen, was ist."

Ich öffnete Amma mein Herz und erzählte ihr, dass ich auf meinem spirituellen Weg allein war. Obwohl verheiratet, verlief unser Leben nicht in dieselbe Richtung. Amma sagte, sie sei sich dessen bewusst und fügte hinzu: „In dem Boot, mit dem du den Ozean des Saṁsāra überquerst, bist du allein." Später sagte sie: „Wenn es zu viel Leid gibt, musst du eine Entscheidung treffen."

Im Jahr 2011 durchlebte ich eine Scheidung – mit Ammas Gnade als einziger Stütze. Im Dezember desselben Jahres reiste ich für ein paar Wochen nach Amritapuri. Schon bevor ich in Indien ankam, hatte ich starke Schmerzen im rechten Knie. Durch das heiße, feuchte Klima verschlimmerten sie sich – selbst das Gehen fiel mir schwer. Ich war verzweifelt, weil ich mich körperlich nicht vor Amma verneigen konnte. Doch innerlich verbeugte ich mich immer wieder, und mein Herz war voller Dankbarkeit und Entschlossenheit. Bevor ich nach Frankreich zurückflog, erzählte ich Amma von meinem Knie und fragte sie, ob ich dem Āśhram als Renunciate beitreten dürfe. Sie sagte: „Befolge die Anweisungen des Arztes – und komm bald zurück."

Ich wurde am Knie operiert und war ein paar Wochen lang bewegungsunfähig. Da ich mich nicht viel bewegen konnte, verbrachte ich meine Zeit damit, eine französische Version des Bhāgavata Purāṇa[30] zu lesen.

Während ich mich in die Lektüre von Krishans göttlichen Līlas (Spiele) vertiefte, kehrte mein Mind spontan nach Amritapuri zurück und zu Ammas letzten kostbaren Worten an mich: „Komm bald wieder."

Um Geld zu verdienen, arbeitete ich neun Monate lang als Pflegerin für eine schwerbehinderte Person. Zu dieser Zeit hatten dank Ammas unendlicher Gnade alle meine Töchter ihr Studium beendet und arbeiteten. Im Jahr 2013 trat ich dann dem Amritapuri Āśhram bei. Als ich am Flughafen von Kochi zum Ausgang ging, sah ich plötzlich einen von Ammas Swāmīs dort stehen, der eine wunderschöne Girlande aus frischen Blumen in den Händen hielt. Ein paar Minuten später stand Amma, strahlend wie der Vollmond der reinen Liebe und des vollkommenen Wissens, direkt vor uns! Amma und ich waren zur gleichen Zeit am Flughafen angekommen. Am nächsten Tag war Guru Pūrṇima. Es war eine so günstige Zeit, um im Āśhram anzukommen.

***

In der Silvesternacht 2013 hatte ich die seltene Gelegenheit, die ganze Nacht hinter Ammas Stuhl zu sitzen, während sie Darśhan

---

[30] Alte Schriften, die Geschichten über Lord Kṛiṣhṇa erzählen.

gab. In derselben Nacht verstarb mein Vater. Ein paar Monate zuvor hatte ich erfahren, dass er Krebs hatte.

Bevor ich nach Amritapuri abreiste, hatte ich meinen Eltern einen Brief geschrieben, in dem ich ihnen meine Entscheidung erklärte und ihnen meinen aufrichtigen Respekt, meine Dankbarkeit und meine Liebe zum Ausdruck brachte. In all den Jahren hatte ich versucht, die Süße von Amma, dem Mittelpunkt meines Lebens, mit allen Mitgliedern meiner Familie zu teilen. Als Katholiken dachte ich, dass sie es verstehen würden, aber die Tatsache war, dass sie Amma nicht akzeptieren konnten und nie den Wunsch oder auch nur die Neugierde äußerten, sie zu sehen.

Wenn unser Ego und unser Mind mit dem spirituellen Zentrum, dem Herzen, verschmelzen, können wir Gottes Gegenwart in seiner eigenen Schöpfung sehen und spüren und seine göttlichen Boten erkennen. Ammas Liebe und ihr Mitgefühl schaffen die beste Atmosphäre, damit unsere Herzen aufblühen können.

Amma sagt: „Demütig zu werden, ist das eigentliche Ziel des spirituellen Lebens."

Ammas physische Präsenz ist der beste Nährboden für unseren spirituellen Fortschritt. Ihre Stimme, ihre Berührung und ihre Gestalt helfen uns, uns wieder mit unserem göttlichen Ursprung zu verbinden.

In den letzten acht Jahren, die ich in Amritapuri verbrachte, musste ich durch mein Sēvā viel mit anderen interagieren. Ich bin dankbar dafür, und da mein Englisch zu Beginn sehr begrenzt war, habe ich viel über die subtile Kunst der Kommunikation gelernt und wie ich emotional reifer in meinen Interaktionen sein kann. Jeder Mensch ist ein perfekter Spiegel, der unser eigenes Selbst reflektiert. Wenn wir jede Situation voll und ganz als Ammas Prasād akzeptieren können, wird diese positive Haltung der Akzeptanz unseren Mind langsam von allen falschen Vorstellungen und Missverständnissen befreien.

Der gesamte Prozess der inneren Reinigung ist die ultimative Operation.

Amma, die göttliche Chirurgin, operiert uns alle sicher und bringt uns zurück in unseren ursprünglichen Zustand der Unschuld und inneren Reinheit. Wenn der göttliche Duft der Demut im Garten unseres Herzens aufsteigt, beginnen die Blumen der Akzeptanz, der Geduld, der Vergebung, der Losgelöstheit, der reinen Liebe und der inneren Stärke zu blühen.

Möge ewige Freude unsere Herzen erfüllen;
Möge göttliche Harmonie unser Leben erfüllen;
Mögen wir zu ihren Lotusfüßen zu weißen Blumen des
Friedens werden.

Satsang 21

Amma – Wegweiserin, Pfad und Ziel in einem

Sahaja – Frankreich

Es war einmal ein sehr frommer Mann namens Pūsalar, der in Tamil Nadu lebte und ein großer Devotee von Lord Śhiva war. Er hatte den tiefen Wunsch, einen Tempel zu bauen, aber er konnte es sich nicht leisten – auch nicht, nachdem er in der Stadt um Spenden gebeten hatte. So begann er, den Tempel in seinem eigenen Mind zu errichten. Er legte eines Tages in seinem Herzen das Fundament für einen imaginären Tempel indem er den traditionellen Ritualen des Tempelbaus folgte und weihte symbolisch das Grundstück ein. Jeden Tag baute er ein kleines Stück daran. Nach mehreren Jahren war der Tempel in seinem Herzen schließlich vollendet, und er lud Lord Śhiva zur Einweihung ein.

Zur gleichen Zeit hatte auch der mächtige König Rājasimha einen prächtigen Tempel für Lord Śhiva in Kāṅchīpuram errichten lassen, und auch er betete darum, dass Lord Śhiva zur Einweihung seines Tempels komme. Da erschien dieser dem König im Traum und sprach: „Es tut mir leid, aber ich habe an diesem Tag schon eine andere Tempeleinweihung. Ich werde den Tempel von Pūsalar einweihen."

Am nächsten Morgen erinnerte sich der König an seinen Traum, wurde wütend und schnaubte: „Wie kann dieser Tempel wichtiger sein als der des Königs?" Er machte sich auf die Suche nach Pūsalars Tempel, doch fand ihn nirgendwo. Schließlich begegnete er jemandem, der ihm sagte, dass in einer sehr alten

Hütte ein armer Mann namens Pūsalar lebe. Er fügte hinzu: „Ich wäre überrascht, wenn ein so armer Mann die Mittel hätte, einen Tempel zu bauen."

Der König ging zur Hütte des armen Mannes und hörte von außen das Läuten einer Glocke. Als er eintrat, sah er nur einen ärmlich gekleideten Mann in einem alten Dhoti (ein Sarong-ähnliches Tuch, das in Südindien von Männern getragen wird), der tief in Gebet versunken war. Das Läuten der Glocken wurde immer lauter, je mehr der König sich Pūsalar näherte.

Schließlich legte er sein Ohr an Pūsalars Brust und konnte die Tempelglocken aus dessen Herzen heraus läuten hören. Die Tempel-Einweihung hatte begonnen, und der König erkannte, dass Lord Śhiva den Tempel im Herzen dieses aufrichtigen Devotees seinem äußeren Tempel vorgezogen hatte! Der liebste Aufenthaltsort des Göttlichen ist unser unschuldiges Herz. Lasst uns wie Pūsalar in unserem Herzen einen Tempel errichten, der Ammas Lotosfüßen geweiht ist.

Da wir Amma nicht immer im Fokus unseres Minds halten können, besteht aber die Möglichkeit, uns mit ihr durch Innenschau zu verbinden. Wäre Amma mit meinen Handlungen zufrieden? Mit meinen Worten und Gedanken? Auf diese Weise können wir, ob physisch in ihrer Nähe oder fern, auf sie ausgerichtet bleiben. Mögen wir Gelegenheiten wie den Covid-19-Lockdown dazu nutzen, unsere Herzen zu öffnen und uns auf die immerwährende Melodie von Ammas allumfassender Weisheit und Gnade einzustimmen.

Als ich zum ersten Mal in den Āśhram kam, hatte ich diese Fähigkeit, mich innerlich mit Amma zu verbinden, noch nicht entwickelt. Ich wollte nicht von Ammas Seite weichen nicht für einzigen Tag, nicht einmal für eine Stunde. Ich dachte, so wie Mutter und Kind in den ersten Lebensjahren unzertrennlich sind, sollte auch ich jede Minute mit ihr verbringen. Ich wünschte mir, ich könnte die Gestalt einer kleinen Maus annehmen und Amma überallhin folgen, sogar in ihr Zimmer. Hinter den Möbeln würde ich mich verstecken und jeden einzelnen Moment beobachten: wie sie mit Menschen sprach, telefonierte, aß, mit ihrer Begleiterin redete, schlief und so weiter.

Auch glaubte ich, dass ich für immer erfüllt und dadurch Mōkṣha (endgültige Befreiung) erlangen würde, wenn sie mir dies gewährte. In der Schriftenklasse lernte ich, dass Mōkṣha durch die innere Einstimmung auf den Guru erreicht wird. Trotz dieses Wissens hielt ich weiterhin an meinem Glauben fest, dass die physische Nähe notwendig sei.

Einige Jahre später erkannte ich, dass Amma meinen Wunsch, ihre kleine Maus zu sein, tatsächlich erfüllte; bloß nicht so, wie ich es erwartet hatte. Ich durfte auf vielerlei Weise einen Blick von ganz nah auf Ammas Größe und Göttlichkeit werfen. Zum Beispiel gab sie mir die Gelegenheit, während der Europa-Touren das Arati der Devotees mit zu koordinieren.

Jede Erfahrung mit unserer geliebten Amma trägt Süße in sich. Ihr hinterherzulaufen ist süß, sie lachen zu sehen ist süß, ihr sanftes Lächeln ist süß, die Weichheit ihrer Hände ist unbeschreiblich süß... Alles an Mutter ist süß.

Sie ist Chitta Chōra, die Diebin des Minds. So wie Śhrī Kṛiṣhṇa einst nicht nur Butter, sondern auch die Herzen der Gōpīs stahl, so verwendet Amma verschiedene Methoden, um den Mind ihrer Kinder zu stehlen.

Amma erfüllte mir, genau wie Kāmadhēnu (die wunscherfüllende Kuh der Purāṇas), den Wunsch, ihr physisch sehr nahe zu sein. Dann sorgte sie dafür, dass ich mich nach innen wende, indem sie mir riet, mehr zu meditieren, die Schriften zu studieren, ein Tagebuch zu führen und Bhajans als Sādhanā zu schreiben.

Amma sagte mir: „Der Mind ist wie Wasser, er fließt von Natur aus nach unten. Durch das Feuer des Sādhanās fließt das Wasser (der Mind) nach oben und löst sich auf, während es verdampft."

***

In den letzten zehn Jahren habe ich sehr viel gelernt, während ich Amma auf ihren Touren begleitete. Eine tiefe Erkenntnis aus dieser Zeit lässt sich in einem einzigen Satz zusammenfassen: Gib dich hin – oder du wirst leiden.

Ich war manchmal eine Meisterin darin, Ammas Willen zu widerstehen. Oft übte ich nur halbe Hingabe: Mein Körper gehorchte, aber der Mind beschwerte sich. Doch das bringt keinen Frieden. Ich habe erfahren dürfen, dass sich schmerzhafte Situationen in freudvolle wandeln, wenn ich mich vollständig hingebe.

Einmal, auf einer Indien-Tour, veranlasste Amma aus Sorge um ihre Kinder, dass in jedem Tourbus eine tragbare Toilette für Notfälle bereitgestellt werde. Auf dieser Reise wurde die Toilette tatsächlich benutzt. Wir alle waren angewidert! Die Leute, die vorne im Bus saßen, schoben sie nach hinten und die hinten schoben sie wieder nach vorne... so ging es hin und her.

Ich saß in der Mitte des Busses, und so landete die Toilette schließlich neben einer anderen Frau und mir. Wir dachten beide: „Es hat keinen Sinn, sie weiterzuschieben, denn irgendjemand muss sie ja ohnehin ertragen; und wenn wir sie bewegen, könnte sie auslaufen." Also blieb sie bei uns stehen. Meine Sitznachbarin hielt den Deckel fest, damit nichts überschwappt, wenn wir über Schlaglöcher fuhren. Anfangs waren wir nicht gerade begeistert, aber als uns klar wurde, dass wir die Situation nicht ändern konnten, begannen wir darüber zu scherzen!

Wir stellten uns vor, wie Amma über diese absurde Situation laut lachen würde. Dann entdeckten wir sogar, dass der

Toilettendeckel eine gute Armlehne sein kann. Dank all der Scherze und des Lachens verging der Rest der Fahrt schnell. Diese scheinbar unangenehme Situation verwandelte sich in ein lustiges Erlebnis für uns alle und half uns dabei, uns an Amma zu erinnern.

In jedem Moment des Lebens stehen uns zwei Möglichkeiten offen: Gib dich hin oder leide. Wenn wir eine Situation nicht ändern können, haben wir zwei Möglichkeiten: Wir können sie als Unglück sehen und darunter leiden – oder wir akzeptieren sie und holen das Beste daraus hervor. Hingabe kann selbst die schwierigsten Lebensumstände in eine freudvolle Reise verwandeln. Sie führt uns zur Befreiung. In der *Bhagavad Gītā*, Kapitel 18, Vers 62 sagt Lord Kṛiṣhṇa:

> *tam eva śharaṇaṁ gachchha sarva-bhāvena bhārata*
> *tat-prasādāt parāṁ śhāntiṁ sthānaṁ prāpsyasi śhāśhvatam*
>
> „Gib dich ihm allein mit deinem ganzen Wesen hin, oh Bhārata (Arjuna). Durch seine Gnade wirst du vollkommenen Frieden und die ewige Wohnstätte erlangen."

Während Kṛiṣhṇa seinem Devotee Arjuna rät, sich ihm ganz hinzugeben, geht Amma noch einen Schritt weiter. Wie Kṛiṣhṇa rät sie uns nicht nur, spirituellen Prinzipien zu folgen, sondern wie eine göttliche Regisseurin erschafft sie auch Situationen als Gelegenheiten, diese in die Tat umzusetzen. Es sind Prüfungen, die unseren Fortschritt messen. Wenn ihre Kinder durchfallen, tröstet Amma sie und nimmt sie in ihre Arme. Wir lernen, dass in Ammas Welt alles ein Segen ist, auch wenn wir es nicht immer so sehen können. Alles geschieht allein durch göttliche Gnade. Jede Erfahrung ist ein Trittstein zum Wachstum und jedes Stolpern ist eine Gelegenheit, sich zu erheben und noch stärker dazustehen.

Amma sagt: Wir kritisieren die Wellen nicht, nur weil sie mal klein und mal groß sind. Wir wissen, dass sie unberechenbar sind – manche ganz ruhig, andere kraftvoll und überwältigend. Wir nehmen sie, wie sie kommen. Und wenn das Meer zu stürmisch ist, bleiben wir einfach auf Abstand. Genauso ist es mit den Wellen des Lebens. Sie sind, wie sie sind. Erst wenn wir das annehmen, können wir mit dem Fluss des Lebens gehen – und uns mit dem Göttlichen verbinden.

Früher, wenn ich nicht bei Amma sein konnte, vertraute ich meine Sorgen dem Ozean an. Doch dann fühlte ich mich schuldig und fragte mich: „Betrüge ich Amma?" Später, als ich Amma eine ganz andere Frage stellte, sagte sie plötzlich: „Amma ist der Ozean und kein kleines Wasserbecken. Du musst in sie eintauchen!" Sie zeigte mit einer Handbewegung, wie ich mich in Amma hineinfallen lassen sollte. Sie ermutigte mich, sie in der Form zu verehren, um ihre unermessliche Formlosigkeit zu erkennen. Auch zeigte sie mir, dass sie nicht verschieden ist von Mutter Natur und nährte dadurch meinen Wunsch, Mutter Erde zu beschützen und zu pflegen.

Amma hat mir die Gelegenheit gegeben, mit einigen der kleinen Āśhram-Kinder zu gärtneren. Dies tue ich seit einigen Jahren mit ihnen, und es ist wirklich wundervoll, sie in der Natur zu erleben. Ihre Unschuld lehrt mich so viel. Manche Kinder sind so tief mit der Natur verbunden, dass sie den Bäumen zuhören können; und sie sagen mir dann, was die Bäume brauchen, einfach nur dadurch, indem sie sie umarmen. Ein Kind sagte einmal: „Dieser Baum braucht mehr Platz... oder mehr Wasser..." was das Kind sagte, stimmte tatsächlich.

Wir alle haben diese tiefe Verbindung zur Natur, zum Göttlichen und zum ganzen Universum in uns.

Amma ist die uns den Weg und das Ziel zeigt. Sie ist die Kraft, die uns auf dem Weg hält. Wir schaffen gar nichts aus eigener Kraft – sie ist es, die alles tut. Doch wir vergessen das und benehmen uns wie Diebe. Wir täuschen uns selbst und denken: ‚Ich habe das gemacht.' Die große Mutter des Universums, Jagadambā, muss wohl schmunzeln, wenn sie ihre kleinen Marionetten herumwirbeln sieht – voller Stolz auf das, was sie glauben, selbst geleistet zu haben, während in Wahrheit sie allein alle Fäden in der Hand hält."

„Wenn ein Mensch an seinen Handlungen haftet, wird er selbst während der Meditation von Gedanken über deren Ergebnisse gestört."

Genau das passierte auch mir – immer wieder. Als Gegenmittel begann ich, meine Anhaftung an die Früchte meines Sēvās zu Ammas Lotosfüßen darzubringen. Ich stellte mir vor, wie ich all meine Sēvās in eine Schachtel legte, sie sorgfältig mit einer Schnur zuband und dann vor Ammas Füße ablege.

Wie viele Leben lang haben wir wohl schon gehandelt – immer mit der Erwartung auf ein bestimmtes Ergebnis? Diese Haltung sitzt tief. Tun wir etwas Kleines, erwarten wir vielleicht eine Zitrone. Tun wir etwas Großes, erwarten wir eine Mango oder sogar eine Papaya. Doch als spirituell Suchende wollen wir aus dem Kreislauf von Geburt und Tod aussteigen. Dafür müssen wir lernen, unsere Handlungen darzubringen – ohne auf die Zitrone eines Dankeschöns zu hoffen, auf die Erdbeere eines Lächelns, auf die Kiwi eines Erfolgs oder auf die Papaya erfüllter Wünsche. Amma, unsere Jagadguru – die universelle Lehrerin – sieht jede unserer Handlungen und gibt jedem von uns ganz individuell ein Training, um uns von dieser Erwartungshaltung zu lösen. Das kann anfangs schmerzen. Aber wenn wir uns daran erinnern, warum wir diesen Weg gehen und spüren, dass Ammas mitfühlender Blick uns stets begleitet, dann können wir all diese inneren Kämpfe überwinden – und aus ihnen die wertvollsten Lektionen des Lebens lernen. Diese Lektionen helfen uns, uns ihr immer mehr zu nähern, bis wir ganz mit ihr verschmelzen. Wie viele Leben lang haben wir auf diese Gelegenheit gewartet? Unter fast acht Milliarden Menschen auf dieser Welt – wie viele kennen überhaupt den Sinn des Lebens? Und wie viele haben das unermessliche Glück, einer allwissenden Mutter zu begegnen, die uns zeigt, wie wir ihn finden können?

Wir sind so gesegnet, dass wir ihr in diesem Leben begegnet sind. Jeden Tag trinken wir von ihrer Weisheit – wie glückliche Babys, die an der Brust ihrer Mutter genährt werden.

So kam ich zu Amma:

Während eines Sommers im Landhaus meiner Eltern in Frankreich, als ich etwa neun oder zehn Jahre alt war, , schlief ich unter freiem Himmel und sprach mit den Sternen über den Sinn des Lebens und fragte sie, ob es Gott wirklich gibt. Ich komme aus einer traditionell religiösen Familie, aber meine Eltern hatten sich von ihrer Religion abgewandt. So blieb die Frage nach der Existenz Gottes für meinen kindlichen Mind unbeantwortet. Eines Tages verspürte ich den Drang zu zeichnen, und so zeichnete ich eine runde Gestalt, die im Schneidersitz saß. Es war eine Mutter, die ihr Kind umarmt. Diese Figur zeichnete ich den ganzen Sommer lang, wieder und wieder. Dann fragte ich meine Mutter: „Kennst du jemanden, der so aussieht? Ich möchte wissen, wer diese Person ist."

Meine Mutter nahm mich mit ins Haus und zeigte mir die Statue einer afrikanischen Frau, die ihr Baby umarmt hielt. Ich sagte: „Nein, ich glaube nicht, dass sie das ist." Dann zeigte sie mir die Statue der Jungfrau Maria, die im Wohnzimmer stand. Auch das überzeugte mich nicht wirklich. Erst viele Jahre später erkannte ich, dass die Gestalt, die ich damals zeichnete, Amma war, die den Kopf eines Kindes in ihren Armen hielt.

Die Rundungen der Linien zeigten die umhüllenden, beschützenden Eigenschaften unserer geliebten Amma. Während meiner Jugend zeichnete ich diese Form immer wieder, ohne jemals von Amma gehört zu haben. Sie rief mich aus meinem Innersten heraus, und ich sehnte mich nach ihr und fragte mich, wo in dieser Welt ich sie finden könnte. Später hörte ich, dass Amma während ihrer ersten Welttournee gesagt habe, sie sei auf Tour gegangen, weil sie die Rufe ihrer Kinder weltweit höre.

Ich war tief berührt. Ja, auch ich hatte sie gerufen, hatte mich nach der spirituellen Nahrung der Mutter des Universums gesehnt. Doch in Wahrheit war sie es, die sich selbst durch mich zu mir rief. Im Jahr 2008 hatte ich mein Studium abgeschlossen und alles erreicht, was die meisten sich im Leben wünschen; doch die wahre Freude hatte ich nicht gefunden. Ich erkannte, dass ich einen Guru brauchte, der mir den tieferen Sinn des Lebens erklärt und warum wahres, dauerhaftes Glück so unerreichbar scheint.

Ich flog nach Indien und besuchte verschiedene Āśhrams in Tamil Nadu. In einem Āśhrams sagte jemand zu mir: „Geh nach Amritapuri und triff Amma. Sie ist die Göttliche Mutter. Sie ist so wunderbar! Du wirst nicht enttäuscht sein."

Zur Ammas Geburtstagsfeier erreichte ich Amritapuri und erhielt auch meinen ersten Darśhan. Da waren so viele Menschen, dass meine Umarmung weniger als zwei Sekunden dauerte. Es fühlte sich an wie eine elektrische Entladung, ein Wiederbeleben der tiefen Verbindung mit der Mutter, die ich so lange nicht gesehen hatte. Mir wurde klar, dass dies die Gestalt war, die ich als Kind gezeichnet hatte. Ich war endlich bei ihr angekommen. Das Kind bei der Mutter und die Mutter beim Kind. Aber selbst der Begriff „Mutter und Kind" erscheint zu eng, um unsere ewige Verbindung mit Amma auszudrücken. Amma ist in uns und wir sind in ihr. Sie ist wir und wir sind sie.

In der einen, unendlichen Liebe sind wir in ewigem Bund; wir sind eins. In den Bhakti Sūtras (antiker Text über Hingabe) des Weisen Nārada heißt es:

> „Es gibt keine Trennung zwischen Gott und seinen Devotees."

Die besondere Verbindung, die wir zu Amma haben, ist in Wahrheit die Verbindung, die wir mit der ganzen Schöpfung haben, eine Verbindung der unendlichen, bedingungslosen Liebe: Prēma. Lord Kṛiṣhṇa sagt in der Bhagavad Gītā, Kapitel 9, Vers 6:

> „Wisse: So wie der mächtige Wind überall weht und dennoch im Himmel ruht, so ruhen auch alle erschaffenen Wesen in mir."

Es gibt nicht das Viele, sondern nur das Eine. Eins-sein ist nicht nur etwas, das die Riṣhis vor langer Zeit verwirklicht haben, es ist die Wahrheit, die allein durch unsere Egos verdeckt wird. Amma hat es sich zur Aufgabe gemacht, unsere Egos durch ihre Liebe zum Schmelzen zu bringen.

Es gibt nicht die Vielen. Es gibt das Eine und Amma ist überall.

Möge das Licht dieses Wissens in uns dämmern.

Mögen wir all unsere Fehler zu Ammas göttlichen Füßen darbringen.

Satsang 22

Amma, die Liebe, die alle Angst besiegt

Vimala Purcell – USA

Vor Kurzem vor der Küste Kaliforniens in den USA hatte sich ein weiblicher Grauwal in kommerziellen Krabbenfallen und Fischernetzen verfangen. Sie war durch Hunderte von Kilos an Fallen beschwert und kämpfte darum, sich über Wasser zu halten. Seile waren komplett um ihren Körper gewickelt – sogar in ihrem Maul.

Ein Fischer entdeckte sie und funkte um Hilfe. Ein Rettungsteam kam, doch die einzige Möglichkeit, den Wal zu befreien, bestand darin, ins Wasser zu tauchen und die Seile von Hand zu lösen. Das war gefährlich, denn ein Wal hätte leicht einen Menschen töten können. Die Retter arbeiteten stundenlang, mit großer Geduld und großem Geschick. Der Wal blieb dabei völlig ruhig.

Als sie schließlich frei war, schwamm sie zu jedem der Taucher, stupste sie sanft an und drehte dann voller Freude Kreise im Wasser.

Die Person, die diese Geschichte geteilt hatte, schrieb dazu: „Möget ihr alle so viel Glück haben, von Menschen umgeben zu sein, die euch helfen, euch von dem zu befreien, was euch fesselt."

Amma verbringt jeden Moment ihres Lebens damit, uns geduldig von allem zu lösen, was uns bindet. Mit großer Geschicklichkeit nutzt sie dabei ihre Kinder hier in Amritapuri als Werkzeuge, um die Seile nach und nach zu lockern.

In Kapitel 18, Vers 30 der *Bhagavad Gītā* sagt Kṛiṣhṇa :

pravṛittiṁ cha nivṛittiṁ cha kāryākāryē bhayābhayē
bandhaṁ mōkṣhaṁ cha yā vētti buddhiḥ sā pārtha sāttvikī

„Oh Arjuna, Sohn der Pṛithā! Der Mind, der erkennt, was richtiges und was falsches Handeln ist, was Pflicht ist und was nicht, was zu fürchten ist und was nicht, was bindet und was befreit – ein solcher Mind ist sāttvic, also von der Natur des Guten."

Ich habe diesen Vers gewählt, weil er meiner Meinung nach einen Konflikt beschreibt, den viele Menschen im Laufe ihres Lebens erleben – sie wollen das Richtige tun, wissen aber nicht immer, was das ist.

Angst ist für mich ein großes Hindernis auf meinem spirituellen Weg, es ist ein Knoten, der besonders schwer zu lösen war. Bevor ich Amma traf, beherrschte Angst viele Jahre lang mein Leben. Sie beeinflusste die meisten meiner getroffenen Entscheidungen.

Meine Kindheit war chaotisch und traumatisch. Glücklicherweise waren meine Großeltern eine Quelle der Wärme und Liebe und ein wichtiger Teil unseres Lebens. Wir waren katholisch und sie nahmen uns mit in die Kirche.

In dieser Zeit entwickelte ich eine Beziehung zu Gott. Dieser Glaube hat mich nie verlassen, selbst in meinen dunkelsten Zeiten nicht. Ich litt innerlich sehr unter den Traumata meiner Kindheit. Als Teenager hatte ich Angstzustände und fühlte mich ziemlich verloren und unverbunden.

Ich wollte glücklich sein, also suchte ich Hilfe in einer Therapie. Ich wollte meine Vergangenheit überwinden und nicht die Fehler meiner Eltern wiederholen. Das konnte ich nur, indem ich nach vorne schaute. Der Weg führte nach vorn. Nach dem Bachelor in Psychologie zog ich aus einer Kleinstadt in Illinois in eine große Stadt in Florida, um dort meinen Master in Public Health zu machen.

Während des Studiums begegnete mir Deepa – eine Freundin, die mich schließlich zu Amma führte. Im Jahr 2000 hatte ich eine gute Karriere, meine eigene Wohnung, ein Auto, eine Katze und ein reges Sozialleben. Materiell hatte ich alles, was ich brauchte, aber tief in meinem Inneren war ich unruhig. Ich wollte nicht nur für mich selbst leben, wollte auch anderen nutzen. Diese Unruhe wurde zu einem Sehnen, zu einem Gebet.

Als ich eines Morgens zur Arbeit fuhr, überkam mich eine tiefe Verzweiflung und ich betete aufrichtig aus tiefstem Herzen, dass sich Gott in meinem Leben zeigen möge.

Nur ein paar Wochen später hörte ich von einem Retreat in Santa Fe, New Mexico, mit einer indischen Heiligen namens Amma. Neugierig meldete ich mich gemeinsam mit meiner Freundin Deepa an. Sie hatte Amma im Jahr zuvor kennengelernt. Ich dachte, das Retreat wäre so etwas wie ein spiritueller Workshop – mit ein paar Kursen und viel freier Zeit.

Deepa versuchte, mich ein bisschen vorzubereiten, aber ich hatte überhaupt keinen Bezugspunkt. Also ließ ich alles einfach auf mich zukommen. Wir kamen am Abend vor dem Retreat an. Ich wusste nicht recht, was ich von alldem halten sollte. Aber Ammas Präsenz war beruhigend. Als alle Om sangen, spürte ich Ruhe und ein Gefühl von Verbundenheit.

Beim ersten Darśhan war ich so nervös, bloß nichts falsch zu machen, dass ich den Moment der Umarmung kaum mitbekam. Ehe ich es richtig realisierte, war der Darśhan schon vorbei – und ich stand etwas verdattert da. Als ich wegging, merkte ich, dass ich einen Schokoladenkuss in der Hand hielt – und meine Hand zitterte.

Am nächsten Tag begann das Retreat. Es fand in einem Hotel in der Innenstadt von Santa Fe statt. Ich war offen, aber die

Verehrung von Amma fiel mir nicht leicht. Im Christentum gilt Jesus als einziger Sohn Gottes. Zwar glaubte ich, dass es auch andere wie ihn geben könnte, aber dass ich jemals selbst einem solchen Menschen begegnen würde – das konnte ich mir nicht vorstellen.

In dieser Zeit war Deepa mir eine große Hilfe – und eine wichtige Quelle für all meine Fragen.

***

Bei dem Dēvī Bhāva-Programm kam es zu einem Wendepunkt in meinem Leben. Ich war an diesem Tag zugegebenermaßen schlecht gelaunt, ohne wirklich erklären zu können warum. Ich wollte noch nicht einmal zu Dēvī Bhāva gehen. Als ich zum Abendessen ging, sah ich eine Frau, die ich vom Retreat kannte.

Sie hatte einen Token[31] für einen frühen Darśhan, aber ihr Mann hatte einen späten. Sie war traurig, weil sie ihren Dēvī Bhāva Darśhan gerne gemeinsam mit ihm haben wollte, aber wegen seiner gesundheitlichen Probleme konnte er nicht lange aufbleiben.

Ich hatte einen frühen Token, aber ich war nicht in der Stimmung, großzügig zu sein. Ich wollte nach all den langen Nächten des Retreats unbedingt früh ins Bett. Außerdem wollten wir am nächsten Tag nach Dallas fahren.

Ich schwieg. Aber bald meldete sich mein Gewissen zu Wort. Ich konnte nicht gehen, ohne ihr meinen Token zu geben. Also kehrte ich zurück und gab ihr, immer noch ziemlich genervt, meinen frühen Token. Ihr Gesicht hellte sich auf! Sie gab mir im Austausch den späten Token ihres Mannes. Als ich ihre Freude sah, änderte sich meine Stimmung grundlegend. Jetzt war auch

[31] Eine nummerierte Marke, die an Devotees ausgegeben wird, die Ammas Darshan erhalten möchten.

ich glücklich. Ich blieb die ganze Nacht wach und mein Darśhan war um 5:00 Uhr morgens.

Als ich Amma für den Darśhan erreichte, brach ich völlig zusammen. Ich schluchzte an ihrer Schulter, war jedoch völlig ahnungslos, warum ich eigentlich weinte, aber es fühlte sich wirklich gut an.

Es fühlte sich an, als würde eine schwere Last sanft von meinen Schultern genommen. Hätte ich der Frau nicht meinen Token gegeben – eine kleine selbstlose Geste – dann wäre ich heute nicht dort, wo ich bin.

Als ich nach Hause zurückkehrte, bemerkte ich, dass einige kleine Anhaftungen und Gewohnheiten nicht mehr da waren. Ich hörte auf, Fleisch zu essen, Make-up zu tragen und Geld für frivole Dinge wie Maniküre und teure Frisuren auszugeben.

In diesen ersten Jahren entwickelte ich eine starke Bindung zu Amma. Ich stand früh auf und machte Archana (das Rezitieren der 1000 Namen der göttlichen Mutter) und meditierte. Auf dem Weg zur Arbeit und nach Hause hörte ich jeden Tag Bhajans.

Regelmäßig fuhr ich nach Dallas, Texas, um an Ammas Programm teilzunehmen, und schließlich engagierte ich mich bei Ammas jährlichen Besuchen beim Sēvā. Meine Aufgabe war es, die Gruppe der Devotees zu koordinieren, die Amma Prasād reichen – jenen Segen, den Amma dann an jede einzelne Person beim Darśhan weitergibt. Ich sorgte dafür, dass die örtlichen Devotees über den gesamten Verlauf des Programms hinweg in eingeteilten Zeitabschnitten die Möglichkeit bekamen, Amma Prasād zu geben.

Dabei fühlte ich mich gebraucht. Ich war so beschäftigt, dass ich oft zu essen vergaß und kaum schlief – und ich liebte jede Minute davon!

Bei einem der ersten Programme, kurz nachdem ich Amma kennengelernt hatte, erzählte ich ihr, dass ich viel Angst in mir habe – sogar vor ihr selbst. Zuerst sagte sie: „Amma gehört dir." Dann fügte sie hinzu: „Liebe und Angst können nicht im selben Raum existieren. Richte deine Aufmerksamkeit auf die Liebe, und die Angst wird ganz von selbst verschwinden."

In einem Jahr machte ich einen großen Fehler mit der Liste derjenigen, die Amma Prasād reichen sollten. Am ersten Tag des Programms, der auch der vollste war, konnten wir kaum jemanden aus dem Hauptteam dazu bewegen, Prasād zu geben – alle sagten, sie seien zu beschäftigt. Also hatte ich eine vermeintlich geniale Idee: Wir würden die hart arbeitenden Leute einfach für den zweiten Tag eintragen, wenn mehr Zeit war.

Ich war ziemlich stolz auf diese Lösung. Doch am Morgen des zweiten Programmtages erwachte ich mit einem unguten Gefühl. Mir fiel plötzlich ein, dass der Vormittags-Darśhan an diesem Tag wegen des abendlichen Dēvī Bhāva-Programms früher endete. Ich hatte mich völlig verschätzt. Das bedeutete: Die am härtesten arbeitenden Menschen – Koordinatoren, Organisatoren der Tour, Küchenteam und andere – würden letztlich weniger Zeit bei Amma haben als diejenigen, die am ersten Tag dran gewesen waren.

Als mir mein Fehler klar wurde, ging ich mit klopfendem Herzen zu Amma und gestand es ihr. Sie sprach auf Malayalam mit mir, und an ihren Gesten konnte ich erkennen, dass sie besorgt war.

Mein Missgeschick hatte die Zeit der lokalen Devotees in Ammas Nähe verkürzt. Doch rückblickend erkannte ich, dass diese schmerzhafte Situation Ausdruck von Ammas Mitgefühl war – sie zeigte mir damit, wo es mir an Śhraddhā, an innerer Achtsamkeit und Hingabe, gemangelt hatte. Amma vergleicht sich oft mit einer Gärtnerin, deren Aufgabe es ist, Würmer und Unkraut zu entfernen, damit die Pflanzen wachsen und gedeihen können.

Während ich mit Amma sprach, spürte ich nur ihre Liebe. In ihrer Gegenwart verflog jede Angst. Später erinnerte ich mich an ihre Worte: „Richte deine Aufmerksamkeit auf die Liebe, und die Angst wird verschwinden." Ich spürte, wie wahr das war.

Dabei lernte ich eine wichtige Lektion: Mein Wunsch, dass alles reibungslos verläuft, und mein übergroßes Selbstvertrauen hatten dieses Chaos verursacht. Diese Erfahrung hat mich tief bewegt – sie gibt mir bis heute viel Stoff zum Nachdenken und begleitet mich seither auf meinem Weg.

Amma sagt: „Aufnahmefähigkeit ist die Kraft zu glauben, Vertrauen zu haben und Liebe anzunehmen. Es ist die Kraft, Zweifel vom Mind fernzuhalten."

***

Im Jahr 2003 kam ich zum ersten Mal nach Amritapuri – anlässlich von AmṛitaVarṣham50, der Feier zu Ammas 50. Geburtstag. Drei glückselige Wochen verbrachte ich damals im Āśhram.

Kurz vor dem Fest fuhr ich gemeinsam mit einigen Freunden ein paar Tage früher nach Kochi, um dort bei den Geburtstagsfeierlichkeiten dabei zu sein und Sēvā zu machen. In unserem Hotel mussten wir unser Geld und unsere Pässe in einem Safe an der Rezeption aufbewahren und erhielten einen Schlüssel dafür. Zwei Tage vor der Feier wollte ich den Schlüssel für den Safe aus meiner Tasche holen, aber er war nicht mehr da. Ich durchsuchte das ganze Zimmer, aber der Schlüssel war nirgends zu finden. Auch an der Rezeption war er nicht abgegeben worden. Da ich ohne ihn keinen Zugang zu meinem Geld hatte, wurde ich langsam etwas nervös und sah noch einmal überall nach. Dann wurde mir klar: Vielleicht war er mir im Stadion aus der Tasche gefallen – dort, wo das Programm stattfand. Ich ging zur Rezeption, erklärte, dass ich den Schlüssel nicht finden konnte, und fragte:

„Was passiert, wenn man einen Schlüssel verliert?“ Sie sagte: „Ich weiß es nicht, das ist noch nie passiert, und wir bewahren aus Sicherheitsgründen keine Ersatzschlüssel auf.“

Ein Taxi fuhr mich schnell zum Stadion, damit ich dort suchen konnte. Während der ganzen Fahrt betete ich inständig: „Amma, bitte lass mich den Schlüssel finden ... bitte lass mich den Schlüssel finden.“

Als ich ankam, war das Zelt, in dem wir Sēvā gemacht hatten, nun eine Küche voll riesiger Töpfe und Maschinen. Ich war entmutigt, aber dann sah ich, wie das internationale Büro eingerichtet wurde, und ging hinüber, um zwei Personen zu sehen, die an einem Tisch saßen. „Wo ist das Fundbüro?“, fragte ich.

Sie zeigten auf eine Reihe von Metallregalen. Ich ging hinüber und wiederholte meinen neuen Spruch: „Amma, bitte lass mich diesen Schlüssel finden.“ Mein Herz wurde schwer, als ich die leeren Metallregale sah. Aber als ich näherkam, sah ich etwas sehr Kleines, das ganz allein auf einem riesigen Metallregal lag. War es der Schlüssel? Ja!

Ich war erfüllt von Ehrfurcht und Dankbarkeit. „Amma hat den Schlüssel materialisiert!“ Diese Erfahrung fühlt sich symbolisch für unsere Beziehung zu Amma an. Sie ist immer bereit, uns den Schlüssel zu geben, den wir verloren geglaubt haben, wenn wir nur aufrichtig darum bitten.

2006 kehrte ich für sechs Monate nach Amritapuri zurück. Im Hinterkopf hatte ich die Hoffnung, dass ich hier leben könnte. Ich begann, Geld zu sparen und meine Schulden abzubezahlen. Ich verlor jegliches Interesse am weltlichen Leben.

2010 kam ich wieder für einen längeren Aufenthalt hierher und während eines Darśhans fragte ich Amma, ob ich hier als Renunciate leben könne. Sie sagte: „Ok, mōlē (Tochter).“ Sie sagte mir: „Glücklich zu sein ist eine Entscheidung“, und ich lachte ...

weil ich immer geglaubt hatte, dass glücklich zu sein für mich unerreichbar sei.

Meine leibliche Mutter hingegen war nicht glücklich darüber, dass ich mich entschlossen hatte, in den Āśhram zu ziehen, und sie drückte ihre verletzten Gefühle und ihre Wut jedes Mal aus, wenn ich anrief. Sie fühlte sich von mir verlassen. Ich sagte ihr viele Male, dass Amma die universelle Mutter ist und auch ihre Mutter. Innerhalb eines Jahres kam sie mich in Amritapuri besuchen und baute ihre eigene Beziehung zu Amma auf.

Als Neuling stürzte ich mich direkt in das Leben hier im Āśhram. Ich vergaß mein früheres Leben in Amerika, vertiefte mich in meine Sādhanā-Routine: Sēvā, Skripture-Kurse, Indien-Touren und Zeit in Ammas Nähe, wann immer es möglich war. Ich wurde für Sēvā im Öko-Center eingeteilt.

Der Sēvā-Leiter teilte mir mit, dass die Leiterin des Öko-Centers auf USA-Tour gehen würde und ich sie bis zu ihrer Rückkehr vertreten solle.

Ich hatte weniger als eine Woche Training hinter mir und wusste nichts über die Leitung eines Öko-Centers und all die damit verbundenen Einzelheiten. Ich hatte noch nicht einmal die Leute kennengelernt, die ich leiten sollte. Das war definitiv nicht meine Komfortzone und ... ein bisschen beängstigend.

Amma sagt uns oft, dass sie im Āśhram Situationen für unser Wachstum schafft, und diese Situationen können herausfordernd sein. Sie sind dazu gedacht, uns zu reinigen, Vāsanās (latente Neigungen), Anhaftungen, Vorlieben und Abneigungen zu überwinden.

Der katholische Heilige Johannes vom Kreuz aus dem 16. Jahrhundert sagte zu seinen Mönchen: „Ihr seid nicht ohne Grund ins Kloster gekommen – es geht darum, Tugend zu leben und euch darin zu üben. Ihr seid wie Steine, die zuerst behauen und geformt werden, bevor man mit ihnen baut. Die Menschen hier im Kloster sind Werkzeuge in Gottes Hand – sie helfen dabei, euch zu formen und innerlich zu reinigen[32]."

In der Welt wurde ich oft für meine Arbeit gelobt und selten kritisiert. Hier in Amritapuri hingegen gibt es viele „Handwerker", die bereit sind, auf Fehler und Unvollkommenheiten hinzuweisen. Kritik ist nicht leicht zu akzeptieren und kann schmerzhaft sein.

Amma sagt, wenn jemand uns kritisiert, sollten wir schauen, ob wir etwas daraus lernen können. Es ist verlockend, sofort Fehler bei den Menschen zu suchen, die uns kritisieren, aber Amma sagt, dass wir spirituell wachsen, wenn wir unsere eigenen Unzulänglichkeiten betrachten. In meiner Führungsrolle im Sēvā musste ich viel Kritik von anderen einstecken. Ich habe das Gefühl, dass dieses „Zurechtfeilen" meine Ecken und Kanten geglättet hat ... zumindest ein bisschen.

Wie der Wal in der Geschichte werden die Fesseln der Negativität, die uns binden, durch Menschen und Situationen im Āśhram gelockert, die Amma geschickt um uns herum arrangiert hat. Wir wissen, dass jedes Sandkorn hier von Ammas Tränen der Hingabe an Gott durchtränkt ist. Mit anderen Worten: Dieser Ort ist wie Amma selbst aus reiner göttlicher Liebe geboren. Er kann nur die Dunkelheit in uns reinigen, denn das ist die Natur der Liebe.

***

Ich möchte gerne mit einer Geschichte abschließen, einem Ereignis, das mir sehr am Herzen liegt.

Eines Tages im Sommer 2015 versammelten sich alle Āśhram-Bewohner in der großen Halle, um die Dēvī Bhāva-Übertragung zu sehen. An einem bestimmten Punkt während der Übertragung drehte sich Amma um, schaute direkt in die Kamera und

[32] Ratschläge für einen Ordensmann von Johannes vom Kreuz, 3.

lächelte. Ich hatte das Gefühl, dass sie mich ansah! Ich dachte: „Bin ich verrückt?“

Dann sagte eine Ammamar, eine ältere Āśhram-Bewohnerin, die neben mir saß, in gebrochenem Englisch: „Amma, schau, Vimala!“ Ich war überglücklich und fragte mich, warum Amma mich beachtete.

Der Dēvī Bhāva, den wir sahen, war Ammas erster Besuch in Atlanta, Georgia. Meine Mutter war dort, um zum ersten Mal Dēvī Bhāva zu erleben. Am Tag nach dem Programm telefonierte ich mit ihr. Sie erzählte mir von den folgenden Ereignissen des Abends:

Sie war eine der letzten Personen, die Darśhan erhielten, und dann erlebte sie am Ende von Dēvī Bhāva den Regen aus Blütenblättern und Ammas wunderschönen Blick. Ich freute mich sehr für sie. Ich dachte, das Gespräch sei beendet, aber dann sagte sie: „Es gibt noch mehr zu erzählen ...“

Sie begann, von meiner Schwester zu erzählen, die noch immer in der Stadt lebt, in der wir aufgewachsen sind. Es ist eine winzige Bauernstadt in Illinois, von der noch nie jemand gehört hat.

Der Mann meiner Schwester ging in einem Teich im örtlichen Park angeln. Da ich dort aufgewachsen bin, kenne den Park gut. Der Park war leer, er war ganz allein. Plötzlich hörte er Fahrzeuggeräusche, dann die Stimmen vieler Menschen, die sich im Park versammelten.

Er sagte, sie seien fröhlich gewesen, hätten gelacht und geplaudert.

An dieser Stelle des Gesprächs mit meiner Mutter stand ich auf – ich wusste plötzlich, was sie als Nächstes sagen würde. Amma und die Reisegruppe machten auf dem Weg zum nächsten Programm eine Pause zum Abendessen in dem Park in meiner Heimatstadt!

Einige Tourhelfer kamen auf meinen Schwager zu, um ihm von Amma zu erzählen und ihm zu sagen, dass er eine Umarmung bekommen könne, wenn er wolle. Er war sehr schüchtern, als er die Menschenmenge um Amma sah, außerdem begann sie gerade, Prasād zu verteilen. Er lehnte ab. Amma bat alle, sich um den Teich herum zu versammeln und sich an den Händen zu halten, um zu meditieren. Obwohl mein Schwager die Umarmung abgelehnt hatte, hielt er sich mit den anderen Reiseteilnehmern an den Händen und meditierte mit ihnen, während sie „lokāḥ samastāḥ sukhinō bhavantu" sangen – „Mögen alle Wesen in allen Welten glücklich sein".

Als mein Schwager nach Hause kam und meiner Schwester erzählte, was im Park passiert war, wusste sie sofort, dass die Person, die er gesehen hatte, Amma war. Aufgeregt und tief bewegt dachte sie: „Es gibt so viele Parks und Städte auf dem Weg, und doch hat Amma hier angehalten!"

Vielleicht war es nur Zufall, dass Amma dort zu Abend gegessen hat, aber für mich offenbarte es die ewige Verbindung zwischen Amma und mir, meiner leiblichen Familie, meiner Heimatstadt und Amritapuri. Physisch war ich hier in Ammas Zuhause, während sie dort in meinem war! Das gab mir das Gefühl, Amma sehr nahe zu sein.

Die Entscheidungen, die ich in meinem Leben getroffen habe und die mich hierhergeführt haben, sind allein Ammas Segen. Ich bete, dass wir uns wie der Wal hingeben, anstatt Widerstand zu leisten ... und dass wir in unserer Freiheit für alle Ewigkeit in freudigen Kreisen mit unserer geliebten Amma tanzen werden.

Satsang 23

Amma, PhD, und mehr!

Dr. Shyam Nath - Mauritius

> *ya dēvī sarva bhūtēṣhu śhakti rūpēṇa saṁsthita*
> *namastasyai namastasyai namastasyai namo namaḥ*
>
> Der Göttin, die in allen Wesen als Śhakti lebt – als Kraft und Stärke – sei Ehre, sei Ehre, sei immer wieder Ehre
>
> *Dēvī Mahatmyam*

Ich komme aus Varanasi, auch bekannt als Kashi im Bundesstaat Uttar Pradesh, in Indien. Kashi ist ein Ort, der berühmt dafür ist, einen der zwölf Jyōtirlingams[33] von Lord Śhiva zu haben. Ich studierte dort Wirtschaft an der Banaras Hindu Universität. Als religiöser Student besuchte ich regelmäßig den Tilbhandēśhwar Mahādēv-Tempel in Varanasi, ich gehörte jedoch keiner bestimmten Guru-Linie an.

Interessant ist, dass der Samen für die Begegnung mit meinem Guru nicht in Indien, sondern in den USA gesät wurde, wo ich mein Doktorats-Studium an der Syracuse Universität absolvierte.

Eines Tages, als ich am Bus-Terminal in New York auf den Bus wartete, bestellte ich am dortigen Kiosk einen Kaffee und einen Donut, als etwas Überraschendes passierte. Die Frau hinter dem Tresen weigerte sich mit einem Lächeln mein Geld zu nehmen und erzählte mir stattdessen, dass ihr Guru aus Indien kommt.

[33] Jyōtirliṅgas (in der Regel 12 an der Zahl) sind Tempel, in denen Śhiva als ‚Jyōti', eine Säule aus Feuer oder Licht, erschien. Es wird angenommen, dass diese Jyōtis später in die Form eines Liṅga abkühlten und zu Objekten der Verehrung wurden.

Nach dieser Erfahrung am Kiosk, spürte ich zum ersten Mal, dass mir etwas in meinem Leben fehlte!

Damals, als ich noch in Indien lebte, wurde ich beauftragt, für die Planungskommission der indischen Regierung nach Trivandrum zu reisen. Es war das erste Mal, dass ich nach Kerala kam. Für mich war das kein Zufall, sondern eine besondere Gelegenheit – auch wenn ich Amritapuri nicht besuchte, kam ich Amma geografisch näher. Im Jahr 1989 hätte ich mir niemals vorstellen können, dass dieser Ort einmal mein Zuhause werden würde.

Dieser kurze, dreitägige Besuch in Kerala wurde zu einem Meilenstein in meinem Leben. Ich hatte immer davon geträumt, mein Leben nach meiner Pensionierung in einem Dorf zu verbringen, das in der Nähe eines Tempels liegt und über Strom, fließendes Wasser und Kommunikationsmöglichkeiten verfügt.

Amritapuri ist ein internationales Dorf mit unglaublichen Einrichtungen.

Mein Weg mit Amma, begann in Mauritius, wo ich seit 1990 als Professor für Wirtschaft an der Universität von Mauritius arbeitete.

In den ersten zehn Jahren, die ich auf Mauritius lebte, hatte ich nie die Möglichkeit, Amma zu begegnen – obwohl ihr Āshram in Quatre Bornes nur zwei Kilometer entfernt war. Im Jahr 2000 bat mich ein mauritischer Freund, der krank war, ihm einen Darśhan-Token zu besorgen, weil er Ammas Segen empfangen wollte. Ich holte einen Token für ihn – und einen für mich.

Als wir an der Reihe waren, schaute Amma meinen Freund an und sprach zu mir etwas, aber ich konnte es leider nicht verstehen. Während des Programms passierte nicht viel mit mir, ich konnte keine Verbindung mit Amma spüren. Plötzlich jedoch wurde ich durch die Botschaften in Ammas Bhajans auf eine andere Ebene transportiert. Ich hatte das Gefühl, dass meine Hingabe zu Amma und eine spirituelle Neugierde in mir erwachte.

***

2002 besuchte ich Amritapuri zum ersten Mal. Damit begann eine neue Phase in meinem Leben. An dem Tag, an dem meine Frau Nisha und ich ankamen, rief Amma uns zu einem Treffen in ihr Zimmer, anstatt dass wir während des öffentlichen Darśhan zu Amma gehen. Was für ein Glück wir hatten! Dieser Darśhan von Angesicht zu Angesicht mit Amma war unvergesslich. Ich erzählte Amma auch, dass wir nach Amritapuri Varanasi, meine Heimatstadt, besuchen würden.

Bevor sie ihr Zimmer verließ, fügte Amma noch etwas hinzu. Sie sagte mir, ich solle mir das Foto von Ādi Śhaṅkarāchārya anschauen, das oben am Tor des Kāśhī Viśhvanāth-Tempels hängt. Dieses Bild war mir vorher nie aufgefallen. Als Amma es erwähnte, wurde mir plötzlich klar, dass der Sinn des Lebens weit über unsere kleinen Vorstellungen hinausgeht. ‚Was ich weiß, weiß ich – und was ich nicht weiß, weiß ich nicht.' Amma hat mich in etwas eingeführt, das für mich ein Schatz ist und ein Weg in Ammas Welt.

Von da an begann jede meiner Indienreisen in Amritapuri. Im Jahr 2006 geschah dann etwas ganz Besonderes für mich. Während eines öffentlichen Darśhans bat Amma den Dekan der Amrita Business School in Coimbatore, mich dorthin mitzunehmen, damit ich ein Promotionsprogramm in Management beginnen könne. Auch der Vizekanzler der Universität ermutigte mich dazu. So lernte ich den wunderschönen Campus in Ettimadai bei Coimbatore kennen.

Ich begann, im Rahmen des MBA-Programms Umweltökonomie zu unterrichten und reiste jedes Jahr von Mauritius nach Coimbatore. Das PhD-Programm begann schließlich 2009. Auch wenn ich später nicht wirklich daran teilgenommen habe, fühlte ich mich gesegnet, dass Amma mich 2006 als Werkzeug einsetzte, um den Prozess in Gang zu bringen. Amma sagt, dass wir nicht schwach oder unfähig sind – sondern durch Gottes Gnade eine Quelle unendlicher Kraft.

Amma legt großen Wert auf Qualität des PhD-Programms. Ihre Sorgfalt und Liebe zum Detail übersteigt unser Vorstellungsvermögen. Einmal rief sie alle leitenden Lehrkräfte des Amrita-Campus nach Amritapuri ein, um gemeinsam Richtlinien für die Kursgestaltung des PhD-Programms zu erarbeiten. So habe ich selbst erlebt, wie sehr Amma die akademischen Programme unterstützt und anleitet – auch auf höchstem Niveau.

***

Im Jahr 2010 sollte ich nach London reisen, um an der Veröffentlichung meines Buches teilzunehmen, das ich über die nachhaltige Entwicklung kleiner Inseln geschrieben hatte. Da ich für das Visum nach Großbritannien ohnehin nach Neu-Delhi musste, beschloss ich, auf dem Weg einen Zwischenstopp in Kochi einzulegen, wo Amma gerade Darśhan gab, um ihren Segen für die Reise zu erbitten.

Als ich schließlich an der Reihe war, konnte ich es kaum erwarten, Ammas Segen zu erhalten – aber sie reagierte überhaupt nicht auf meine Begeisterung. Ich war irritiert über ihr Verhalten. Doch schon am nächsten Tag erhielt ich überraschend eine Nachricht vom Sekretariat des britischen Commonwealths: Die Buchveröffentlichung wurde abgesagt, da der Hauptverleger plötzlich verstorben war.

Als mein Buch Anfang Januar 2011 veröffentlicht wurde, war ich zu Besuch an der Universität von Berkeley in den USA. Mit einem Exemplar des Buches reiste ich nach Indien, um es Amma zu zeigen. Amma war im Brahmasthānam-Tempel in Chennai und gab Darśhan. Ich reihte mich in die Darśhan-Reihe ein und präsentierte Amma das Buch. Sie segnete es mit großer

Herzlichkeit, umarmte mich fest und schenkte mir sogar noch einen Apfel!

Einmal kam ich zum Darśhan, trug ein Hemd, das nicht ordentlich gebügelt war und Amma berührte es und meinte, so etwas passe nicht zu jemandem, der an der Hochschule tätig ist. Ich fühlte mich gesegnet. Am nächsten Tag zog ich ein ordentliches, frisches Hemd an und stellte mich in der Nähe der Rampe auf, in der Hoffnung, Amma würde es bemerken. Nach dem Darśhan kam sie an mir vorbei – und blieb plötzlich stehen. Sie ging ein paar Schritte zurück, betrachtete mich, berührte mein Hemd und sagte: Jetzt ist es in Ordnung. Ich staune noch immer darüber, wie viel Aufmerksamkeit Amma selbst jemandem schenkt, der sich ganz schlicht kleidet.

***

Amma hat mir immer davon abgeraten, ein spezielles Wirtschaftswissenschafts-Programm zu starten. Trotzdem – vielleicht getrieben vom Ego – entwarf ich ein eigenes PhD-Programm in Ökonomie und legte es Amma vor. Doch das Programm kam nie zustande. Es war ein klares Beispiel dafür, wie das Ego übernimmt und darauf besteht, dass der Guru seine Ideen unterstützt.

Ich möchte eine wunderschöne Geschichte erzählen, wie der Guru mit dem Ego im Menschen umgeht. Satyabhāmā, eine von Kṛiṣhṇas Frauen, war sehr stolz auf ihre Schönheit und ihren Reichtum. Gleichzeitig war sie äußerst besitzergreifend gegenüber Kṛiṣhṇa . Um ihr zu zeigen, dass dieses Verhalten vom Ego bestimmt war, bat Kṛiṣhṇa den Weisen Nārada, eine Situation zu schaffen, in der Satyabhāmā bereit wäre, all ihren Reichtum einzusetzen, um Kṛiṣhṇas ungeteilte Aufmerksamkeit zu erlangen. Nārada ließ eine große Waage aufstellen, um Kṛiṣhṇa auf der einen und Satyabhāmās Reichtümer auf der anderen Seite abzuwägen. Wenn Satyabhāmās Reichtum die Waage zu ihren Gunsten kippen konnte, würde sie seine ungeteilte Aufmerksamkeit erhalten.

Doch all ihr Besitz wog nicht genug. Verzweifelt wandte sich Satyabhāmā an Rukminī, auf die sie sehr eifersüchtig war und bat sie um Hilfe. Rukminī pflückte ein einziges Tulasī-Blatt legte es voller Hingabe auf die Waagschale. Das Gewicht eines einzigen Tulasī-Blattes, das Rukminī mit Hingabe darbrachte, ließ Kṛiṣhṇas Seite der Waage ansteigen. Kṛiṣhṇa erklärte, dass Rukminīs Liebe und Hingabe, symbolisiert durch dieses eine Blatt, das Ego Satyabhāmās überstiegen. Durch diese Līlā können wir sehen, wie Kṛiṣhṇa das Ego derer, die ihm nahestanden, beherrschte. Aber unsere geliebte Amma verwaltet durch ihre Līlās die Egos ihrer 4.000 Kinder hier in Amritapuri und Tausende mehr noch darüber hinaus!

***

Amma kennt all unser Leid nur durch ihr unendliches Mitgefühl. Im Jahr 2016 beschloss ich, an Ammas Retreat-Programm in ihrem Āśhram in San Ramon, Kalifornien, teilzunehmen. Ich fuhr nach Kochi, um das Flugzeug in die USA zu nehmen und übernachtete im Gästehaus des AIMS-Krankenhauses, da der Flug erst nach Mitternacht ging.

Plötzlich spürte ich einen kleinen Schmerz in meinem Magen. Diesen akuten Schmerz hatte ich schon zwei oder drei Mal zuvor erlebt. Ich war mir nicht sicher, ob ich die lange Reise nach San Francisco antreten konnte. In tiefer Hingabe an Amma eilte ich in die Notaufnahme des AIMS. Ein junger Arzt untersuchte mich kurz, verschrieb mir Medikamente und erklärte mich für reisefähig. Doch ich zögerte weiterhin.

Am Tag nach meiner Rückkehr ging ich zum Darśhan und Amma sagte mir, ich solle sofort ins AIMS fahren und mich untersuchen lassen. Ich war beunruhigt, tat aber, wie sie sagte. Dort stellte man fest, dass ich Gallensteine hatte, welche die Bauchschmerzen verursachten. Eine Operation wurde empfohlen, was mich erschreckte. Doch Amma segnete den Eingriff und die Ärzte waren erleichtert – die komplizierte Operation verlief sehr gut. Die Genesung war langsam, aber Amma hatte mir das Leben gerettet.

Hier, in der Gegenwart von Amma, verschmelzen alle Formen Gottes zu einer. Amma vergleicht das mit der Sonne, die sich in hundert Töpfen mit Wasser spiegelt: Es scheint, als gäbe es hundert Sonnen, doch in Wahrheit ist es nur Eine.

Zum Schluss möchte ich Amma selbst sprechen lassen:

„Es gibt keine Fehler in Gottes Schöpfung. Jedes Wesen und jeder Gegenstand, den Gott erschaffen hat, ist etwas ganz Besonderes."

Satsang 24–
Das Mysterium des Glaubens

Janani – Polen

Ich verneige mich zu Füßen der Göttlichen Mutter – der Verkörperung des Göttlichen, die mitten unter uns lebt. Sie war bei mir, noch bevor ich geboren wurde und sie wird bei mir sein, wenn mein Körper vergeht. Sie hat dieses Kind begleitet – in der Gestalt von Eltern, Lehrerinnen, Freunden und auch Narren, durch glückliche Erlebnisse ebenso wie durch schmerzhafte Prüfungen.

All diese Erfahrungen hatten ihren Sinn: Sie haben mich immer weitergetragen, bis hin zur Erkenntnis des reinen Göttlichen im eigenen Inneren.

Oh Amma, wer außer dir ruft die Kinder nach Hause? Kein Verdienst, kein Wunder dieser Welt könnte jemanden würdig machen, deinen gnadenreichen Blick zu empfangen.

Dieser Satsang widmet sich dem „Mysterium des Glaubens".

Wir wissen nicht, warum Gott an unsere Tür klopft – noch wann. Und doch steht er plötzlich da und schenkt uns den Glauben. Ein Geschenk, das wir uns nicht verdienen können, das uns aber dennoch geschenkt wird.

Meine Kindheit verbrachte ich in Afrika. Eines Frühlings unternahmen die Lehrer meiner Grundschule mit uns einen Ausflug in die Sahara. Die Schönheit und Weite der Wüste verzauberte uns alle. Doch auf dem Rückflug hatte das Flugzeug schwere technische Schwierigkeiten – es begann regelrecht vom Himmel zu fallen.

Alle, die ihre Sicherheitsgurte nicht angelegt hatten, wurden gegen die Decke geschleudert. Menschen schrien, weinten, übergaben sich – alle waren vor Angst wie gelähmt. Als das Meer unter uns deutlich sichtbar und immer näherkam, war jedem klar: Wir würden sterben.

Dann verstummten die Schreie. Neben mir saß ein Klassenkamerad mit einem silbernen christlichen Kreuz um den Hals. Wir hielten das Kreuz gemeinsam in den Händen – still. Plötzlich war alles ruhig. Keine Gedanken, keine Emotionen. Nur reiner Frieden. In diesem Moment erlebte ich zum ersten Mal den Zustand des reinen Zeugenseins – Sākṣhi Bhāva. In diesem Zustand gibt es keine Angst vor dem Tod. Es gibt keinen Tod.

Wundersamer weise fing sich das Flugzeug und wir landeten sicher. Zitternd auf den Beinen halfen uns die Rettungskräfte aus dem Flugzeug. Doch dieser Moment vollkommenen Friedens blieb in mir – als hätte sich eine Tür zu einer ganz anderen Wirklichkeit geöffnet.

Heute weiß ich: Amma war damals schon bei mir, sie hat mich gehalten. Sie hat mich gerettet, denn es war meine Bestimmung, dem Schöpfer allen Seins eines Tages direkt in die Augen zu blicken. Wir haben das unaussprechliche Geschenk erhalten, eine persönliche Beziehung zu Gott leben zu dürfen – den formlosen Unendlichen zu erfahren und gleichzeitig die liebende Mutter.

Der tibetisch-buddhistische Mönch Chögyam Trungpa nannte Spiritualität „verrückte Weisheit" – in dem Sinne, dass wahres Wissen vom menschlichen Mind nicht erfasst werden kann. Amma selbst spricht oft von sich als „verrückte Mutter" – und gerade ihre unberechenbare Art, ihre ständig wechselnden Bhāvas und ihre kindliche Einfachheit schaffen eine ganz besondere Nähe zwischen Amma und ihren Kindern.

Mein Herz jubelt, wenn ich Zeuge dieser kleinen mütterlichen Līlās – göttlichen Spiele – sein darf.

Vor einigen Monaten nach der langen Covid-Pause rief Amma uns zu einem Gruppen-Darśhan auf die Bühne. Sie verteilte heißen Tee und gekochte Bananen an alle. Tränen der Freude flossen, und es entstand eine Atmosphäre tiefer Verbundenheit.

Dann brachte ihr jemand einen frischen Strauß Tulasī-Blätter. Amma trug eine N95-Maske. Sanft hob sie eine Ecke der Maske an, steckte sich zwei Tulasī-Blätter in den Mund und kaute sie langsam. Dabei sah sie mich an – mit Augen voller mystischem Glück.

Wie ein Kind, das durch ein Schlüsselloch späht und dabei ertappt wird, wurde ich von ihrer Glückseligkeit durchdrungen. Inmitten der Menge fühlte ich mich ihr ganz nah – als wären wir allein, nur Amma und ich.

Amma nimmt so viele Gestalten an, wie es Herzen gibt, die sie lieben – und in diesem intimen göttlichen Austausch bringt sie jedes einzelne Herz zum Singen. In meinem wilden, umherziehenden Herzen hat sie sich selbst als diese verrückte Kāḷī eingerichtet – die Herrin der Illusion.

***

Wir haben Amma als Kāḷī erlebt, und wir haben Amma auch als Kṛiṣhṇa erlebt. Doch wie könnten wir das jenen beweisen, die uns nicht glauben?

Es ist unmöglich, denn jede Erfahrung ist subjektiv. Es ist eine Frage des Glaubens. Bei genauerer Betrachtung sind auch die sogenannten wissenschaftlichen Fakten letztlich nur Überzeugungen – beruhend auf der Annahme, dass alles, was wir mit unseren Sinnen wahr-nehmen, wirklich ist.

Letztlich ist nichts endgültig beweisbar. Selbst das Universum gründet auf unserer subjektiven Wahrnehmung. Es ist leichter, an das Sichtbare zu glauben als an das Unsichtbare, weil wir uns völlig mit dem Körper identifizieren. Darum kann ich anderen Amma nicht erklären. Nur Amma selbst kann in uns jenen unerschütterlichen Glauben erwecken, indem sie uns die Gnade einer Vision schenkt – eine Erkenntnis jenseits des mentalen Verstehens, einen Blick in ihr wahres Wesen. Nur eine solche Erfahrung überwindet den zweifelnden Mind.

Dies ist das Wunder der Gnade – wenn das Göttliche den festen Griff des Minds löst und sein Bild direkt im Herzen des Geliebten verankert. Gelehrte studieren ein Leben lang die Schriften, und doch war es Mutter Yaśhōdā, die in Ehrfurcht ohnmächtig wurde, als ihr plötzlich die Gnade zuteil wurde, im Mund Kṛiṣhṇas das gesamte Universum zu sehen. So wirkt die Kraft der unmittelbaren Erfahrung – ein Geschenk, das allein durch Gnade möglich ist. Vor vielen Jahren hätte ich über die Vorstellung einer göttlichen Gestalt nur gelächelt. In eine atheistische Familie hineingeboren und von einem rational denkenden Vater erzogen, neigte ich stets eher zur Beobachtung als zur Fantasie. Meine Eltern waren zwar nicht spirituell, legten jedoch großen Wert auf hohe moralische Maßstäbe. Sie erzogen meine Schwester und mich so, dass wir Wissen stets höher schätzten als materiellen Komfort und anderen durch gute Taten dienten.

Als ich in der Grundschule war, war mein Vater ein Jahr lang ohne Arbeit. Dennoch hatten wir, obwohl wir arm waren, immer genug Geld für unsere Ausbildung. An meinem siebten Geburtstag bekam ich einen Weltatlas geschenkt. Ich zeigte mit dem Finger auf Indien und sagte: „Eines Tages werde ich dorthin reisen. Das ist das Ende dieser Welt. Wenn ich dort an-komme, habe ich mein Ziel erreicht."

Wie konnte ein Kind, das nichts über Indien wusste, Worte sprechen, die für seine Zukunft eine so tiefe Bedeutung haben sollten? Woher kam dieses geheimnisvolle Wissen, das der Mind nicht begreifen kann?

Als Jugendliche kam ich an einen Punkt, an dem das Leben für mich keinen Sinn mehr hatte. Wohin ich auch blickte – nichts schien lohnenswert. Immer wieder fragte ich mich: „Warum existiere ich? Was ist der Sinn des Lebens?“

Nichts konnte meinen Hunger nach Bedeutung stillen, und so versuchte ich dreimal, meinem Leben ein Ende zu setzen. Schlimmer noch als das emotionale Leid ist das Leiden an einem Leben ohne Sinn. Leider ist dies die Erfahrung vieler junger Menschen im Westen. Doch wie es mein Schicksal wollte, erfüllte Amma schließlich das Versprechen, das sie einst dem siebenjährigen Kind gegeben hatte.

Nach einer unglaublichen Abfolge von Ereignissen fand ich mich mit zwanzig Jahren trampend auf dem Weg von Polen nach Indien wieder, erreichte mein Ziel und lebte ein Jahr in diesem Heiligen Land. Ich besuchte viele Āśhrams, in denen ich ein seltsames Gefühl von Wohlsein verspürte und verbrachte schließlich eine Woche mit einem Sādhu in seiner Berghütte.

***

Mutter Indien hat mir meine Unschuld und Selbstliebe zurückgegeben. Ich verehre sie – und jedes Mal, wenn ich aus dem Ausland zurückkomme, küsse ich den Boden. Denn Indien erscheint mir im Herzen nicht als ein Land, sondern als ein lebendiges, bewusstes Wesen – als Bhūmi Dēvī, die Göttin der Erde. Menschen dort zu begegnen, die kaum materielle Besitztümer haben, aber lachen und tanzen – ihre Gastfreundschaft, Freundschaft und einfache Großzügigkeit zu erleben – das hat mich tief verwandelt.

Zurück in Polen führte mich meine Suche nach dauerhaftem Glück und innerem Frieden, der nicht von äußeren Umständen abhängt, zunächst zum Zen-Buddhismus und später zu einem Advaita Vēdānta Aśhram. Aber eine Stimme in meinem Herzen rief mich zurück nach Indien.

Als ich schließlich wieder in Indien war, in Stille versunken in einem Tempel in Kerala, hör-te ich dieselbe Stimme deutlich sagen: „Du wirst dich vor mir verneigen, du wirst dich vor mir verneigen, du wirst dich vor mir verneigen." Und wieder, drei Mal. Ich öffnete meine Augen und sah am anderen Ende des Tempels einen kleinen Schrein mit einer silberglän-zenden Statue in seinem Sanctum Sanctorum. Plötzlich fand ich mich in tiefer Verneigung vor der Statue wieder. Während ich, erstaunt über mein Verhalten, dort lag, rief mich der Priester des Schreins zu sich, drückte mir ein Blatt mit Sandelpaste in die Hand und sagte: „Kāḷī Prasād." Drei Tage später kam ich in Amritapuri an.

Eine große Meisterin wie Amma hat kein persönliches Interesse daran, Schüler zu gewin-nen. Aus Liebe und Mitgefühl gibt sie uns genau das, was wir im jeweiligen Moment für unser Wachstum am meisten benötigen. Während meines ersten kurzen Aufenthalts fühl-te ich mich nicht durch Ammas äußere Form angezogen. Obwohl ich ihren Darśhan be-kam, konnte ich sie nicht wirklich sehen oder eine Beziehung zu ihr aufbauen. Stattdessen tauchte sie mich in einen Zustand tiefer Glückseligkeit ein, der drei Tage lang anhielt, in dem ich die Welt als leuchtendes Bewusstsein wahrnahm, das im Inneren erzeugt wurde. Amma wusste, dass sie mich durch das Formlose an ihre Liebe binden würde. Sie hat mich niemals davon abgehalten, den Weg der Selbsterforschung zu gehen. Aus drei Tagen wur-den drei Wochen, drei Monate, dann Jahre...

Ammas Gegenwart führte mich zu zwei großen spirituellen Entdeckungen: Die erste war das Lesen des ‚Gospel of Śhrī Rāmakṛiṣhṇa'. Es erweckte in mir eine große Faszination für Mā Kāḷī. Auf Ammas Wunsch hin wurde die Kāḷī-Statue in unserem Schrein in Amritapuri von derselben Familie gefertigt, die auch die Mā Kāḷī in Dakṣhiṇēśhwar erschaffen hat.

Eines Tages, in einem Zustand tiefer innerer Verzückung, rief ich zu ihr: „Oh Mutter, wenn das Selbst der Zeuge von allem in mir ist, heißt das, dass du nur eine Statue bist? Wie konnte Śhrī Rāmakṛiṣhṇa dann sagen, dass du wirklich bist? Bitte zeige mir die Wahrheit und erlöse mich von diesem Widerspruch!"

In diesem Moment sah ich, wie die Kāḷī-Statue vor Lebenskraft vibrierte, von Bewusstsein durchdrungen. Gleichzeitig spürte ich dieselbe intelligente Präsenz in meinem Herzen. Mā Kāḷī führte mich über meine Vorstellungen von Dualität und Nicht-Dualität hinaus in einen Zustand reiner Unschuld, in dem alle Aspekte des Unendlichen zusammen existieren.

Dadurch wurde mir klar, dass ein kindlicher Hilferuf an die göttliche Mutter immer erhört wird, und wenn er sich intensiviert, beschenkt Mutter uns mit einer visionären Erkenntnis, welche die Früchte jahrelanger Meditation übersteigen kann. Ich lernte, mich an Ammas Rockzipfel zu klammern, ganz gleich, was kommen mag!

Die zweite Entdeckung war das Buch Stille des Herzens von Robert Adams – ein moderner Klassiker der nicht-dualen Philosophie. Seine Lehren weisen auf nur eines hin: Identifiziere dich mit nichts, was du wahrnimmst, nicht einmal mit dem „Ich". Wahre Stille liegt nicht einmal in der glückseligen Stille des Seins, sondern in demjenigen selbst, der das Kommen und Gehen des „Ich" wahrnimmt. Dieses Beobachten des „Ich" ist wahre Freiheit. Wenn du beobachten kannst, wie der „Ich-Gedanke" kommt und geht, erkennst du, dass es eine Täuschung ist, die Person oder das Individuum existiert nicht wirklich.

Hin- und hergerissen zwischen den beiden Wegen von Jñāna (Wissen) und Bhakti (Hinga-be), und tief durch beide bereichert, fasste ich den Mut und fragte Amma: „Ich folge der nicht-dualen Lehre von Advaita, doch gleichzeitig empfinde ich eine unglaubliche Liebe zu Mā Kāḷī. Kann ich beidem folgen, oder muss ich mich für eines entscheiden?“

Mit einem schelmischen Lächeln antwortete Amma: „Aber diese Liebe zu Kāḷī ist ja dazu gedacht, dich zum Advaita zu führen!“ An jenem Tag interpretierte ich Ammas Worte so, dass ich die Verehrung von Mā Kāḷī aufgeben sollte. Ich dachte, sie wolle mir sagen, dass Advaita die höhere Wahl sei. Heute sehe ich das anders. Ich glaube, dass Amma mit Ad-vaita nicht eine bestimmte Lehre meinte, sondern den Zustand, der über alle Lehren und Beschreibungen hinausgeht – die Wahrheit als lebendige Erfahrung. Sie zeigte mir, dass unser Streben zum Göttlichen in all seinen Formen ein wunderbares Werkzeug sein kann, um das Höchste zu erreichen. Amma erwähnte auch, dass Mā Kāḷī die Ichchhā śhakti, Jñāna śhakti und Kriyā śhakti Svarūpiṇī verkörpert; und als solche verleiht sie uns Willenskraft, Erkenntnis und die Kraft zum Handeln. Damit deutete sie an, dass alles, was ich für meine eigenen Bemühungen auf dem Weg zu Gott halte, in Wirklichkeit ihre Gnade ist.

Wie großartig Ammas Lehren sind! In einem einzigen Satz vermag sie, das Wesen der Spi-ritualität zu vermitteln.

Tatsächlich braucht Amma nicht einmal Worte. Ein einziger Blick genügt, um göttliches Wissen als unmittelbar lebendige Erfahrung in uns zu schaffen. Hier ist ein Beispiel:

Aus finanziellen Gründen konnte ich mir keine andere als die Australien-Tour mit Amma leisten. Ich plante meine Reise und buchte mein Ticket nach Brisbane. Sydney ließ ich aus, weil die Preise für Flüge dorthin viel höher waren. Doch in jener Nacht konnte ich aus ir-gendeinem Grund nicht schlafen.

Jedes Mal, wenn ich die Augen schloss, hatte ich eine sehr intensive und klare Vision von Amma, die als Göttliche Mutter in einem türkisfarbenen Sāri mit einem bestimmten

Blu-menmuster gekleidet war. Sie sah mir mit einem ernsten Blick in die Augen und hielt mich in ihrer Umarmung.

Nach einer schlaflosen Nacht stand ich auf und buchte, wie von einer unsichtbaren Kraft gelenkt, meinen Flug um, sodass das Ticket auch einen Flug nach Sydney beinhaltete. Selt-samerweise war der Flugpreis dorthin plötzlich deutlich günstiger als zuvor.

Als ich in der Programmhalle in Sydney saß und auf den Beginn von Dēvī Bhāva wartete, begann ich plötzlich laut zu lachen, als sich der Vorhang hob und Amma als Göttliche Mutter auf ihrem Pitham erschien. Sie trug denselben Sāri, den ich in meiner Vision gese-hen hatte. Tränen der Seligkeit rollten über meine Wangen, als mir klar wurde, dass Am-ma von Anfang an geplant hatte, dass ich in Sydney bei ihr sein würde; dass sie in meinem Herzen lebt und mich im Inneren führt.

Amma sagte mir einmal, dass ein wahrer Bhakta (wahrer Devotee) erkennt, dass die ge-liebte göttliche Form in seinem eigenen Herzen lebt und nicht nur in einer äußeren Ge-stalt zu finden ist.

Wenn Bhakti sich in uns manifestiert, geben wir uns vollständig dem Göttlichen hin und geben die Vorstellung, dass wir selbst der Handelnde sind, auf. Aber wenn der individuel-lere Wille nicht wirklich existiert, wenn alles dem göttlichen Willen unterliegt, warum er-fahren wir dann überhaupt Trennung und Leiden? Wie wirkt Gnade auf uns?

In seinen letzten Lehren der Uddhava Gītā gibt Kṛiṣhṇa eine Antwort, die – so empfinde ich es – sowohl den Weg des Bhakti als auch den des Jñāna miteinander versöhnt und beide gleichermaßen anerkennt.

Kṛiṣhṇa sagt: „Das menschliche Leben entfaltet sich durch die eigenen Handlungen. Ich lenke es nicht und greife auch nicht ein. Ich bin nur der stille Zeuge, der aus nächster Nähe alles beobachtet, was geschieht. Das ist das Dharma Gottes. Doch wenn du erkennst, dass ich als Zeuge alles sehe, kannst du keine unrechten oder sündhaften Taten mehr begehen. Nur wenn du das vergisst, verfällst du dem Gedanken, du könntest Dinge tun, die mir verborgen bleiben."

Die Verbindung zwischen diesen beiden Wegen – und der Sinn aller spirituellen Praxis – ist es, uns zur inneren Stille zu führen.

Letztlich sind wir alle Bhaktas – alle Verehrende. Ein Bhakta verehrt Īśhvara, also Gott, in einer konkreten, äußeren Form. Ein Jñāni verehrt Īśhvara als sein eigenes Bewusstsein. Es ist diese ununterbrochene, hingebungsvolle Ausrichtung – sei es auf die äußere Form oder auf das innere Selbst – die uns über die Illusion eines getrennten Ichs hinwegträgt.

Und das Verbindende zwischen beiden Wegen, das Ziel jeglicher spirituellen Praxis, ist der stille Mind. Wir brauchen einen stillen Mind, einen gezähmten Mind, um den Ruf der göttlichen Liebe zu hören.

***

Mein wohl tiefster Moment der Liebe mit Amma geschah während der letzten Australien-Tour. Nach dem Retreat an der Gold Coast machte ich mich auf den Weg zum Flughafen, – ich wollte Amma dorthin folgen. Mein Flug hatte Verspätung, also checkte ich mein Gepäck ein und wartete in einem fast leeren Wartebereich.

Plötzlich, ungläubig staunend, sah ich Amma mit nur wenigen Begleitern auf den Check-in-Schalter zukommen. Sie ging weiter, ohne auf jemanden zu warten und überquerte den großen, fast leeren Bereich - direkt auf mich zu. Sie schwebte förmlich – ganz sanft – und strahlte eine Reinheit und Unschuld aus, die mich völlig sprachlos machte. Es war, als wolle sie mir zeigen:

Im tiefsten Inneren ihres Universums – jenseits ihres Spiels als Göttin, Mutter und Guru – herrscht nur Stille. Eine ewige Stille voller Demut, Ehrfurcht, Güte – und noch mehr. Ich stand wie versteinert da. Es kam mir nicht einmal in den Sinn, mich zu verbeugen, die Hände zum Namastē zu falten oder „Namaḥ Śhivāya" zu sagen.

Amma trat auf mich zu, sah mir in die Augen und sagte mit einem kindlichen Lächeln – mit Worten, die tief in meinem Herzen widerhallten: „Ich bin du."

Als ich später im Flugzeug saß, begriff mein Mind endlich, was sie meinte. Ich lachte, weinte und schluchzte – bis das Flugzeug in Singapur landete. Es war ein Weinen aus Befreiung; der Ruf der Geliebten. Durch diesen kurzen, einfachen Moment hat sie mein Leben für immer mit ihrem verbunden. In ihrer Umarmung zu wohnen, ist für mich die höchste menschliche Erfahrung. Amma hat einmal gesagt, dass Bhakti sogar höher sei als Selbstverwirklichung – denn in reiner Hingabe gibst du selbst den Wunsch nach Verwirklichung auf und überlässt alles dem Göttlichen. Die Liebe zu Gott genügt. Sie ist Anfang und Ende, Alpha und Omega.

Aus Sicht des Wissens heißt es im Advaita-Weg, dass das Selbst immer gegenwärtig ist. Es gibt nichts zu erreichen. Kein Bemühen kann uns zu dem bringen, was wir ohnehin schon immer sind. Wir glauben nur fälschlich, es nicht zu sein – das ist Māyā, die große Illusion. Und doch sind Bemühungen nötig.

Swāmī Pūrṇāmṛtānandajī sagte mir einmal: „Ja, große Anstrengung ist nötig, um zu erkennen, dass du völlig machtlos bist. Nur wenn man seine eigene Machtlosigkeit erkennt, kann man sich wirklich hingeben."

Aus Liebe entstand dieses geheimnisvolle Līlā der Erfahrung. Manche werden ein Leben lang mit Achtsamkeit üben, andere haben das Glück, durch die Gnade des Gurus das Unendliche direkt zu erleben. Diese Gnade ist das Geheimnis des Glaubens – das seltenste aller Geschenke.

Ammas Mund sind die Vēden und in ihren Augen liegt das ganze Universum. Sie ist diese wunderschöne, weiß gekleidete Gestalt – und gleichzeitig der Zeuge in unserem eigenen Herzen. Wie gesegnet sind wir, diese Wirklichkeit aus erster Hand zu erfahren, während Generationen von Suchenden sich nach ihr verzehrten. Amma ist unser Anfang und unser Ziel.

***

Zum Schluss möchte ich eine Geschichte aus dem Leben von Śhri Rāmakṛiṣhṇa Paramahaṁsa erzählen: Rāmakṛiṣhṇas Lehrer in der Philosophie des Advaita-Vedānta war ein großer Mönch namens Tōtāpurī. Ganz im formlosen Nondualen verankert, lachte Tōtāpurī oft über Rāmakṛiṣhṇa, wenn dieser sich vor einer Tonstatue verneigte oder Visionen der Göttin Kāḷī hatte. Eines Tages erkrankte Tōtāpurī schwer an Ruhr. Keine Medizin half. Der Schmerz wurde unerträglich und er fand keine Linderung.

Tōtāpurī versuchte, seinen Mind in tiefer Meditation vom Körper zurückzuziehen, doch dieser sprang immer wieder in das Schmerzempfinden zurück. Immer wieder versuchte er es – und scheiterte. Schließlich dachte er voller Abscheu gegenüber seinem Körper:

„Ich muss diesen lästigen Körper loswerden. Ich weiß, dass ich nicht der Körper bin. Warum also weiter leiden, indem ich mich mit diesem verrotteten Körper identifiziere? Heute Nacht werde ich ihn dem Ganges übergeben und allem ein Ende setzen."

Er richtete seinen Mind auf Brahman und watete in den Fluss.

Tōtāpurī hatte fast das andere Ufer erreicht, als ihm auffiel, dass das Wasser nicht tief genug war, um sich zu ertränken. „Was für eine göttliche Māyā! Welch geheimnisvolles Spiel des Herrn! Der Ganges ist zu flach geworden, um mich zu verschlingen!"

Sofort – als ob sich ein Schleier von seinem Mind löste – erkannte er:

„Das ist das Werk der allgegenwärtigen, allmächtigen Göttlichen Mutter! Mutter ist Wasser und Land, Körper und Mind, Krankheit und Gesundheit, Wissen und Unwissenheit, Leben und Tod. Alles, was ich sehe, höre, denke und mir vorstelle – das ist Mutter! Sie macht aus einem Ja ein Nein und aus einem Nein ein Ja. Kein verkörpertes Wesen kann ihr entrinnen, es sei denn, sie selbst erlaubt es. Niemand hat je aus eigener Kraft sterben können.

Diese gleiche Mutter steht jenseits von Körper, Mind und Intellekt – transzendent und ohne Eigenschaften. Mein ganzes Leben habe ich diese Mutter als Brahman verehrt – mit meinem ganzen Herzen, mit Liebe und Hingabe. Brahman und die Kraft von Brahman sind Eins."

Geliebte Amma, möge unsere Hingabe an dich so tief werden, dass sie genügt – und nichts anderes mehr nötig ist. Ich verneige mich ewig vor dir und übergebe mein Leben deinen Füßen – im Wissen, dass selbst diese Worte von niemand anderem als dir selbst gesprochen sind.

Mögest du in unseren Herzen wohnen – als Herrlichkeit.

Satsang 25

Ein Instrument werden

Gautam - USA

In letzter Zeit wurde viel über den Ausdruck ‚Nimitta Mātram' – ‚ein Instrument werden' - gesprochen. Ich kann kein Sanskrit, aber ich weiß, dass das Wort „Instrument" auf Deutsch viele Dinge bedeutet. Instrumente können musikalisch sein: Tablas, Gitarre, Flöte usw. Instrumente können stumpfe und rudimentäre Werkzeuge sein: Hammer, Meißel, Schaufel usw. Instrumente können sehr raffinierte, fortschrittliche Werkzeuge sein: Elektronenmikroskop, Energieteilchenbeschleuniger usw.

Als Ammas Kinder haben wir das große Glück, dass wir unabhängig von unserer spirituellen Entwicklungsstufe zu ihren Instrumenten werden können. Dafür gibt es zwei Gründe: Erstens geht es bei der Rolle des Instruments mehr um unsere Einstellung zu dem, was wir tun, und weniger um unsere Fähigkeiten und Talente, etwas zu tun. Zweitens ist Amma eine Expertin darin, das Beste aus jedem Instrument herauszuholen. Sie schöpft nicht nur, das Potenzial jedes Instruments voll aus, sondern erweitert auch ständig seine Fähigkeiten und definiert neue Grenzen.

Unsere Hauptaufgabe ist es, Gottes Kraft durch uns fließen zu lassen, die sich ausdrückt und uns benutzt, um ihre Arbeit zu tun. Das erfordert Hingabe, Vertrauen und die Erinnerung daran, dass unser höchstes Ziel darin besteht, perfekte Instrumente in Ammas Händen zu werden und uns zu erlauben, nichts weiter als Verlängerungen von ihr zu sein.

Manchmal müssen wir gar nichts tun, um ein Instrument in Ammas Händen zu sein. Wir müssen einfach nur wir selbst sein und uns dabei wohlfühlen - und Amma den Rest machen lassen. Wenn du Amma die Zügel in die Hand gibst, kann sie uns am besten als Instrumente einsetzen.

Ich habe eine wunderbare Erfahrung gemacht, wie Amma mich auf diese Art und Weise benutzt hat. Es zeigte sich, indem ich ein Clown oder Narr war, um einfach die Stimmung aufzuhellen, die anderen um sie herum zum Lachen zu bringen und so ihre Probleme für einen Moment zu vergessen.

Amma weiß, dass fast alle, die zu ihren Programmen auf der ganzen Welt kommen, ihre Sorgen loswerden wollen. Auch wenn Amma uns ultimative Wahrheit des Selbst lehren möchte, kommt sie auf unsere Ebene herunter und lehrt uns, die spirituellen Kleinkinder, die wir sind. Dazu gehört auch, dass sie ihre Lehren durch Witze oder lustige Geschichten weitergibt.

So hatte ich die große Ehre, für ein ganzes Jahr die Hauptfigur in einem von Ammas legendären Witzen zu sein: Kurz vor Ammas Sommertour durch die USA war ich in Los Angeles als Grundschullehrer tätig. Normalerweise gehe ich sehr locker mit meinen Schülern um, und nach ein paar Stunden mit mir merkten die Schüler, dass sie ganz offen mit mir reden konnten. In einer Klasse gab es eine Schülerin, die sehr süß, aber auch frech war.

Einmal kam sie an meinen Schreibtisch und wir hatten folgendes Gespräch:

Schülerin: „Mr. Harvey, wir müssen eine Freundin für dich finden."

Ich: „Woher weißt du, dass ich nicht schon eine habe?"

(Sie mustert mich mit gerunzelter Stirn und schüttelt ernst den Kopf)

Schülerin: „Nein. Du hast keine Freundin."

Ich (amüsiert): „Was muss ich denn tun, um eine zu bekommen?"

Schülerin: „Ich sollte es dir nicht sagen. Du willst es nicht hören."

Ich (neugierig): „Warum nicht?"

Schülerin: „Weil du traurig sein wirst."

Ich (noch neugieriger): „Nein, bitte sag es mir. Ich will es wissen."

Schülerin: „Bist du sicher?"

Ich: „Ja."

Plötzlich wird sie sehr lebhaft, nimmt meine Haare in ihre Finger und beginnt:

„Als Erstes musst du deine Haare richtig schneiden... die sind ganz ungleichmäßig. Das musst du sofort in Ordnung bringen."

Dann zeige ich auf meine Augenbrauen – sie zögert keine Sekunde: „Dann diese Augenbrauen. Die musst du zupfen... die sehen aus wie ein Dschungel."

Sie zeigt auf meine Zähne und sagte: „Und deine Zähne! Du musst Backpulver nehmen und sie aufhellen... die sind total gelb!"

Dann zeigt sie auf mein unrasiertes Gesicht: „Du hast dich nicht einmal rasiert! Welches Mädchen will schon jemanden, der zu faul ist, sich morgens zu rasieren?"

Ohne Pause zeigt dann auf mein zerknittertes Hemd: „Und dein Hemd! Ganz zerknittert... das sieht schrecklich aus."

Mit vollausgestrecktem Finger zeigte sie auf meine Arme: „Deine Arme! So viele Haare... kein Mädchen will jemanden, der so behaart ist. Du musst sie rasieren."

Und so weiter... und so weiter... und so weiter...

Während sie sprach, wusste ich nicht, ob ich lachen oder weinen sollte. Es war unglaublich komisch – und gleichzeitig... hatte sie mit allem recht.

Nachdem sie mir all das gesagt hatte, was mit meinem Aussehen nicht stimmt, fragte ich sie: „Okay... wenn ich all das gemacht habe – was soll ich dann tun?"

Noch immer voller Energie sagte sie: „Dann gehst du auf diese eine Website, erstellst ein Profil –da kannst du ein Mädchen finden."

Ich war ziemlich überrascht, dass sie überhaupt so eine Website kannte. Also fragte ich: „Woher kennst du solche Seiten überhaupt?"

Sie sah mich an, als wäre ich der naivste Mensch auf der Welt, und sagte trocken: „Mr. Harvey... komm schon. Ich bin in der zweiten Klasse!!!"

Eines Tages während der Sommertour erzählte ich Amma diese Geschichte. Sie lachte herzlich und sagte, ich solle sie für sie aufschreiben. Also tat ich das – und vergaß sie danach wieder.

Einige Wochen später, eines Abends während des Programms im M.A. Center in San Ramon, saß ich in einem kleinen Nebenraum neben der Halle. Amma hielt gerade ihren Abend-Darśhan und Swāmījī übersetzte. Plötzlich hörte ich ihn sagen: „Diese Geschichte handelt von einem Lehrer... und dieser Lehrer ist heute Abend irgendwo in dieser Halle."

Neugierig, ging ich in die Halle –in dem Moment, in dem ich die Halle betrat, zeigten sowohl Amma als auch Swāmījī gleichzeitig auf mich und sagten lachend:

„Da! Er! Diese Geschichte handelt von ihm!"

Sofort blickten alle Augen in der Halle auf... und in den nächsten Minuten wanderten die Blicke der Menschen zwischen Amma und mir hin und her – begleitet von herzhaftem Gelächter, während Swāmījī die Geschichte als Teil von Ammas Satsang erzählte.

Diese kleine Begebenheit wurde ein ganzes Jahr lang ein wiederkehrender Witz in Ammas Vorträgen – bei jedem Halt der Indien-Tour, im darauffolgenden Sommer während der Nordamerika-Tour und schließlich durch eine ganze Europa-Tour hindurch. Ich hörte von meinen buschigen Augenbrauen, haarigen Armen und schiefen, gelben Zähnen in Tamil, Hindi, Französisch, Spanisch, Deutsch – und in noch einigen anderen Sprachen.

Da ich auf diesen Touren als Teil meines Sēvās fotografierte, stand ich oft gut sichtbar auf der Bühne – genau in dem Moment, wenn Amma meine Geschichte wieder zum Besten gab. Mit einem Lächeln zeigte sie dann auf mich – und das Publikum brach regelmäßig in schallendes Gelächter aus.

Oft kamen nachher Menschen zu mir, betrachteten schweigend meine Arme, meine Augenbrauen oder meine Zähne – und gingen dann mit einem breiten Lächeln weiter.

Das Wunderbare ist: Amma kann ein einziges Instrument für viele Zwecke gleichzeitig nutzen. In diesem Fall hat sie mich nicht nur eingesetzt, um Freude und Lachen in die Herzen der Menschen zu bringen, sondern auch, um mich selbst zu verfeinern – um mich auf liebevolle Weise auf meine inneren Schwächen zu weisen.

Ich bin eigentlich kein schüchterner Mensch und doch – wie viele von uns – habe ich Unsicherheiten in mir, manchmal fehlt es mir an echtem Selbstvertrauen.

Eines Tages, nachdem Amma die Geschichte wieder einmal erzählte, rief sie mich während des Darśhans zu sich und fragte mit ernstem Gesicht, ob mir all das vielleicht peinlich sei – ob ich mich durch die Aufmerksamkeit beschämt fühlte.

Ich sagte ihr, dass es mir sogar Freude bereite.

Amma schaute mich mit strahlenden Augen an und sagte: „Ein spirituell Suchender sollte sich wegen äußerlicher Dinge wie Aussehen nicht schämen. Die wahre Schönheit liegt in deinem Inneren. Darauf sollst du dich konzentrieren."

***

Wenn eine vollkommene Meisterin wie Amma uns als Instrument benutzt, dann zerbricht sie uns nicht – sie stärkt uns. Und mit jeder Benutzung macht sie uns feiner, klarer und kraftvoller.

Warum? Weil sie es mit so viel Liebe, Achtsamkeit, Süße und Spontaneität tut. Weil alles, was sie tut, aus reiner Selbstlosigkeit geschieht. Wir können gar nicht anders, als inspiriert zu sein – bewegt, über uns hinauszuwachsen und eine bessere Version unseres Selbst werden.

Viele von uns spüren beim ersten Treffen mit Amma einen tiefen Wunsch in sich: Wir wollen ihr gefallen, möchten etwas beitragen und möchten würdige Werkzeuge in ihren Händen sein.

Oft ist dieser Enthusiasmus groß – selbst wenn wir innerlich noch nicht ganz bereit oder reif sind. Wir kommen mit ganz unterschiedlichen Hintergründen, Prägungen, Konditionierungen – aber Amma nimmt uns alle an, so wie wir sind.

Amma verlangt nicht, dass wir bereits fein geschliffene Instrumente sind. Im Gegenteil – sie gibt uns Gelegenheiten zu dienen, gerade weil wir noch unfertig sind. Sie erlaubt uns, durch das Dienen zu lernen, zu wachsen – unsere groben Kanten zu erkennen und zu glätten. Denn je mehr wir versuchen, etwas zu tun, desto deutlicher treten unsere Schwächen zutage.

Als ich das erste Mal in den Āśhram kam, brannte in mir das Verlangen, ein Instrument von Amma zu werden. Ich war voller Energie – und Amma ließ mich machen.

Denn sie wusste: Diese Bemühungen würden die Gelegenheiten schaffen, in denen ich mir meiner inneren Baustellen bewusstwerde. Und tatsächlich – damals war ich eher wie ein ungehobelter Höhlenmensch als ein filigranes Instrument.

Wie viele von uns, kam ich mit einer ganzen Reihe von inneren Schwächen: Arroganz, Ungeduld, Gereiztheit... mein Mind war oft wie ein Vulkan.

Amma schenkte mir einen liebevoll-spöttischen Namen – sie nannte mich Durvāsā, Jarāsandha oder Vishvāmitra – alles Charaktere aus den heiligen Schriften, die für ihre Heftigkeit und ihr ungezügeltes Temperament bekannt sind.

Amma erschafft immer wieder Situationen, in denen genau diese Schwächen an die Oberfläche auftauchten – nicht um mich bloßzustellen, sondern um mir bewusst zu machen, wo ich stehe, und um mir sanft aber bestimmt zu helfen, über mich hinauszuwachsen. Das ist nicht nur bei mir so.

Viele Jahre, bevor es im Amritapuri-Āśhram ein offizielles Sicherheitsteam gab, bat man einige westliche Männer, nachts den Bereich unter Ammas Zimmer zu bewachen.

Ich war überglücklich, als ich gebeten wurde, diese Sēvā zu übernehmen. Auch wenn ich keinerlei Qualifikation vorweisen konnte – außer der Tatsache, dass ich viele Actionfilme gesehen hatte. Aber trotzdem war ich voller Stolz und... etwas zu viel Selbstvertrauen.

Einmal, als Amma gerade von einem Programm in ihr Zimmer zurückkam, tauchte plötzlich eine seltsam wirkende Frau auf. Irgendetwas an ihr kam mir verdächtig vor, also behielt ich sie im Auge, während Amma ruhig an ihr vorbeiging und die Treppe zu ihrem Zimmer hinaufstieg.

Plötzlich ging diese Frau Amma hinterher. Mein Herz schlug schneller – ich war fest entschlossen: nicht unter meiner Aufsicht! Ich konnte doch nicht zulassen, dass irgendeine Angreiferin Amma einfach so folgt!

In meinem Inneren jubelte bereits der Held: Jetzt ist der Moment gekommen! Ich kann Amma beschützen! Ich kann ihr Retter sein! Ohne zu zögern, rief ich ihr streng zu, sie solle stehen bleiben. Ohne auf eine Antwort zu warten packte ich sie an der Schulter und wirbelte sie herum – weg von Amma, ganz entschlossen.

In Zeitlupe sah ich dann, wie sich die Gesichtsausdrücke der Umstehenden veränderten – nicht in Zustimmung, sondern sie waren schockiert. In diesem Moment wurde mir klar: Vielleicht war diese Frau gar keine Bedrohung. Vielleicht war sie jemand ganz anderes.

Und tatsächlich – niemand kam mir zur Hilfe, um diesen vermeintlichen „Schurken" zu stellen. Warum? Weil alle anderen wussten, dass ich gerade Dr. Manisha aufgehalten hatte – die UNESCO-Lehrstuhlinhaberin für Erfahrungslernen, Direktorin und Professorin am Amrita Center for Wireless Networks and Applications, Dekanin für internationale Programme – und, ja, eine enge Vertraute von Amma.

Bis heute erinnern sich Amma und Manisha gern und laut lachend an diesen Vorfall – wie ich damals wie ein Höhlenmensch aus einem Actionfilm sie heldenhaft „gerettet" habe... vor einer der wichtigsten Persönlichkeiten im Raum.

Zum Glück hat sich alles in Lachen aufgelöst und Manisha ist heute eine gute Freundin. Vielleicht habe ich einen Teil dieses karmischen Missgeschicks wieder gutgemacht – denn seit über fünfzehn Jahren ist es eine meiner Sēvās, Ammas Wohnmobil auf der USA-Tour zu beladen, bevor es zur nächsten Stadt fährt. Da Manisha oft mit Amma reist, darf ich nun auch regelmäßig ihre Taschen tragen.

***

Die vielleicht größte Gelegenheit, die Amma mir je gegeben hat, um ein besseres Instrument zu werden, ist mein Sēvā der Token-Ausgabe – den Menschen die kleinen Karten zu geben, mit denen sie ihren Darśhan empfangen dürfen.

Auf den ersten Blick scheint das eine einfache Aufgabe zu sein – ein Dienst, den man ohne großen Aufwand verrichten kann. Aber in Wirklichkeit ist es eine der herausforderndsten und lehrreichsten Rollen, die ich je hatte.

Denn es ist eine direkte Begegnung zwischen Ammas Willen – und meinem Ego.

Manche Tage sind sanft, andere wie Prüfungen in Echtzeit. An manchen Abenden könnte ich mich am liebsten in meinem Zimmer verstecken – aus Angst vor der aufgebrachten Menge, wenn der Token-Tisch schließen muss. Oder ich würde mich am liebsten vor Amma verstecken, wenn ich das Gefühl habe, nicht genug Token verteilt zu haben.

Gerade in der Touristensaison, wenn die Menschenmengen riesig sind, beginnt in mir ein innerer Kampf. Ich weiß, dass Amma bis tief in die Nacht Darśhan gibt – oft bis zwei oder drei Uhr morgens – und ich sehe, wie sie körperlich über ihre Grenzen geht.

Dann denkt mein Mind: Je weniger Token ich ausgebe, desto früher kann Amma sich ausruhen. Gleichzeitig sehe ich dieselben Gesichter – Nacht für Nacht – und frage mich innerlich: Ist das nicht genug? Brauchen sie wirklich heute noch eine Umarmung?

Doch tief im Herzen weiß ich, dass diese Gedanken nicht aus Mitgefühl entspringen, es sind Urteile. Oberflächliche Schlussfolgerungen über Menschen, deren Geschichte ich nicht kenne. Ich weiß nicht, welche Lasten sie tragen, welchen Kummer sie in Ammas Schoß ablegen wollen. So versuche ich, großzügig zu sein – Amma zuliebe. Ich will sie beschützen, aber ihr auch dienen. Dabei ziehe ich oft den Zorn jener auf mich, die ich bitten muss, am nächsten Tag wiederzukommen. Manchmal – werde ich dafür auch von Amma selbst zurechtgewiesen.

Die Wahrheit ist: Dieses Sēvā sollte das einfachste sein. Alles, was ich tun muss, ist, den Menschen das zu geben, was Amma mir aufgetragen hat.

Aber das Ego ist so subtil. Es will mitreden und meint, es wüsste es besser. Es flüstert: Du musst Amma schützen. Du musst entscheiden, wer es wirklich verdient hat. Genau da liegt die Herausforderung – und die Chance.

Das Schöne an diesem Sēvā ist, dass Amma mich direkt führt. Manchmal sofort – manchmal mit sanftem Spott oder einem Blick – aber immer eindeutig. Wenn ich versuche, Dinge auf meine Weise zu tun, zeigt sie mir, dass ihre Weise der einzig wahre Weg ist.

Ich erinnere mich an ein Paar aus Europa. Sie kamen während einer sehr geschäftigen Zeit in den Āśhram. Ich war in meiner Rolle streng und sie waren frustriert, weil sie nicht so oft zum Darśhan durften, wie sie es sich erhofft hatten. Wir hatten mehrere Diskussionen und sie reisten enttäuscht ab – unzufrieden mit mir.

Wenig später rief Amma mich eines Abends zu sich. Sie sagte, ich solle allen ein Token geben, die traurig sind. Ich wies darauf hin, dass es schon sehr spät sei – und viele dieser Menschen, bereits mehrfach Darśhan erhalten hatten. Da erklärte sie mir – ruhig und voller Mitgefühl –, dass manche Menschen große Opfer aufbringen, um überhaupt einmal im Jahr in den Āśhram zu kommen: Sie nehmen unbezahlten Urlaub, sparen monatelang Geld, reisen um die halbe Welt. Für sie ist diese Begegnung mit Amma ein Höhepunkt des Lebens.

Dann sah sie mich liebevoll an, lächelte und gab mir eine letzte Anweisung: Von jetzt an, sagte sie, solle ich Token vergeben – während ich eine Maske trage.

Das war lange vor der Pandemie. Eine besondere Maske – mit einem aufgemalten, Dauerlächeln. Sie wusste, dass ich noch nicht in der Lage war, wirklich jedem, der zu mir kam, ein echtes Lächeln zu schenken. Aber sie erkannte diese Fähigkeit tief in mir. Und bis ich ein reiferes Instrument war, wollte Amma, dass jeder beim Abholen seines Tokens ein lächelndes Gesicht sah.

Ich versuchte mein Bestes, mich an Ammas süßen Rat zu erinnern und ein Lächeln auf meinem Gesicht zu behalten, während ich Token verteilte. Manchmal gelingt es mir, manchmal nicht. Einige Monate vergingen, als ich bemerkte, dass das europäische Paar, das den Āśhram zuvor verlassen hatte und mich für den Teufel hielt, für einen kurzen Besuch zurückgekehrt war. Ich dachte, das wäre die perfekte Gelegenheit, meine spezielle Lächelmaske aufzusetzen.

Als sie das nächste Mal zu meinem Tisch kamen, um nach Token zu fragen, spürte ich, dass sie zum Kampf bereit waren ... aber ich trug ein strahlendes Lächeln im Gesicht – und sie waren völlig entwaffnet.

Ich sprach freundlich mit ihnen und gab ihnen ein paar Token. Sie gingen fast schockiert davon.

Glücklicherweise war der Āśhram diesmal viel ruhiger als bei ihrem letzten Besuch. Oft lief ich bis spät in die Nacht umher, auf der Suche nach Menschen, denen ich noch Token geben konnte – und versuchte, immer auch sie zu finden. Als sie abreisten, waren wir gute Freunde und unsere Begegnungen waren nur noch von Lächeln und Wärme erfüllt.

***

Ammas Liebe ist wie ein Magnet, der unsere innere Schönheit anzieht. Diese innere Schönheit war schon immer da, doch von innerem Schmutz überlagert und verborgen. Wenn Ammas Magnet beginnt, diese Schönheit hervorzuholen, zeigt sich vielleicht zuerst der Schmutz, der sie verdeckt hat. Doch sobald er entfernt ist, können wir durch unsere Handlungen zu echten Instrumenten werden – zu Inspiration für andere.

Mehrere Jahre lang hatte ich das Glück, am Amṛita Kuṭīram-Hausbauprojekt und an Ammas Tsunami-Hilfswerk mitwirken zu dürfen. Jedes Jahr kommen japanische Studenten als Freiwillige zu uns. Im Jahr 2006 begleiteten uns über achtzig von ihnen nach Nagapattinam in Tamil Nadu, um bei den laufenden Wiederaufbauarbeiten mitzuhelfen.

In dieser Gruppe gab es viele bekannte Gesichter – viele waren schon zum zweiten oder dritten Mal dabei. Doch ein neues Gesicht war darunter, das man nicht vergessen konnte.

Ich erinnere mich gut an den Moment, als die Gruppe ankam und ich ihn sah: Takaki hatte eine zerebrale Lähmung. Intellektuell war er ein ganz normaler Student, doch er saß im Rollstuhl. Aufgrund seiner eingeschränkten Muskelkontrolle waren selbst die einfachsten Bewegungen, sogar das Sprechen, eine Herausforderung für ihn.

Takaki begegnete Amma 2003 zum ersten Mal in Tokio, er beobachtete sie stundenlang beim Darśhan. Als er sah, mit wie viel Hingabe sie unermüdlich diente, erwachte in ihm der Wunsch, ebenfalls etwas für andere zu tun. Er wollte auch ein Werkzeug sein.

Er wusste, dass seine Kommilitonen in den letzten Jahren nach Indien gereist waren, um bei Ammas Projekten zu helfen – aber wegen seiner körperlichen Einschränkungen schien ihm die Reise zu gewagt. Er hatte ein schlechtes Gewissen, weil er befürchtete, den anderen Freiwilligen zur Last zu fallen oder ihnen Zeit wegzunehmen. Wie sehr er sich doch täuschte!

Als wir in Nagapattinam ankamen, war der erste Tag wie auf jeder indischen Baustelle: sehr heiß, mit schwerer körperlicher Arbeit – nichts, was Takaki tun konnte. Den ganzen Tag über saß er im Rollstuhl, beobachtete alles und wartete geduldig auf eine Gelegenheit, mithelfen zu können.

Am nächsten Tag war es so weit: Einige der Häuser waren bereit für den Anstrich. Ich schlug vor, Takaki könnte vielleicht beim Streichen helfen. Er war begeistert und willigte sofort ein.

Ein paar seiner Mitschüler trugen ihn auf dem Rücken auf ein Gerüst. Wir klebten ihm einen Pinsel an die Hand – denn greifen konnte er nicht – und los ging's.

Man führte seine Hand in den Farbeimer, und dann bewegte er seinen Arm mit großer Anstrengung über die Wand. Die Farbe spritzte überall hin und bespritze jeden, der in der Nähe war – aber niemand störte sich daran. Keiner wich zurück.

Bald versammelte sich eine kleine Menschenmenge, viele mit Tränen in den Augen. Einer der örtlichen Bauleiter war tief bewegt und legte die Hände aufs Herz: „Das ist echter Dienst."

Stundenlang strich Takaki weiter. Alle, die vorbeikamen, riefen ihm Ermutigungen zu. Der Witz war, dass er selbst genauso viel Farbe auf seinem Körper hatte wie die Wand! Seine Freunde stützten ihn abwechselnd auf dem Gerüst und halfen ihm, den Pinsel erneut einzutauchen.

Bis zum Sonnenuntergang hatte sich das Haus von grauem Zement in ein warmes Rosa verwandelt – wie der Himmel selbst. Viele hatten geholfen, das Haus zu streichen – aber Takakis Beitrag war einzigartig.

Mit diesem einfachen Akt berührte er die Herzen aller, die es miterlebten. Er bewies: Jeder kann etwas bewirken, jeder kann dienen – ganz gleich, welche äußeren Begrenzungen er mitbringt.

Takaki ist ein großartiges Beispiel für jemanden, der von Amma inspiriert – über seine körperlichen Grenzen hinausgewachsen ist und durch seine Haltung und seinen Dienst wiederum andere inspiriert hat.

Amma zeigt uns jeden Tag, wie schön es ist, anderen zu dienen und ihre Bedürfnisse über unsere eigenen zu stellen. Wenn wir etwas mit einer selbstlosen Haltung tun, werden wir auf natürliche Weise zu Gottes Werkzeug.

Amma sorgt für die idealen Bedingungen, in denen wir wachsen können – und die uns schließlich zur Erkenntnis führen: Alles, was wir sehen, ist Licht. Jeder ist Teil unseres eigenen Selbst.

Wenn diese Erkenntnis einmal aufblüht, werden wir automatisch Mitgefühl für die gesamte Schöpfung empfinden – und entsprechend handeln.

Ich bete, dass wir alle die Gnade erhalten, solche Gelegenheiten voll auszuschöpfen – und dass wir zu vollkommenen Instrumenten in Ammas Händen werden.

Glossar

Abhyāsa: Unablässige spirituelle Praxis, ständige Bemühung.

Adharma: Ungerechtigkeit; Abweichung von der natürlichen Harmonie.

Adhyāsa: Überlagerung; der Fehler, aufgrund von Unwissenheit Eigenschaften einer Sache einer anderen zuzuschreiben. Z.B. wenn man ein Stück Seil bei schwachem Licht sieht und denkt, es sei eine Schlange.

Ādi Śhaṅkarāchārya: Heiliger, der als Guru und Hauptvertreter der Advaita Philosophie (Nicht-Dualität) verehrt wird.

Advaita: Nicht zwei; nicht-dual; Philosophie, die davon ausgeht, dass die Jīva (individuelle Seele) und das Jagat (Universum) im Wesentlichen eins sind mit Brahman, der höchsten Realität.

advaitic: In Bezug auf Advaita.

Ahaṅkāra: Von „aham" - „ich" und „kara" - „Schöpfer". Ego oder das Gefühl eines Selbst, das vom Rest des Universums getrennt ist.

AIMS Hospital: Amrita Institute of Medical Sciences, ein hochspezialisiertes Krankenhaus in Kochi, Kerala.

Ammamār: Malayalam-Wort für „ältere Mütter".

Amṛit: Nektar der Unsterblichkeit, eine göttliche Substanz, die ewiges Leben und spirituelle Befreiung symbolisiert.

Amṛita Kuṭīram: Das Wohnprojekt von Mata Amritanandamayi Math, das sehr armen Familien in ganz Indien kostenlose Wohnungen zur Verfügung stellt.

Amrita Vidyalayam: Ein landesweites Netz von Schulen, die vom Mata Amritanandamayi Math verwaltet werden und eine werteorientierte Ausbildung auf der Primar- und Sekundarstufe anbieten.

Amrita Vishwa Vidyapeetham: Eine private, anerkannte, multidisziplinäre Universität mit mehreren Campussen, die derzeit zu den besten in Indien zählt.

Amrita Yoga: Ganzheitlicher Yoga-Ansatz, der unter der Leitung von Amma entwickelt wurde und die Integration von körperlichen, geistigen und spirituellen Aspekten des Wohlbefindens betont.

Amṛitānandamayī: „Voll unsterblicher Glückseligkeit", der Name, unter dem Amma allgemein bekannt ist.

Amritapuri: Der internationale Hauptsitz von Mata Amritanandamayi Math, der sich an Ammas Geburtsort in Kerala in Indien befindet.

Amṛitavarṣham50: Ammas 50. Geburtstag, der im September 2003 in Kochi, Kerala, als internationale Dialog- und Gebetsveranstaltung unter dem Motto „Umarmung der Welt für Frieden und Harmonie" stattfand. An den viertägigen Feierlichkeiten nahmen internationale Unternehmer, Friedensstifter, Pädagogen, spirituelle Führungspersönlichkeiten, Umweltschützer, Indiens führende Politiker und Kulturschaffende sowie pro Tag mehr als 200.000 Menschen teil. Darunter waren Vertreter aller 191 Mitgliedsländer der Vereinten Nationen.

Ārati: Bewegung einer mit brennendem Kampfer entzündeten Lampe im Uhrzeigersinn, um eine Gottheit zu verehren, was gewöhnlich den Abschluss einer zeremoniellen Verehrung bedeutet.

Archana: Das Singen der 108 oder 1.000 Namen einer bestimmten Gottheit (z.B. „Lalitā Sahasranāma").

Arjuna: Großer Bogenschütze und einer der Helden des Mahābhārata. Es ist Arjuna, den Kṛiṣhṇa in der Bhagavad Gītā belehrt.

Artha: Ziel, Reichtum, Substanz; eines der vier Puruṣhārthas (Ziele des menschlichen Strebens).

Arthārthī: Eine der vier Arten von Devotees, die in der Bhagavad Gītā erwähnt werden; ein Arthārthī ist jemand, der für Reichtum betet.

Āsana: Körperhaltung, bezieht sich gewöhnlich auf Yoga-Haltungen oder Sitzhaltungen während der Meditation. Auch der Sitz, auf dem man während der spirituellen Praxis sitzt.

Āśhram: „Ort des Strebens". Ein Ort, an dem spirituelle Sucher und Aspiranten leben oder sich aufhalten, um ein spirituelles Leben zu führen. In der Regel ist das die Wohnstätte eines spirituellen Meisters, Heiligen oder Asketen, der die Aspiranten anleitet.

Āśhrama: Eine der vier Lebensstufen im traditionellen Indien; dazu gehören Brahmacharya (zölibatäres Studentenleben), Gārhasthya (Berufs- und Familienleben), Vānaprastha (Leben im Ruhestand, das spirituellen Praktiken gewidmet ist) und Sannyāsa (Leben der völligen Entsagung); auch ein Rastplatz oder eine Einsiedelei (siehe Āśhram).

Ātmā (ātman): Selbst oder Seele.

Avyakta: Unmanifestiert.

AYUDH: „Amrita Yuva Dharmadhara", die Jugendorganisation des Mata Amritanandamayi Math.

Āyurvēda: Traditionelles indisches System der Medizin.

Āyurvēdic: Bezogen auf Āyurvēda.

Bhagavad Gītā: Das „Lied des Herrn" besteht aus 18 Kapiteln mit Versen, in denen Herr Kṛiṣhṇa Arjuna berät. Der Ratschlag wird auf dem Schlachtfeld von Kurukṣhētra gegeben, kurz bevor die rechtschaffenen Pāṇḍavas gegen die ungerechten Kauravas kämpfen. Es ist ein praktischer Leitfaden zur Überwindung von Krisen im persönlichen oder gesellschaftlichen Leben und stellt die Essenz der vēdischen Weisheit dar.

Bhagavān: Gott, derjenige, der alle sechs göttlichen Eigenschaften besitzt, die zu Bhaga gehören (siehe Bhaga).

Bhāgavata Purāṇa: Auch bekannt als Bhāgavatam, eines der 18 Purāṇas, eine hingebungsvolle Sanskrit-Komposition, die das Leben, die Taten und die Lehren verschiedener Inkarnationen von Viṣhṇu erzählt, hauptsächlich die von Lord Kṛiṣhṇa.

Bhajan: Hingebungsvolles Lied oder Hymne zum Lob Gottes.

Bhakta: Devotee.

Bhakti: Hingabe für Gott.

Bhakti Sūtras: Aphorismen über Hingabe, die dem Weisen Nārada zugeschrieben werden.

Bhakti-Yōga: Der Weg der Hingabe.

Bhārat: Indien.

Bhāṣhya: Kommentar oder Erläuterung eines Textes.

Bhāva: Göttliche Stimmung oder Haltung.

Bhāva Darśhan: Siehe Darshan.

Bhāva Samādhi: Zustand der hingebungsvollen Ekstase.

Bhīṣhma: Patriarch des Pāṇḍava- und Kaurava-Klans. Obwohl er während des Mahābhārata-Krieges auf der Seite der Kauravas kämpfte, setzte er sich für das Dharma ein und sympathisierte mit den rechtschaffenen Pāṇḍavas.

Brahmachārī: Zölibatärer männlicher Schüler, der unter der Anleitung eines Gurus spirituelle Disziplinen praktiziert; „Brahmachāriṇī“ ist das weibliche Äquivalent.

Brahmachāriṇī: Die weibliche Entsprechung von Brahmachārī.

Brahmacharya: Zölibat; siehe Āśhrama. Brahma bedeutet auch Vēda. Brahmacharya ist also der Lebensabschnitt, in dem man das Studium der Vēdas mit Selbstdisziplin unter der Anleitung eines Āchārya (Lehrers) betreibt.

Brahman: Die letzte Wahrheit jenseits aller Eigenschaften; die höchste Wirklichkeit, die allem Leben zugrunde liegt; der göttliche Grund der Existenz.

Brahmasthānam: „Wohnsitz von Brahman". Der Name der Tempel, die Amma in verschiedenen Teilen Indiens und auf Mauritius geweiht hat. Der Tempelschrein besitzt ein einzigartiges viergesichtiges Idol, das die Einheit hinter der Vielfalt der göttlichen Formen symbolisiert.

Bṛihadāraṇyaka: Eine der wichtigsten und ältesten Upaniṣhaden.

Buddha: Von „Budh", was „aufwecken" bedeutet; auch ein Hinweis auf den Weisen Gautama Buddha, einen spirituellen Meister, dessen Lehren die Grundlage des Buddhismus bilden.

Buddhi: Intellekt; Fähigkeit des Unterscheidens.

Darśhan: Audienz mit einer heiligen Person oder eine Vision des Göttlichen. Ammas charakteristischer Darśhan ist die Umarmung.

Darśhan Token: „Token" = eine nummerierte Eintrittskarte, die an Devotees ausgegeben wird, die Ammas Darshan erhalten möchten.

Dēva: Gottheit oder Gott; göttliches Wesen; himmlisches Wesen. Dēva ist die maskuline Form. Die weibliche Entsprechung ist Dēvī.

Dēvī: Göttin; göttliche Mutter.

Dēvī Bhāva: Die „göttliche Stimmung von Dēvī"; Gelegenheit, bei der Amma ihr Eins-sein mit der göttlichen Mutter offenbart.

Dēvī Mahatmyam: Auch Durga Saptaṣhaṭi oder „700 Verse an Durga“ genannt, die die Geschichte der göttlichen Mutter erzählen, die das Böse in Form des Dämons Mahiṣhāsura besiegt.

Dhanvantari: Urheber von Ayurvēda, Teilinkarnation von Viṣhṇu und Arzt der Dēvas.

Dhāraṇā: „Konzentration“. Sechstes der „acht Glieder“ („Aṣhtāṇga“) des Yoga, beschrieben vom Weisen Patañjalī in seinen Yōga Sūtras.

Dharma: „Das, was (die Schöpfung) aufrechterhält“. Bezieht sich im Allgemeinen auf die Harmonie des Universums, einen rechtschaffenen Verhaltenskodex, eine heilige Pflicht oder ein ewiges Gesetz.

Dhyāna: Meditation.

Draupadī: Frau der Pandavas, auch bekannt als Pāñchālī.

Duḥkha: Kummer.

Durgā: Eine Manifestation der göttlichen Mutter, die oft als Trägerin mehrerer Waffen und Reiterin eines Löwen oder Tigers dargestellt wird.

Dvaita: Dualität; die Philosophie, die besagt, dass Gott und die individuelle Seele zwei getrennte Wesenheiten sind.

Ēkāgrata: Die Sammlung des Mindes auf einen Punkt.

Gaṇēśha: Gottheit mit einem Elefantenkopf, Sohn von Lord Śhiva und der Göttin Pārvatī.

Gaṅgā: Der heiligste Fluss Indiens. Im Westen als Ganges bekannt.

Gōpa: Kuhhirtenjunge aus Vṛindāvan.

Gōpī: Milchmädchen aus Vṛindāvan. Die Gōpīs waren für ihre glühende Hingabe an Lord Kṛiṣhṇa bekannt. Ihre Hingabe ist ein Beispiel für die intensivste Liebe zu Gott.

Gōvardhan: Hügel, auf den im Bhāgavata Purāṇa Bezug genommen wird und der von Kṛiṣhṇa wie ein Regenschirm hochgehalten wird, um das Volk von Vriṇdāvan vor den von Indra gesandten sintflutartigen Regenfällen zu schützen.

Gṛihastha: Hausherr; Mitglied der zweiten von vier Āśhramas (Lebensstufen), zu denen Brahmacharya (zölibatäres Studentenleben), Gārhasthya (Berufs- und Familienleben), Vānaprastha (Leben im Ruhestand und in Kontemplation) und Sannyāsa gehören.

Guṇa: Eine von drei Arten von Eigenschaften, nämlich Sattva, Rajas und Tamas. Der Mensch drückt eine Kombination dieser Qualitäten aus. Sattvische Qualitäten werden mit Ruhe und Weisheit assoziiert, rajasische mit Aktivität und Unruhe und tamasische mit Dumpfheit oder Apathie.

Guru: Spiritueller Lehrer.

Guru Bhāva: Haltung des Gurus gegenüber jemandem, der Aufrichtigkeit und Sehnsucht nach spiritueller Unterweisung zum Ausdruck bringt.

Guru Granth Sāhib: Die zentrale Schrift des Sikhismus.

Guru Kṛipā: Die Gnade des Gurus.

Guru Pūrṇimā: Der Vollmondtag („Pūrṇimā") im hinduistischen Monat Āṣhāḍha (Juni - Juli), an dem die Schüler den Guru ehren; auch der Geburtstag des Weisen Vyāsa, des Verfassers der Vēdas und der Purāṇas, Brahmasūtras, Mahābhārata und des Śhrimad Bhāgavatam.

Gurukula: Traditionelle Schule, in der Kinder bei einem Guru leben, der sie in den heiligen Schriften und in akademischem Wissen unterrichtet und ihnen gleichzeitig spirituelle Werte vermittelt.

Hanumān: Der Vānara (Affe), Schüler und Gefährte von Rāma und eine der Hauptfiguren im Rāmāyaṇa.

Hanumān Chālīsā: Devotionale Hymne auf Lord Hanumān von Gōswāmī Tulsīdās, die 40 Verse umfasst. „Gebet der 40 Strophen" = Chālīsā.

Haṭha-Yōga: Körperliche Übungen oder Āsanas, die das allgemeine Wohlbefinden steigern sollen, indem sie den Körper kräftigen und die verschiedenen Kanäle des Körpers öffnen, um den freien Fluss der Energie zu fördern; die Wissenschaft des Prāṇāyama (Atemkontrolle), die auch andere Aspekte des Yōga umfasst, einschließlich Āsanas und Mudras (esoterische Handgesten, die bestimmte Energien oder Kräfte ausdrücken).

IAM™: Integrierte Amrita-Meditation™, eine von Amma formulierte Meditationspraxis, die einfache Yōga Āsanas, Prāṇāyama (Atmung) und Konzentrationstechniken miteinander verbindet.

Iṣhṭa Dēvatā: Bevorzugte Form der Gottheit.

Jagadambā: „Mutter des Universums", ein Name der göttlichen Mutter.

Jagadguru: „Universeller Guru".

Jagadjananī: siehe Jagadambā.

-jī: Ein Ehrentitel, der an Namen oder Titel angehängt wird, um Respekt zu zeigen.

Jijñāsu: Eine der vier Arten von Devotees, die in der Bhagavad Gītā erwähnt werden: jemand, der sich danach sehnt, Gott zu kennen; jemand, der danach strebt, etwas zu wissen.

Jñāna: Wissen um die Wahrheit. Ein Jñānī ist jemand, der die Wahrheit kennt.

Jñāna-Yōga: Der Pfad des Wissens. Einer der vier Haupt-Yōgas, die anderen sind Bhakti, Karma und Rāja Yōga.

Jñānī: Eine der vier Arten von Devotees, die in der Bhagavad Gītā erwähnt werden. Einer, der Gott kennt oder Selbsterkenntnis hat.

Kabīr: Mystischer Dichter und Heiliger des 15. Jahrhunderts. Auch Sant (Heiliger) Kabīr genannt.

Kaḷari: Tempel, in dem Amma Kṛiṣhṇa Bhāva und Dēvī Bhāva Darśhans zu halten pflegte.

Kāḷī: Göttin von furchterregendem Aussehen; dargestellt als dunkel, eine Girlande aus Schädeln tragend, und einen Gürtel aus menschlichen Händen; weiblich von Kāla (Zeit).

Kāḷī Temple: Haupttempel in Amritapuri, der Kāḷī geweiht ist.

Kali Yuga: Das gegenwärtige dunkle Zeitalter des Materialismus und der Unwissenheit (siehe Yuga).

Kāma: Die Lust oder das Verlangen im Allgemeinen.

Kāmadhēnu: Die mythische, wunscherfüllende Kuh.

Kāñchipūram: Heilige Stadt, bekannt als „Stadt der tausend Tempel" in Tamil Nadu.

Karma: Handlung; geistige, verbale und körperliche Aktivität; Kette von Wirkungen, die durch unsere Handlungen hervorgerufen werden.

Karma Kāṇda: Ritueller Teil der Vēdas.

Karma-Yōga: Der Weg des Handelns, der Pfad des selbstlosen Dienens.

Kārtika: Der Name der dritten Sternenkonstellation, bekannt als Plejaden (Krittikā in Sanskrit); Ammas Geburtsstern.

Kāruṇya: Mitgefühl; Freundlichkeit.

Kathōpaṇiṣhad: Haupt-Upaṇiṣhad in Form eines Dialogs zwischen dem jugendlichen Nachikētas und Yama, dem Herrscher des Todes.

Kīrtana: Gemeinschaftliches andächtiges Singen oder Rezitieren göttlicher Hymnen und Namen, oft begleitet von Musik und Tanz.

Kṛipā: Göttliche Gnade.

Kṛiṣhṇa: Von „Kṛiṣh", was „zu sich ziehen" oder „Sünde entfernen" bedeutet; Hauptinkarnation von Lord Viṣhṇu. Er wurde in eine königliche Familie hineingeboren, aber von Pflegeeltern aufgezogen und lebte als Kuhhirtenjunge in Vṛindāvan, wo er von seinen ergebenen Gefährten, den Gōpīs (Milchmädchen) und Gōpas (Kuhhirtenjungen), geliebt und verehrt wurde. Kṛiṣhṇa gründete später die Stadt Dvāraka. Er war ein Freund und Berater seiner Vettern, der Pāṇḍavas, insbesondere von Arjuna, dem er während des Mahābhārata-Krieges als Wagenlenker diente und dem er seine Lehren als Bhagavad Gītā offenbarte.

Kṛiṣhṇa Jayantī: Festival zur Feier der Geburt von Lord Kṛiṣhṇa, auch bekannt als Janmaṣhṭamī.

Krōdha: Zorn.

Kuntī: Mutter von Karṇa und den Pāṇḍavas, bekannt für ihre Schönheit, Intelligenz und Scharfsinnigkeit.

Lalitā Sahasranāma: 1.000 Namen von Śhrī Lalitā Dēvī, eine Form der Göttin.

Līlā: Göttliches Spiel.

Lōka: Welt.

Lōkāḥ Samastāḥ Sukhinō Bhavantu: „Mögen alle Wesen in allen Welten glücklich sein". Ein Gebet für universellen Frieden und Wohlergehen.

Mahābhārata: Altindisches Epos, das der Weise Vyāsa verfasste und in dem der Krieg zwischen den rechtschaffenen Pāṇḍavas und den ungerechten Kauravas geschildert wird.

Mahātmā: „Große Seele"; Bezeichnung für jemanden, der spirituelle Verwirklichung erlangt hat.

Mālā: Girlande; Rosenkranz, üblicherweise aus Rudrākṣha-Samen, Tulsī-Holz oder Sandelholzperlen gefertigt.

Manana: Reflektieren über spirituelle Angelegenheiten.

Mānasa Pūjā: In der Mānasa Pūjā wird Gott mit Hilfe der Vorstellungskraft verehrt.

Mantra: Ein Klang, eine Silbe, ein Wort oder Worte mit spirituellem Inhalt. Den vēdischen Kommentatoren zufolge sind Mantras Offenbarungen Ṛiṣhis, die aus tiefer Kontemplation hervorgehen.

Matruvani: „Stimme der Mutter". Die Vorzeigepublikation des Āśhrams, die sich der Verbreitung von Ammas Lehren und der Chronik ihrer göttlichen Mission widmet. Sie wird derzeit in 17 Sprachen veröffentlicht (darunter neun indische Sprachen).

Māyā: Kosmische Täuschung, personifiziert als Verführerin; Illusion; Schein, im Gegensatz zur Wirklichkeit; die schöpferische Kraft des Herrn.

Mīrābaī: Bedeutende Anhängerin von Kṛiṣhṇa, die im 16. Jahrhundert lebte.

Mōkṣha: Spirituelle Befreiung, d.h. Befreiung vom Kreislauf der Geburten und Tode.

Mumukṣhutva: Intensiver Wunsch nach Befreiung.

(Ōm) Namaḥ Śhivāya: „Gruß an Śhiva, den Verheißungsvollen, das innere Selbst", ein berühmtes Mantra; Gruß, der in Ammas Āśhrams verwendet wird.

Nānak: Guru Nānak, Gründer des Sikhismus.

Nārada: Ein wandernder Weiser, der stets das Lob von Viṣhṇu besang. Er verfasste die Nārada Bhakti Sūtras, Aphorismen über Hingabe.

Narmadā: Einer der heiligen Flüsse Indiens.

nēti nēti: Eine advaitische Methodik der Unterscheidung zwischen dem Wirklichen und dem Unwirklichen durch Negation. Wörtlich: „nicht dies, nicht das".

Nididhyāsana: Tiefe und wiederholte Meditation über die Aussagen der Schriften.

Nimittamātram: Wörtlich: Instrument, wird gewöhnlich mit Bezug auf Bhagavad Gīta Vers 11.33 verwendet, um anzuzeigen, dass man „ein bloßes Instrument in den Händen des Göttlichen" ist.

Nirguṇa: Ohne Eigenschaften (im Gegensatz zu Saguṇa).

Nirōdha: Zurückhaltung oder Unterdrückung.

Nisargadatta: Nisargadatta Maharaj, Advaita-Guru, der die meiste Zeit seines Lebens in Mumbai lebte. Autor von „Ich bin das".

Pāda Pūjā: Zeremonielles Waschen der Füße als Form der Verehrung.

Pādukā: Traditionelles indisches Schuhwerk wie Sandalen, die bei der Verehrung verwendet werden können und symbolisch die verheißungsvollen Füße des Gurus darstellen.

Parābhakti: Höchste Stufe der selbstlosen Hingabe.

Paradharma: Pflicht der anderen, im Gegensatz zu Svadharma, eigene Dharma.

Paramparā: Weitergabe von Wissen und Praktiken innerhalb einer Überlieferungslinie oder Tradition.

Pārtha: „Sohn von Pṛithā", ein Name für Arjuṇa, der oft von Lord Kṛiṣhṇa in der Bhagavad Gītā verwendet wird.

Pāyasam: Süßer Pudding.

Pīṭham: Kleine Plattform; Sitz für den Guru; auch: ein Zentrum des Lernens und der Macht.

Pradakṣhiṇa: Umschreiten eines heiligen Objekts oder einer Person, gewöhnlich im Uhrzeigersinn, als Zeichen der Verehrung und spirituellen Verbindung.

Prārabdha: Auch bekannt als Prārabdha Karma; bezieht sich auf den Teil unseres vergangenen Karmas, der die Ursache für unser gegenwärtiges Leben ist.

Prasād: Gesegnete Gabe oder Geschenk einer heiligen Person oder eines Tempels, oft in Form von Nahrung.

Prasāda-Buddhi: Die Haltung, alles, was man erhält, als Geschenk Gottes zu betrachten.

Prēma: Tiefe Liebe zu Gott.

Pūjā: Rituelle oder zeremonielle Verehrung.

Pūjā Manō Bhāva: Haltung der Verehrung.

Pūjāri: Jemand, der rituelle oder zeremonielle Verehrung vollzieht

Pūrṇimā: Vollmond.

Rādhā: Ewiger Begleiter des Herrn Kṛiṣhṇa, Gōpī, der die höchste Form der Hingabe vorlebt.

Rāmakṛiṣhṇa Paramahaṁsa: Spiritueller Meister (1836 - 1886) aus Westbengalen, der als Apostel der religiösen Harmonie verehrt wird. Er löste eine spirituelle Renaissance aus, die bis heute das Leben von Millionen Menschen berührt.

Rāmāyaṇa: 24.000 Verse umfassendes episches Gedicht über das Leben und die Zeiten von Rāma.

Ṛiṣhi: Seher, dem Mantras in tiefer Meditation offenbart werden.

Ṛiṣhikēśh: Heilige Stadt am Gaṅgā-Fluss in Nordindien.

Rukmini: Hauptgemahlin von Lord Kṛiṣhṇa.

Sādhak (sādhaka): Spiritueller Aspirant oder Suchender. Jemand, der sich dem Erreichen des spirituellen Ziels widmet, jemand, der Sādhanā praktiziert.

Sādhanā: Ein Programm disziplinierter und hingebungsvoller spiritueller Praxis, das zum höchsten Ziel der Selbstverwirklichung führt.

Sādhu: Ein religiöser Asket, Bettelmönch oder eine heilige Person im Hinduismus und Jainismus, die dem weltlichen Leben entsagt hat.

Saguṇa: Mit Eigenschaften (im Gegensatz zu Nirguṇa).

Samādhi: Wörtlich: „Aufhören aller geistigen Bewegungen"; Einssein mit Gott; ein transzendentaler Zustand, in dem man jeden Sinn für individuelle Identität verliert; Vereinigung mit der absoluten Realität; ein Zustand intensiver Konzentration, in dem das Bewusstsein vollständig vereinheitlicht ist.

Samarpaṇam: Vollständige Übergabe, Hingabe.

Samatva: Gleichmütigkeit oder Gelassenheit.

Saṁsāra: Kreislauf der Geburten und Tode; die Welt des Flusses; das Rad von Geburt, Verfall, Tod und Wiedergeburt.

Saṁskāra: Eindruck; Brauch oder Ritual.

Sanātana Dharma: Wörtlich: „Ewige Religion" oder „Ewige Lebensweise", der ursprüngliche und traditionelle Name des Hinduismus.

Saṅkalpa: Göttlicher Entschluss, gewöhnlich in Verbindung mit Mahātmās verwendet.

Sāṅkhya: Eine der „Shad Darshana" oder sechs orthodoxen Philosophien des Sanātana Dharma. Es ist eine Dvaita oder dualistische Philosophie, die vom Weisen Kapila eingeführt wurde.

Sannyāsa: Ein formelles Gelübde der Entsagung.

Sannyāsī: Sannyāsin.

Sannyāsin: Mönch (oder Nonne), der das Gelübde der Entsagung abgelegt hat.

Sanskrit: Die Sprache des ältesten heiligen Textes, des Ṛik Vēda, und der anderen drei Vēdas; die Sprache der meisten alten Hindu-Schriften.

Sarayu: Einer der heiligen Flüsse Indiens, an dessen Ufern sich die Stadt Ayōdhyā befindet.

Sāri: Traditionelles Gewand der indischen Frauen, das aus einem langen, nicht genähten Stück Stoff besteht, das um den Körper gewickelt wird.

Satguru: „Wahrer Meister". Alle Satgurus sind Mahātmas, aber nicht alle Mahātmas sind Satgurus. Der Satguru ist jemand, der, während er noch die Glückseligkeit des Selbst erfährt, beschließt, auf die Ebene der gewöhnlichen Menschen herabzusteigen, um ihnen zu helfen, spirituell zu wachsen.

Satsang: „Gemeinschaft in der höchsten Wahrheit". Auch das Zusammensein mit Mahātmās, das Studium der Schriften und das Anhören der erleuchtenden Vorträge eines Mahātmā; eine Zusammenkunft von Menschen, um spirituelle Angelegenheiten zu hören und/oder zu diskutieren; ein spiritueller Diskurs.

Satya: Wahrheit.

Sēvā: Selbstloser Dienst, dessen Ergebnisse Gott gewidmet sind.

Sēvite: Person, die Sēvā verrichtet (Plural: Sēvites).

Śhabarī: Eine Frau, die einem Jägerstamm angehörte und eine glühende Verehrerin von Rāma war.

Śhakti: Personifikation des kosmischen Willens und der kosmischen Energie; Kraft; siehe Māyā.

Śhānti: Frieden.

Śhāstra: Wissenschaft; maßgebliche Texte der heiligen Schriften.

Śhiva: Der statische Aspekt von Brahman als männliches Prinzip. Wird als Erster in der Linie der Gurus verehrt und als formloses Substrat des Universums in Beziehung zur Schöpferin Śhakti. Er ist der Herr der Zerstörung in der Trinität von Brahmā (Herr der Schöpfung), Viṣhṇu (Herr der Erhaltung) und Śhiva. Meistens wird er als Mönch dargestellt, mit Asche am ganzen Körper, Schlangen im Haar, nur mit einem Lendenschurz bekleidet und mit einer Bettelschale und einem Dreizack in den Händen.

Śhivājī: Auch bekannt als Chhatrapatī Śhivājī, der Kaiser des Marāṭha-Reiches; Schüler von Samarth Rāmdās.

Śhraddhā: Achtsamkeit; Glaube.

Śhravaṇa: Zuhören (den Wahrheiten der Schriften); oft in Verbindung mit Manana und Nididhyāsana verwendet.

Śhūnyatā: Buddhistischer Begriff, der „Leere" oder das „Nichts" bedeutet.

Śhrī: Ein Respektstitel, der ursprünglich „göttlich, „heilig" oder „verheißungsvoll" bedeutete; heute im modernen Indien einfach eine respektvolle Anrede, ähnlich wie „Herr".

Śhrīmad Bhāgavatam: Siehe Bhāgavatam. Śhrīmad bedeutet „glücksverheißend".

Sudhāmaṇi: Amma's Geburtsname.

Sūrya Namaskār: „Sonnengruß"; traditionelle Abfolge von 12 Yogastellungen.

Sūtra: Aphorismus.

Svādhyāya: Tägliches oder regelmäßiges Studium der heiligen Schriften; Rezitation der Vēdas und anderer heiliger Texte.

Swāmī: Titel einer Person, die das Sannyāsa-Gelübde abgelegt hat (siehe Sannyāsī); Swāminī ist die weibliche Entsprechung.

Tapas (Tapasya): Enthaltsamkeit, Askese.

Tulasī: Eine heilige Pflanze (Tulsi), die mit dem Basilikum verwandt ist.

Upaniṣhad (Pl Upaniṣhaden): Teile der Vēdas, die sich mit der Selbsterkenntnis befassen.

Vairāgya: Verhaftungslosigkeit.

Vallikavu: Name des nächstgelegenen Festlanddorfes, in dem Amma aufgewachsen ist.

Vānaprastha: „Waldleben"; ein Hinweis auf das Leben im Ruhestand, das spirituellen Praktiken gewidmet ist; die dritte der vier Lebensstufen (siehe Aśhrama).

Vārāṇasī: Antike Stadt an den Ufern des Gaṅgā.

Vāsanā: Latente Tendenz oder subtiler Wunsch, der sich als Gedanke, Motiv und Handlung manifestiert; unbewusster Eindruck, der aus Erfahrung gewonnen wird.

Vēdānta: „Das Ende der Vēdas". Bezieht sich auf die Upaniṣhaden, die sich mit dem Thema Brahman, der höchsten Wahrheit, und dem Weg zur Erkenntnis dieser Wahrheit befassen; ein Vēdāntin ist ein Anhänger des Vēdānta.

Vēden: Als älteste aller Schriften, die von Gott stammen, wurden die Vēdas nicht von einem menschlichen Autor verfasst, sondern den alten Sehern in tiefer Meditation „offenbart". Diese weisen Offenbarungen wurden als die Vēdas bekannt, von denen es vier gibt: Ṛik, Yajus, Sāma und Atharva.

Vēdic: Zu den Vēdas gehörend.

Vibhūti: Heilige Asche; kann auch Herrlichkeit oder Wohlstand bedeuten.

Viṣhṇu: Der „alles Durchdringende", der Herr als Erhalter der Schöpfung in der hinduistischen Trinität.

Viśhvarūpa: Göttliche und kosmische Form von Lord Viṣhṇu.

Vivēkachūḍāmaṇi: Ein vēdantisches Werk von Ādi Śhaṇkarāchārya.

Vṛindāvan: Vṛindā-Vana, „Rādhās Wald“. Ein Gebiet im Bezirk Mathura in Uttar Pradesh, das als der Ort bekannt ist, an dem Kṛiṣhṇa seine frühen Tage als Kuhhirte verbrachte.

Vyāsa: Wörtlich: „Kompilator“. Der Name, der dem Weisen Kṛiṣhṇa Dvaipāyana gegeben wurde, der die Vēdas zusammengestellt hat. Er ist auch der Chronist des Mahābhārata und eine Figur darin, und Autor der 18 Purāṇas und der Brahma Sūtras.

Yama: Weisungen für das richtige Verhalten. Das erste Teil des vom Weisen Patañjali formulierten Aṣhṭānga Yōga (acht Teile), zu denen Ahimsā (Gewaltlosigkeit), Satya (Wahrhaftigkeit), Astēya (Nicht-Stehlen), Brahmacharya (Enthaltsamkeit) und Aparigraha (Unbestechlichkeit) gehören; wird oft in Verbindung mit Niyama erwähnt.

Yama: Der Gott des Todes und der Gerechtigkeit.

Yōga: „Sich vereinigen“. Vereinigung mit dem höchsten Wesen. Ein weit gefasster Begriff, der sich auch auf die verschiedenen Methoden der Praktiken bezieht, durch die man das Einssein mit dem Göttlichen erreichen kann. Ein Weg, der zur Selbstverwirklichung führt.

Yōga Sūtras: „Patañjali Yōga Sūtras“, Aphorismen des Weisen Patañjali über den Weg zur Reinigung und Transzendenz des Mindes.

Yuga: Nach der hinduistischen Weltanschauung durchläuft das Universum (vom Ursprung bis zur Auflösung) einen Zyklus, der aus vier Yugas oder Zeitaltern besteht. Das erste ist das Kṛita oder Satya Yuga, in dem das Dharma in der Gesellschaft herrscht. Jedes nachfolgende Zeitalter sieht den fortschreitenden Niedergang des Dharma. Das zweite Zeitalter ist als Trēta Yuga bekannt, das dritte ist das Dvāpara Yuga und die vierte und gegenwärtige Epoche ist als Kali Yuga bekannt.

Aussprachehinweise

Vokale können kurz oder lang sein:

- **a** – wie *a* in „kalt"; **ā** – wie langes *a* in „Vater"
- **e** – wie *e* in „Beet" (kurz gesprochen); **ē** – wie langes *e* in „See"
- **i** – wie *i* in „mit"; **ī** – wie langes *i* in „Liebe"
- **o** – wie *o* in „offen"; **ō** – wie langes *o* in „Ofen"
- **u** – wie *u* in „rund"; **ū** – wie langes *u* in „gut"
- **ṛi** – wie *ri* in „Kṛiṣhṇa" (kurzes, rollendes r)
- **ṛu** – wie *ru* in „Rudra"
- **ḥ** – leicht hörbarer Ausatemlaut: *aḥ* wie in „aha", *iḥ* wie in „ihi", *uḥ* wie in „uhu"

Einige Konsonanten sind **behaucht** (ein Hauch folgt auf den Laut), andere nicht. Beispiele:

- **k** – wie in „Karte"; **kh** – wie k, aber mit hörbarem Hauch danach
- **g** – wie in „gut"; **gh** – wie g mit hörbarem Hauch danach
- **ch** – wie in „Tschüss"; **chh** – wie tsch mit zusätzlichem Hauch
- **j** – wie in „Jahr"; **jh** – wie j mit hörbarem Hauch
- **p** – wie in „Person"; **ph** – wie p mit hörbarem Hauch
- **b** – wie in „Baum"; **bh** – wie b mit hörbarem Hauch
- **r** – immer gerollt, wie im spanischen oder italienischen r
- **ñ** – wie *nj* in „Kognak"; **ṅ** – wie *ng* in „singen"

Retroflex-Laute (ḍ, ṭ, ṇ) werden mit der Zungenspitze am harten Gaumen gebildet, nicht an den Zähnen:

- **ṭ** – wie ein hartes t, Zunge nach hinten; **ṭh** – wie dieses t mit Hauch

- **ḍ** – wie ein hartes d, Zunge nach hinten; **ḍh** – wie dieses d mit Hauch
- **ṇ** – wie ein n, Zunge nach hinten

Weitere Laute:

- **ḷ** – wie l in „Leben“, Zunge leicht zurückgezogen
- **ṣh** – wie sch in „schön“
- **śh** – wie stimmloses s in „sprechen“

Doppelte Konsonanten werden deutlich doppelt gesprochen:

- **chch** – wie t + sch in „Bettchen“
- **jj** – wie d + j in „Adjektiv“

Danksagung

Dieses Buch ist aus der gemeinsamen Hingabe von Ammas Kindern entstanden – im Sinne des Darbringens. Besonders in der Anfangsphase hat uns Br. Mādhavāmṛita Chaitanya durch seine Inspiration und sein Mentorat einen gut ausgetretenen Pfad gewiesen, dem wir vertrauensvoll folgen konnten. Mein besonderer Dank gilt Anita Raghavan, Veena Erickson und vor allem Rajani Menon für ihre unsichtbare, aber unschätzbare Unterstützung im Hintergrund – sowie Jagannath Maas für die geduldige und sorgfältige Gestaltung des Layouts.

Swāmī Vidyāmṛitānanda hat wesentlich zur Erstellung des umfassenden Glossars beigetragen. Und bei jedem Schritt hat uns Swāmī Jñānāmṛitānanda begleitet – seine Weisheit und Erfahrung waren unser Rückhalt.

Ich danke euch allen von Herzen.

Julius Heyne